面向"十三五"高职高专项目导向式教改教材·财经系列

财经法规与会计职业道德

吉文丽 孟 杨 主编

清华大学出版社
北 京

内 容 简 介

本书紧扣 2019 年财政部《助理会计师专业技术资格考试大纲》，吸收增值税等最新立法信息，突出实际财务工作对会计人员财经法规素质与会计职业道德素养的要求，精选近三年历年考试内容与实际工作的典型案例，从同类院校中精选骨干成员组成编写团队，以项目为载体，融"讲、练、做"于一体，重点培养学生应用会计法、结算法、税法、财政法的能力，引导学生牢固树立会计职业道德观念，养成良好的会计职业素养。

本书分为五个项目：识别违反会计法律制度的行为、规范使用支付结算工具、识别违反税法的行为、识别违反财政法律制度的行为和识别违反会计职业道德的行为。本书内容新颖，吸纳了截止到 2019 年 7 月 1 日的最新立法信息。

本书既可作为中、高职院校财经类专业的财经法规教材，也可作为各类培训机构开展岗前培训用书，还可作为有意从事会计工作的人员的自学用书。

本书封面贴有清华大学出版社防伪标签，无标签者不得销售。
版权所有，侵权必究。侵权举报电话：010-62782989　13701121933

图书在版编目(CIP)数据

财经法规与会计职业道德/吉文丽，孟杨主编. —北京：清华大学出版社，2019（2019.10重印）
(面向"十三五"高职高专项目导向式教改教材•财经系列)
ISBN 978-7-302-51514-2

Ⅰ．①财… Ⅱ．①吉… ②孟… Ⅲ．①财政法—中国—高等职业教育—教材 ②经济法—中国—高等职业教育—教材 ③会计人员—职业道德—高等职业教育—教材 Ⅳ．①D922.2 ②F233

中国版本图书馆 CIP 数据核字(2018)第 250578 号

责任编辑：梁媛媛
封面设计：刘孝琼
责任校对：王明明
责任印制：李红英

出版发行：清华大学出版社
网　　址：http://www.tup.com.cn, http://www.wqbook.com
地　　址：北京清华大学学研大厦A座　　邮　　编：100084
社 总 机：010-62770175　　邮　　购：010-62786544
投稿与读者服务：010-62776969, c-service@tup.tsinghua.edu.cn
质量反馈：010-62772015, zhiliang@tup.tsinghua.edu.cn
课件下载：http://www.tup.com.cn, 010-62791865

印 装 者：北京密云胶印厂
经　　销：全国新华书店
开　　本：185mm×260mm　　印　张：18　　字　数：430 千字
版　　次：2019 年 1 月第 1 版　　印　次：2019 年 10 月第 3 次印刷
定　　价：48.00 元

产品编号：075241-01

前　言

本书紧扣 2019 年财政部《助理会计师专业技术资格考试大纲》，吸收增值税等最新立法信息，突出实际财务工作对会计人员财经法规素质与会计职业道德素养的要求，吸纳了截止到 2019 年 7 月 1 日的最新立法信息。基于财经法规与会计职业道德教学"理解与应用性"的要求，书中采取以项目为载体、"以案说法"的形式编排理论内容，实现了理论与实践、法律与案例的有机结合。为强化学生的理解应用能力，每个项目前设有"学前测试"；项目中设有若干任务，理论知识设有"思考""解析""案例分析"等栏目，结构简洁，深入浅出，重点突出；每个项目后均附有"能力拓展"和"强化训练"，选择国家统一考试题型，即单选、多选、判断、不定项选择。书后附有三套综合测试题，突出"讲、练、做"融合，融职业资格标准、分析理解与应用能力于一体。

本书的主要特点如下。

(1) 内容新。依据 2019 年财政部新版《助理会计师专业技术资格考试大纲》，以及增值税等最新立法信息，精心编写而成。

(2) 实用性强。以实际财务工作对会计人员财经法规知识与职业道德的要求为依据，结合历年会计专业技术资格考试内容要求，精选知识内容，所用案例资料均为近三年会计工作中实际发生的典型案例，兼顾助理会计师资格考试要求的同时，突出学生应用能力的培养。

(3) 应用性强。以理解与应用能力培养为主线，以项目为载体，将每个项目细化为若干任务，并附有大量的强化训练题和案例分析题，强化学生对财经法规的理解与应用。

(4) 体例新。突出以学生为中心的理念，在编写体例上凸显互动性和应用性。每个项目前的"学前测试"可调动学生的求知欲；理论知识中设有的"思考""解析""案例分析"等栏目，突出重点、难点，解析透彻，深入浅出，打破了传统教材"法条罗列"的模式。

(5) "讲、练、做"融合。紧扣财政部最新考试大纲要求，精讲知识的同时，对重点、难点配之"思考""解析"等栏目，引导学生在分析的过程中，理解重点、难点。每个项目后附有"能力拓展"和"强化训练"，强化对学生理解、应用能力的培养。书后附有的三套综合测试题，方便学生自测水平，找出薄弱点，有针对性地提高财经法规素养。

本书所用案例中的当事人均作了"化名"处理，如有雷同，纯属巧合，敬请谅解。

为便于教师教学，本书提供了配套的电子课件、课程标准、实训指导书、技能测试库，需要者可从 www.wenyuan.com.cn 网站下载。

本书由新疆农业职业技术学院的吉文丽、孟杨任主编，负责全书的整体结构设计、样章设计、总纂及定稿工作；新疆农业职业技术学院的王芳任副主编。具体编写分工为：孟杨编写项目一；吉文丽编写项目二、三；和静中等职业学校梁雷编写项目四；王芳编写项目五；乌鲁木齐市财政会计职业学校的郭利军编写综合测试题。

本书在编写过程中得到了各位编写人员所在院校的大力支持，也得到了相关企业、会计师事务所的热情协助，在此一并表示感谢。

书中的欠缺之处，恳望广大读者和同行大力斧正。

编　者

目　　录

项目一　识别违反会计法律制度的行为 1

任务一　识别会计法律制度的构成 2
案情回放 2
工作任务 2
理论认知 2
一、会计法律制度的概念 2
二、会计法律制度的构成 3
任务解析 5

任务二　复述会计工作管理体制 5
案情回放 5
工作任务 5
理论认知 5
一、会计工作的行政管理 5
二、会计工作的自律管理 7
三、单位内部的会计工作管理 8
任务解析 10

任务三　识别违反会计核算的行为 10
案情回放 10
工作任务 10
理论认知 11
一、总体要求 11
二、会计凭证 12
三、会计账簿 13
四、财务报告 14
五、会计档案管理 14
任务解析 17

任务四　识别违反会计监督的行为 18
案情回放 18
工作任务 18
理论认知 18
一、单位内部会计监督 18
二、会计工作的政府监督 22
三、会计工作的社会监督 23
任务解析 24

任务五　识别会计机构与人员管理中的违法行为 25
案情回放 25
工作任务 25
理论认知 25
一、会计机构的设置 25
二、会计工作岗位设置 27
三、会计工作交接 29
四、会计专业技术资格与职务 30
任务解析 33

任务六　分析违反《会计法》的法律后果 33
案情回放 33
工作任务 33
理论认知 33
一、法律责任概述 33
二、不依法设置会计账簿等会计违法行为的法律责任 34
三、其他会计违法行为的法律责任 35
任务解析 37
能力拓展 37
强化训练 37

项目二　规范使用支付结算工具 47

任务一　识别违反现金管理的行为 48
案情回放 48
工作任务 48
理论认知 48
一、现金结算概述 48
二、现金结算的渠道 49
三、现金结算的范围 49
四、现金使用的限额 50
五、建立健全现金核算与内部控制 50
任务解析 52

任务二　复述支付结算的基本要求 53

案情回放 53
　　工作任务 53
　　理论认知 53
　　一、支付结算概述 53
　　二、支付结算的主要法律依据 55
　　三、支付结算的基本原则 55
　　四、办理支付结算的要求 55
　　任务解析 57
任务三　识别不同的银行结算账户 57
　　案情回放 57
　　工作任务 57
　　理论认知 58
　　一、银行结算账户的概念与分类 58
　　二、银行结算账户管理的基本原则 64
　　三、银行结算账户的开立、变更与
　　　　撤销 64
　　四、违反银行账户管理法律制度的
　　　　法律责任 66
　　任务解析 68
任务四　规范使用票据 69
　　案情回放 69
　　工作任务 69
　　理论认知 69
　　一、票据结算概述 69
　　二、支票 74
　　三、商业汇票 78
　　四、银行汇票 86
　　五、银行本票 88
　　任务解析 90
任务五　规范使用银行卡 90
　　案情回放 90
　　工作任务 90
　　理论认知 90
　　一、银行卡的概念与分类 90
　　二、银行卡账户与交易 91
　　任务解析 95
任务六　规范使用其他结算方式 95
　　案情回放 95
　　工作任务 95

　　理论认知 95
　　一、汇兑 95
　　二、委托收款 97
　　三、托收承付 98
　　四、国内信用证 100
　　任务解析 103
能力拓展 103
强化训练 104

项目三　识别违反税法的行为 119
任务一　识别税收分类 120
　　案情回放 120
　　工作任务 120
　　理论认知 121
　　一、税收的概念、特征与分类 121
　　二、税法及其构成要素 123
　　任务解析 127
任务二　识别增值税与消费税的
　　　　　基本要素 127
　　案情回放 127
　　工作任务 127
　　理论认知 127
　　一、增值税 127
　　二、消费税 143
　　任务解析 150
任务三　识别所得税类的基本要素 150
　　案情回放 150
　　工作任务 150
　　理论认知 150
　　一、企业所得税 150
　　二、个人所得税 156
　　任务解析 163
任务四　识别违反税收征收管理法的
　　　　　行为与后果 163
　　案情回放 163
　　工作任务 163
　　理论认知 163
　　一、税收征收管理 163
　　二、税务登记 164

三、账簿、凭证管理 165
　　四、发票管理 166
　　五、纳税申报 168
　　六、税款征收 169
　　七、税务代理 172
　　八、税务检查 173
　　九、税收法律责任 174
　　十、税务行政复议 175
　　任务解析 177
能力拓展 177
强化训练 177

项目四　识别违反财政法律制度的行为 191

任务一　识别违反预算法的行为 192
　　案情回放 192
　　工作任务 192
　　理论认知 193
　　一、预算法律制度的构成 193
　　二、国家预算概述 193
　　三、预算管理的职权 195
　　四、预算收入与预算支出 197
　　五、预算组织程序 199
　　六、决算 201
　　七、预决算的监督 202
　　任务解析 203
任务二　识别违反政府采购法的行为 204
　　案情回放 204
　　工作任务 204
　　理论认知 204
　　一、政府采购法律制度的构成 204
　　二、政府采购的概念与原则 204
　　三、政府采购的功能与执行模式 206
　　四、政府采购当事人 207
　　五、政府采购方式 209
　　六、政府采购的监督检查 211
　　任务解析 212
任务三　识别违反国库集中收付制度的行为 213
　　案情回放 213
　　工作任务 213
　　理论认知 213
　　一、国库集中收付制度的概念 213
　　二、国库单一账户体系 213
　　三、财政收支的方式 215
　　任务解析 218
能力拓展 218
强化训练 218

项目五　识别违反会计职业道德的行为 229

任务一　解释会计职业道德的功能与作用 230
　　案情回放 230
　　工作任务 230
　　理论认知 230
　　一、职业道德的概念、特征与作用 230
　　二、会计职业道德的概念与特征 232
　　三、会计职业道德的功能与作用 233
　　四、会计职业道德与会计法律制度的关系 234
　　五、会计职业道德教育 235
　　六、会计职业道德建设的组织与实施 237
　　七、会计职业道德的检查与奖惩 238
　　任务解析 239
任务二　解释会计职业道德规范的主要内容 240
　　案情回放 240
　　工作任务 240
　　理论认知 240
　　一、爱岗敬业 240
　　二、诚实守信 241
　　三、廉洁自律 242
　　四、客观公正 242
　　五、坚持准则 243
　　六、提高技能 244

七、参与管理 245
八、强化服务 245
　　任务解析 248
　能力拓展 248
　强化训练 248

附录一　综合测试题(一) 257
附录二　综合测试题(二) 264
附录三　综合测试题(三) 271
参考文献 278

项目一 识别违反会计法律制度的行为

【技能目标】

- 识别会计法律制度构成。
- 复述会计工作管理体制。
- 识别违反会计核算的行为。
- 识别违反会计监督的行为。
- 识别会计机构与人员管理中的违法行为。
- 分析违反会计法的法律后果。

【知识目标】

- 掌握会计核算的要求。
- 掌握会计工作交接的要求。
- 掌握会计违法行为的法律责任。
- 了解会计法律制度的构成。
- 熟悉会计工作管理体制、会计档案管理、内部控制制度和会计机构的设置。

【职业素质目标】

- 关注细节,谨慎审核会计凭证。
- 坚持准则,依法开展财务工作。

学前测试

1. 在我国，主管会计工作的部门是( )。
   A. 财政部门　　　B. 审计部门　　　C. 税务部门　　　D. 中国人民银行
2. 从事会计工作应当具备的基本任职资格是( )。
   A. 具有大专以上会计专业学历　　　B. 具有初级会计专业技术资格
   C. 年龄不超过 45 岁　　　　　　　D. 具备从事会计工作所需要的专业能力
3. 下列人员中，( )应当对本单位的会计工作和会计资料的真实性、完整性负责。
   A. 会计机构负责人　　　　　　　　B. 总会计师
   C. 单位负责人　　　　　　　　　　D. 会计人员
4. 会计人员应当接受继续教育，每年继续教育学时不少于( )。
   A. 12 学分　　　B. 24 学分　　　C. 30 学分　　　D. 90 学分
5. 原始发票金额填写有误的，应当由出具单位更正，并在更正处加盖出具单位印章。这一说法正确吗？

参考答案：

1. A　　2. D　　3. C　　4. D　　5. 不正确

任务一　识别会计法律制度的构成

● 案情回放

小张、小王、小赵三人是今年刚入校的会计专业一年级新生。在刚刚结束的专业教育中，教师介绍了会计专业的未来就业方向及职业素质要求，其中包括严格执行会计法律制度，坚持准则，确保会计资料真实、完整。三人课后交流中，小张认为，"会计法律制度就是《中华人民共和国会计法》"；小王认为，"会计法律制度还应包括会计准则"；小赵认为，"会计法律制度就是财政部制定的系列文件"……三人各持己见，谁也说服不了谁。

● 工作任务

分析三人的观点是否正确？为什么？

● 理论认知

一、会计法律制度的概念

会计法律制度是指国家权力机关和行政机关制定的，用以调整会计关系的各种法律、法规、规章和规范性文件的总称。

会计关系是指会计机构和会计人员在办理会计事务过程中，以及国家在管理会计工作过程中，发生的各种经济关系。

【思考1-1】会计法律制度是指国家权力机关和行政机关制定的，用以调整(　　)的各种法律、法规、规章和规范性文件的总称。

  A．会计行为   B．会计业务
  C．会计关系   D．会计机构和会计人员

【解析】正确答案是C。区分不同法的标志主要是其调整的对象。例如，会计法律制度的调整对象是"会计关系"，税法的调整对象是"税收关系"等。

二、会计法律制度的构成

目前，我国基本形成了以《中华人民共和国会计法》(以下简称《会计法》)为主体的会计法律制度，主要包括三个层次，即会计法律、会计行政法规和会计部门规章。

(一)会计法律

会计法律是指由全国人民代表大会及其常务委员会经过一定立法程序制定的有关会计工作的法律。会计法律是调整我国经济生活中会计关系的法律总规范。我国目前有两部会计法律，分别是《会计法》和《中华人民共和国注册会计师法》(以下简称《注册会计师法》)。

1．《会计法》

我国的《会计法》是1985年开始实施的，并于1993年、1999年、2017年进行了三次修订。现行的《会计法》是经2017年11月4日第三次修订，于2017年11月5日起施行的。《会计法》是会计法律制度中层次最高的法律规范，是制定其他会计法规的依据，也是指导会计工作的最高准则。

《会计法》的立法宗旨是规范会计行为，保证会计资料的真实、完整，加强经济管理和财务管理，提高经济效益，维护社会主义市场经济秩序。

《会计法》主要规定了会计工作的基本目的，会计管理权限、会计责任主体、会计核算和会计监督的基本要求，会计人员和会计机构的职责权限，并对会计法律责任作出详细规定。

2．《注册会计师法》

为了发挥注册会计师在社会经济活动中的鉴证和服务作用，加强对注册会计师的管理，维护社会公共利益和投资者的合法权益，促进社会主义市场经济的健康发展，1993年10月31日，第八届全国人民代表大会常务委员会第四次会议审议通过了《注册会计师法》，并于1994年1月1日开始实施。《注册会计师法》是规范注册会计师及其行业行为规范的最高准则。

【思考1-2】下列各项中，属于会计法律的是(　　)。

  A．《会计法》   B．《中华人民共和国预算法》
  C．《总会计师条例》   D．《注册会计师法》

【解析】正确答案是AD。《中华人民共和国预算法》属于财政法范畴。目前，我国会

计法律主要是《会计法》和《注册会计师法》两部。

(二)会计行政法规

会计行政法规是指由国务院制定并发布，或者国务院有关部门拟定并经国务院批准发布，调整经济生活中某些方面会计关系的法律规范。它的制定依据是《会计法》。例如，1990年12月31日国务院发布的《总会计师条例》；2000年6月21日国务院发布的《企业财务会计报告条例》等。

1.《总会计师条例》

《总会计师条例》是对《会计法》中有关规定的细化和补充，主要规定了单位总会计师的职责、权限、任免、奖惩等。

2.《企业财务会计报告条例》

《企业财务会计报告条例》主要规定了企业财务会计报告的构成、编制和对外提供的要求、法律责任等。它是对《会计法》中有关财务会计报告规定的细化。

【思考1-3】下列各项中，属于会计行政法规的是(　　)。
　　A.《会计法》　　　　　　　　B.《会计档案管理办法》
　　C.《会计基础工作规范》　　　D.《企业财务会计报告条例》

【解析】正确答案是D。目前，国务院制定的会计行政法规只有《总会计师条例》和《企业财务会计报告条例》两部。

(三)会计部门规章

会计部门规章是指国家主管会计工作的行政部门(财政部)以及其他相关部委根据法律和国务院的行政法规、决定、命令，在本部门的权限范围内制定的、调整会计工作中某些方面内容的国家统一的会计准则制度和规范性文件。它包括国家统一的会计核算制度、会计监督制度、会计机构和会计人员管理制度及会计工作管理制度等。例如，2016年2月16日财政部发布的《代理记账管理办法》，2015年12月11日财政部与国家档案局联合发布的《会计档案管理办法》，2008年5月22日财政部发布的《企业内部控制基本规范》，2006年2月15日财政部发布的《企业会计准则》及其解释以及1996年6月19日财政部发布的《会计基础工作规范》等。

会计部门规章的效力低于宪法、法律和行政法规。

【思考1-4】《会计基础工作规范》是由(　　)发布的。
　　A. 国务院财政部　　　　　　　B. 国务院
　　C. 全国人民代表大会常务委员会　D. 全国人民代表大会

【解析】正确答案是A。国务院发布的是行政法规，往往冠名为"……条例"；全国人民代表大会及其常务委员会发布的是法律，即"中华人民共和国……法"。

【思考1-5】会计法律制度是指全国人民代表大会及其常务委员会制定的《会计法》。这一说法是否正确？

【解析】不正确。会计法律制度包括调整会计关系的法律、法规、规章和规范性文件的总称，并非只表现为法律。

【思考1-6】 下列各项中，效力高于会计部门规章的有( )。

　　A. 会计规范性文件　　　　B. 会计行政法规
　　C. 会计法律　　　　　　　D. 宪法

【解析】 正确答案是BCD。法律效力由高至低排序为：宪法＞会计法律＞会计行政法规＞会计规范性文件。

任务解析

　　三人观点均不正确。

　　我国会计法律制度主要包括会计法律、会计行政法规和会计部门规章三个层次。《会计法》是由全国人民代表大会及其常务委员会制定的，属于会计法律，是会计法律制度中层次最高的法律规范，是制定其他会计法规的依据；"会计准则"是由国务院财政部制定的，属于会计部门规章；"财政部制定的系列文件"中涉及会计的也属于会计部门规章。此外，会计法律制度还应包括"会计行政法规"。因此，三人的说法均以偏概全了。

任务二　复述会计工作管理体制

案情回放

　　小王于2016年暑期在ABC国有企业财务室实习，发现以下情形：①出纳刘某生病住院，财务科长杨某请示领导批准，让其表妹唐某临时来公司从事出纳工作，唐某十分珍惜这次机会，准备报名参加助理会计师专业技术资格考试；②杨某在企业从事会计工作累计5年了，2015年通过了中级会计师专业技术职务资格考核，2016年年初被聘为财务科长；③2016年8月中旬，企业接到市财政局将于本月下旬进行会计检查的通知，企业领导准备以"本企业是国有企业，只接受上级管理部门检查"为由拒绝检查。短短一个月时间发生的几件事让小王糊涂了。

工作任务

1. 唐某能否在ABC国有企业临时从事出纳工作？为什么？
2. 杨某能否担任财务科长？为什么？
3. 市财政局有无检查权？为什么？

理论认知

一、会计工作的行政管理

　　会计工作管理体制是指国家划分会计工作管理权限的制度。它主要包括会计工作的行政管理、会计工作的行业管理和单位内部的会计工作管理。

(一)会计工作行政管理体制

我国会计工作行政管理体制实行"统一领导、分级管理"的原则。

国务院财政部门主管全国的会计工作。县级以上地方各级人民政府财政部门管理本行政区域内的会计工作。

审计、税务、人民银行、证券监管、保险监管等部门应当依照有关法律、行政法规规定的职责，对有关单位的会计资料实施监督检查。

【思考1-7】主管全国会计工作的单位是(   )。
   A. 财政部   B. 国家税务总局   C. 审计署   D. 商务部
【解析】正确答案是A。

(二)会计工作行政管理的内容

会计工作行政管理的内容主要包括：制定国家统一的会计准则制度、会计市场管理、会计专业人才评价、会计监督检查。

1. 制定国家统一的会计准则制度

(1) 我国实行统一会计准则制度。国家统一的会计准则制度由国务院财政部门制定并发布，主要包括会计核算、会计监督、会计机构和会计人员管理、会计工作管理制度。

(2) 对会计核算和会计监督有特殊要求的行业，国务院有关部门可依法制定具体办法或者补充规定，报国务院财政部门审核批准。

(3) 中国人民解放军总后勤部可以依法制定军队实施国家统一的会计准则制度的具体办法，报国务院财政部门备案。

【思考1-8】中国人民解放军总后勤部可依法制定军队实施国家统一的会计准则制度的具体办法，报国务院财政部门审核批准。这一说法正确吗？

【解析】不正确。有特殊要求的行业应当"报国务院财政部门审核批准"，中国人民解放军总后勤部依法应当"备案"。

2. 会计市场管理

会计市场管理包括会计市场的准入管理、过程监管(运行管理)和退出管理三个方面。

(1) 准入管理。会计市场准入管理包括会计师事务所的设立、代理记账机构的设立等。

(2) 过程监管。这是指对获准进入会计市场的机构和人员是否遵守各项法律、法规执行业务所进行的监督和检查。

(3) 退出管理。这是指财政部门对在执业过程中有违反《会计法》《注册会计师法》行为的机构和个人进行处罚，情节严重的，吊销其执业资格，强制其退出会计市场。

3. 会计专业人才评价

我国会计专业人才评价机制包括初级、中级、高级会计人才机制和会计行业领军人才的培养评价等，以及对会计人员的表彰奖励、会计人员继续教育等机制。

4. 会计监督检查

财政部门实施的会计监督检查主要是会计信息质量检查和会计师事务所执业质量检查。

县级以上财政部门组织实施本行政区域内的会计信息质量检查，并依法对本行政区域内单位或人员的违法会计行为实施行政处罚。

省、自治区、直辖市人民政府财政部门组织实施本行政区域内的注册会计师事务所、注册会计师执业质量检查，并依法实施行政处罚。

【思考1-9】下列各项中，无权组织实施本行政区域内注册会计师事务所执业质量检查的国家行政机关是( )。

  A. 省级人民政府财政部门   B. 自治区人民政府财政部门
  C. 直辖市人民政府财政部门   D. 县级人民政府财政部门

【解析】正确答案是 D。对注册会计师事务所执业质量检查的执业主体是省级(自治区、直辖市)以上人民政府财政部门，不包括县级、地州级，而对会计信息质量检查的执法主体是"县级以上(含县级)"财政部门。

二、会计工作的自律管理

我国会计工作的行业自律管理组织主要有中国注册会计师协会、中国会计学会和中国总会计师协会。

(一)中国注册会计师协会

中国注册会计师协会是依据《注册会计师法》和《社会团体登记条例》的有关规定设立，在财政部党组和理事会领导下开展行业管理和服务的法定组织。它成立于 1988 年 11 月。

(二)中国会计学会

中国会计学会创建于 1980 年，是财政部所属由全国会计领域各类专业组织，以及会计理论界、实务界会计工作者自愿结成的学术性、专业性、非营利性的社会组织。

(三)中国总会计师协会

中国总会计师协会是经财政部审核同意、民政部正式批准，依法注册登记成立的跨地区、跨部门、跨行业、跨所有制的非营利性国家一级社团组织，是总会计师行业的全国性自律组织。

【思考1-10】我国目前会计工作的行业管理组织主要包括( )。

  A. 中国总会计师协会   B. 中国注册会计师协会
  C. 中国内部审计协会   D. 中国会计学会

【解析】正确答案是 ABD。会计行业组织目前主要有三个。行业管理是相对于行政管理的一种管理模式，是行政管理的必要和有益补充。

三、单位内部的会计工作管理

(一)单位负责人的职责

单位负责人对本单位的会计工作和会计资料的真实性、完整性负责。单位负责人应保证会计机构、会计人员依法履行职责，不得授意、指使、强令会计机构和会计人员违法办理会计事项。

单位负责人是指单位法定代表人或者法律、行政法规规定代表单位行使职权的主要负责人。它主要包括两类：一是法定代表人(针对法人单位)，如国有企业的厂长(经理)，公司制企业的董事长，国家机关最高行政官员等；二是法律、行政法规规定代表单位行使职权的主要负责人(针对非法人单位)，如代表合伙企业执行事务的合伙人，个人独资企业的投资人等。

【思考1-11】在公司制企业中，应当对本公司的会计工作和会计资料的真实性、完整性负责的是( )。

A. 公司的总经理　　　　　　B. 公司的财务总监
C. 公司的董事长　　　　　　D. 公司的会计机构负责人

【解析】正确答案是C。在公司制企业中，董事长是法定代表人。

(二)会计机构的设置

《会计法》规定：各单位应当根据会计业务的需要，设置会计机构，或者在有关机构中设置会计人员并指定会计主管人员；不具备设置条件的，应当委托经批准设立从事会计代理记账业务的中介机构代理记账。

1. 根据会计业务需要设置会计机构

一个单位是否单独设置会计机构，一般取决于以下三个因素：一是单位规模的大小；二是经济业务和财务收支的繁简；三是经营管理的要求。

【思考1-12】所有单位都应当设置会计机构，并配备会计人员进行会计核算与监督。这一说法是否正确？

【解析】不正确。是否设置会计机构取决于"会计业务"的需要。

2. 不设置会计机构

一般来说，规模较小、经济业务简单、业务量相对较少的单位，可以不单独设置会计机构，而将会计业务并入其他职能部门，并配备会计人员，同时，指定会计主管人员。配备会计人员有困难的，也可以委托中介机构代理记账。

【思考1-13】一个单位是否设置会计机构，主要取决于( )等因素。

A. 是否有合格的人员担任会计机构负责人　　B. 单位规模的大小
C. 经济业务和财务收支的繁简　　　　　　　D. 经营管理的要求

【解析】正确答案是BCD。

(三)会计人员的选拔任用

《会计法》规定:从事会计工作的人员应当具备从事会计工作所需要的专业能力。担任单位会计机构负责人(会计主管人员)的,应当具备会计师以上专业技术职务资格或者从事会计工作 3 年以上经历。担任总会计师应当在取得会计师任职资格后主管一个单位或者单位内一个重要方面的财务会计工作不少于 3 年。

国有大、中型企业或者国有资产占主导或控股地位的大中型企业必须设置总会计师。凡设置总会计师的单位,不应再设置与总会计师职责重叠的行政副职。

取得相关资格或符合条件的会计人员能否具体从事相关工作,由所在单位自行决定。

【思考 1-14】担任会计机构负责人应当具备的条件包括(   )。
    A. 具备从事会计工作所需要的专业能力
    B. 具备会计师以上专业技术职务资格或从事会计工作 3 年以上经历
    C. 具备会计师以上专业技术职务资格或从事会计工作 5 年以上经历
    D. 取得大学专科学历
【解析】正确答案是 B。"会计师"或"3 年以上会计工作经历"。

【思考 1-15】下列必须设置总会计师的有(   )。
    A. 大、中型国有企业   B. 国有资产占非控股地位的大、中型企业
    C. 大、中型城镇集体企业   D. 国有资产占主导地位的大、中型企业
【解析】正确答案是 AD。《总会计师条例》规定:国有的和国有资产占控股地位或者主导地位的大、中型企业必须设置总会计师。《总会计师条例》还规定:设置总会计师的单位在单位行政领导中,不得设置与总会计师职权重叠的副职。总会计师不是专业技术职务,而是单位行政领导成员。

(四)会计人员回避制度

1. 实行回避的单位

国家机关、国有企业、事业单位聘任会计人员应当实行回避制度。

【思考 1-16】下列单位中,应当实行会计人员回避制度的有(   )。
    A. 国有企业   B. 国家机关
    C. 有限责任公司   D. 股份有限公司
【解析】正确答案是 AB。《会计基础工作规范》中只规定了三种类型单位实行会计人员的回避制度。

2. 回避的具体要求

(1) 单位负责人的直系亲属不得担任本单位的会计机构负责人、会计主管人员。

(2) 会计机构负责人、会计主管人员的直系亲属不得在本单位会计机构中担任出纳工作。

直系亲属包括夫妻关系、直系血亲关系(父母子女,祖父母、外祖父母和孙子女、外孙子女等)、三代以内旁系血亲(兄弟姐妹及其子女与父母的兄弟姐妹及其子女、叔侄等)以及近姻亲关系(配偶的父母、兄弟姐妹,儿女的配偶及其父母)。其中,直系血亲关系还包括本

来没有自然的或者直接的血缘关系，但法律上确定其地位与血亲相等的关系(养父母和养子女)。

【思考1-17】会计回避制度中所说的直系亲属不包括( )。
　　A. 夫妻关系　　　　　　B. 子女与父母
　　C. 配偶的表姐　　　　　D. 配偶的父母

【解析】正确答案是C。近姻亲关系是指配偶的父母、兄弟姐妹，儿女的配偶及其父母，不包括配偶的表兄弟姐妹。

【思考1-18】单位领导人的直系亲属不得担任本单位的出纳。这一说法正确吗？

【解析】不正确。单位领导人的直系亲属不得担任"会计机构负责人(会计主管人员)"，即财务上的"官"，但可以担任一般会计人员，如出纳。

任务解析

1. 唐某不能在ABC企业从事出纳工作，原因是违反了"回避"要求。《会计法》规定：国家机关、国有企业、事业单位聘任会计人员应当实行回避制度，会计机构负责人、会计主管人员的直系亲属不得在本单位会计机构中担任出纳工作。唐某是杨科长的表妹，属于三代以内旁系血亲范畴，应当回避。

2. 杨某可以担任该企业财务科长。《会计法》规定：担任单位会计机构负责人(会计主管人员)的，应当具备会计师以上专业技术职务资格或从事会计工作3年以上经历。杨某从事会计工作5年多，具备条件。

3. 市财政局具有对该企业的检查权。《会计法》规定：县级以上地方各级人民政府财政部门管理本行政区域内的会计工作。县级以上财政部门组织实施本行政区域内的会计信息质量检查，并依法对本行政区域内单位或人员的违法会计行为实施行政处罚。因此，市财政局有权对该市的企业进行会计检查。

任务三　识别违反会计核算的行为

案情回放

小赵在甲公司财务科实习，遇到以下情形：①公司有一批会计档案到期，公司档案室会同财务科将已到期会计资料编造清册，其中包括一张未结清的土地使用权购置凭证；销毁清册报请公司董事长签字后，交由小赵销毁；②6月份，财务报告对外报出时，董事长说，"我不懂财务，让我签字就是走过场，以后，财务报告就由财务科科长一人签章"；③7月份，小赵在办理报销工作中，收到两张乙公司开具的销货发票均有更改现象：其中一张发票更改了数量和用途，另一张发票更改了金额。两张发票更改处均加盖了乙公司的单位印章。

工作任务

1. 甲公司会计档案销毁程序是否合法？为什么？
2. 对外报出的财务报告由财务科科长签字并盖章是否合法？为什么？
3. 小赵是否应当办理这两笔业务的报账工作？为什么？

项目一 识别违反会计法律制度的行为

● 理论认知

一、总体要求

会计核算是会计最基本的职能。我国会计法律制度从会计信息质量要求、会计资料的基本要求以及会计年度、记账本位币、填制会计凭证、登记会计账簿、编制财务会计报告、财产清查、会计档案管理等方面对会计核算进行统一规定。

(一)会计核算的依据

《会计法》规定：各单位必须根据实际发生的经济业务事项进行会计核算，填制会计凭证，登记会计账簿，编制财务会计报告。任何单位不得以虚假的经济业务事项或者资料进行会计核算。

1. 会计核算必须以实际发生的经济业务事项为依据

实际发生的经济业务事项，是指各单位在生产经营或预算执行过程中发生的引起资金增减变化的经济活动。

并非所有实际发生的经济业务事项都需要进行会计核算。例如，签订合同的经济业务事项，在签订合同时一般无须进行会计核算，只有当实际履行合同并引起资金运动时，才需要对这一经济业务事项如实记录和反映，并进行会计核算。

2. 任何单位不得以虚假的经济业务事项或者资料进行会计核算

各单位必须保证会计资料的真实性和完整性，不得伪造、变造会计资料，不得提供虚假的财务会计报告。

【思考1-19】各单位必须根据(　　)事项进行会计核算。
　　A. 实际发生的会计业务　　　　B. 实际发生的经济业务
　　C. 实际发生的经济活动　　　　D. 实际发生的资金运动
【解析】正确答案是B。以"实际发生的"经济业务事项为依据。

(二)会计资料的基本要求

1. 会计资料的生成和提供必须符合国家统一的会计准则制度的规定

会计资料是指在会计核算过程中形成的，记录和反映实际发生的经济业务事项的会计资料。它包括会计凭证、会计账簿、财务会计报告和其他会计资料，是记录会计核算过程和结果的重要载体，也是投资者做出投资决策、经营者进行经营管理、国家进行宏观调控的重要依据。

使用电子计算机进行会计核算的(即会计电算化)，其软件及其生成的会计凭证、会计账簿、财务会计报告和其他会计资料，也必须符合国家统一的会计制度的规定。为保证计算机生成的会计资料真实、完整和安全，《会计法》对会计电算化做出如下规定：

(1) 用电子计算机进行会计核算的单位，其使用的会计软件必须符合国家统一的会计制度的规定。

(2) 使用电子计算机生成的会计资料，必须符合国家统一的会计制度的规定。

(3) 使用电子计算机进行会计核算的，其会计账簿的登记、更正，应当符合国家统一的会计制度的规定。

【思考1-20】《会计法》中对使用电子计算机进行会计核算的基本要求有(　　)。
A. 使用的会计软件必须符合国家统一的会计制度的规定
B. 使用电子计算机生成的会计资料，必须符合国家统一的会计制度的规定
C. 使用电子计算机进行会计核算的，其会计账簿的登记、更正应当符合国家统一的会计制度的规定
D. 使用电子计算机进行会计核算的，同时应当进行手工记账以保留相关依据

【解析】正确答案是 ABC。

2. 提供虚假的会计资料是违法行为

会计资料的真实性和完整性是对会计资料最基本的质量要求。各单位必须保证会计资料的真实性和完整性，不得伪造、变造会计凭证、会计账簿和其他会计资料，不得提供虚假的财务会计报告。

(1) 伪造会计资料。它是指以虚假的经济业务事项为前提，编造不真实的会计凭证、会计账簿和其他会计资料的行为。

(2) 变造会计资料。它是指用涂改、挖补等手段来改变会计凭证、会计账簿等会计资料的行为。

(3) 提供虚假财务报告。它是指通过编造虚假的会计资料或者直接篡改财务会计报告上的数据，使财务会计报告不真实、不完整地反映真实财务状况和经营成果，借以误导和欺骗会计资料使用者的行为。

【思考1-21】业务员甲出差期间花了3 000元住宿费，采用涂改手段将3 000元改为5 000元。甲的行为属于伪造会计凭证的行为。这一说法正确吗？

【解析】不正确。这是篡改事实的行为，属于"变造"。伪造是指"无中生有"。

二、会计凭证

会计凭证是指记录经济业务发生或者完成情况的书面证明，是登记账簿的依据。每个企业都必须按一定的程序填制和审核会计凭证，并根据审核无误的会计凭证进行账簿登记，如实反映企业的经济业务。会计凭证按其来源分为原始凭证和记账凭证两种。

(一)原始凭证

原始凭证又称单据，是指在经济业务发生时，由业务经办人员直接取得或填制，用以表明某项经济业务已经发生或完成情况并明确有关经济责任的一种原始凭据，如发票。

原始凭证是会计核算的原始依据，来源于实际发生的经济业务事项。会计凭证有外来的，也有单位自制的；有国家统一印制的发票，也有双方认可并自行填制的凭据，等等。会计机构、会计人员必须按照国家会计制度的规定对原始凭证进行审核，对不真实、不合法的原始凭证有权不予接受，并向单位负责人报告；对记载不准确、不完整的原始凭证予以退回，并要求按照国家会计制度的规定更正、补充。原始凭证记载的各项内容均不得涂

改;原始凭证金额有错误的,应当由出具单位重开,不得在原始凭证上更正。原始凭证上除金额以外的其他事项有错误的,应当由出具单位重开或更正,更正处应当加盖出具单位印章。

【思考1-22】作为登记账簿的依据,必须是(　　)的会计凭证。
　　A. 经办人签字　　　B. 领导认可　　　C. 金额无误　　　D. 审核无误
【解析】正确答案是D。

【思考1-23】会计机构和会计人员对不真实、不合法的原始凭证有权(　　)。
　　A. 不予接受　　　　　　　B. 向单位负责人报告
　　C. 向财政部门报告　　　　D. 予以退回,要求更正、补充
【解析】正确答案是AB。对记载不准确、不完整的原始凭证予以退回,要求更正、补充。

【思考1-24】原始凭证的金额有错误的,应当采取的正确做法是(　　)。
　　A. 由出具单位重开
　　B. 由出具单位更正并加盖出具单位印章
　　C. 由接受单位更正并加盖接受单位印章
　　D. 由经办人员更正并加盖经办人员印章
【解析】正确答案是A。金额有错误的,只能由出具单位重开。

(二)记账凭证

记账凭证亦称传票,是指对经济业务事项按其性质加以归类,确定会计分录,并据以登记会计账簿的凭证。它具有分类、归纳原始凭证和满足登记会计账簿需要的作用。

记账凭证应当根据经过审核的原始凭证及有关资料编制,除部分转账业务以及结账、更正错误外,记账凭证必须附有原始凭证并注明所附原始凭证的张数。一张原始凭证所列的支出需要由两个以上的单位共同负担时,应当由保存该原始凭证的单位开具原始凭证分割单给其他应负担的单位。

【思考1-25】《会计法》规定,作为记账凭证编制依据的必须是(　　)的原始凭证和有关资料。
　　A. 经办人签字　　　　　　B. 领导认可
　　C. 金额无误　　　　　　　D. 经过审核无误
【解析】正确答案是D。

三、会计账簿

会计账簿是指由一定格式的账页组成的,以经过审核的会计凭证为依据,全面、系统、连续地记录各项经济业务的簿籍。

依法设置会计账簿,是单位进行会计核算的最基本要求之一。各单位发生的各项经济业务事项应当依法设置会计账簿统一登记、核算,不得违反《会计法》和国家统一的会计准则制度的规定私设会计账簿进行登记、核算。

【思考1-26】会计账簿的登记应当满足的要求有(　　)。
　　A. 根据经过审核无误的会计凭证登记
　　B. 按照记账规则登记

C. 实行会计电算化的单位，其会计账簿的登记、更正，应当符合国家统一的会计制度的要求
D. 禁止"账外账"

【解析】正确答案是ABCD。

四、财务报告

财务报告是对企业财务状况、经营成果和现金流量的结构性表述。财务报告至少应当包括下列组成部分：资产负债表、利润表、现金流量表、所有者权益(或股东权益，下同)变动表及附注。财务报告上述组成部分具有同等的重要程度。

财务报告由单位负责人和主管会计工作的负责人、会计机构负责人(会计主管人员)签名并盖章；设置总会计师的单位，还须由总会计师签名并盖章。单位负责人应当保证财务报告真实、完整。

各单位应当按照法律、行政法规和国家统一的会计准则制度和有关财务会计报告提供期限的规定，及时对外提供财务报告。财务报告须经注册会计师审计的，注册会计师及其所在的会计师事务所出具的审计报告应当随同财务报告一并提供。

【思考1-27】下列人员中，应当在对外提供的财务报告上签名并盖章的有(   )。

A. 单位负责人　　　　　　　B. 总会计师
C. 会计机构负责人　　　　　D. 报表编制人员

【解析】正确答案是ABC。对外报告上签名并盖章的人员均为"官"，没有报告编制人员、一般会计人员等。

五、会计档案管理

(一)会计档案的内容

会计档案是指单位在进行会计核算等过程中接收或形成的，记录和反映单位经济业务事项的，具有保存价值的文字、图表等各种形式的会计资料，包括通过计算机等电子设备形成、传输和存储的会计档案。

1. 会计凭证类

会计凭证类包括原始凭证、记账凭证、汇总凭证和其他会计凭证。

2. 会计账簿类

会计账簿类包括总账、明细账、日记账、固定资产卡片、辅助账簿和其他会计账簿。

3. 财务报告类

财务报告类包括资产负债表、利润表、现金流量表、所有者权益(或股东权益)变动表和附注。

4. 其他类

其他类包括银行存款余额调节表、银行对账单、纳税申报表、会计档案移交清册、会

项目一 识别违反会计法律制度的行为

计档案保管清册、会计档案销毁清册、会计档案鉴定意见书及其他具有保存价值的会计资料。

【思考1-28】 下列各项中，不属于会计档案的有( )。

A. 会计凭证　　　　　　B. 会计制度
C. 财务会计报告　　　　D. 财务预算

【解析】 正确答案是BD。会计档案是会计核算过程中形成的"专业材料"，不包括"计划、预算、制度"等。预算、计划、制度等文件材料，应当执行文书档案管理规定，不适用会计档案管理办法。

(二)会计档案的管理部门

县级以上各级人民政府财政部门和档案行政管理部门管理本行政区域内的会计档案工作。

(三)会计档案的归档

各单位每年形成的会计档案，应当由单位的会计机构或会计人员所属机构(以下统称单位会计管理机构)，按照归档要求，负责会计资料整理、归档、立卷，编制会计档案保管清册。单位可以利用计算机、网络通信等信息技术手段管理会计档案。

同时满足下列条件的，单位内部形成的属于归档范围的电子会计资料可仅以电子形式保存，形成电子会计档案。

(1) 形成的电子会计资料来源真实有效，由计算机等电子设备形成和传输。

(2) 使用的会计核算系统能够准确、完整、有效地接收和读取电子会计资料，能够输出符合国家标准归档格式的会计凭证、会计账簿、财务会计报告等会计资料，设定了经办、审核、审批等必要的审签程序。

(3) 使用的电子档案管理系统能够有效地接收、管理、利用电子会计档案，符合电子档案的长期保管要求，并建立了电子会计档案与相关联的其他纸质会计档案的检索关系。

(4) 采取有效措施，防止电子会计档案被篡改。

(5) 建立电子会计档案备份制度，能够有效地防范自然灾害、意外事故和人为破坏的影响。

(6) 形成的电子会计资料不属于具有永久保存价值或者其他重要保存价值的会计档案。

满足上述规定条件，单位从外部接收的电子会计资料附有符合《中华人民共和国电子签名法》规定的电子签名的，可仅以电子形式归档保存，形成电子会计档案。

(四)会计档案的移交

1. 单位内部会计档案移交

当年形成的会计档案，在会计年度终了后，可由单位会计管理机构临时保管1年，期满之后，应当由会计机构编制移交清册，移交本单位档案管理机构统一保管；因工作需要确需推迟移交的，应当经单位档案管理机构同意。单位会计管理机构临时保管会计档案最长不超过3年。出纳人员不得监管会计档案。

单位会计管理机构在办理会计档案移交时，应当编制会计档案移交清册，并按照国家档案管理的有关规定办理移交手续。纸质会计档案移交时，应当保持原卷的封装。个别需要拆封重新整理的，档案机构应会同会计机构有关人员和经办人员共同拆封整理，以分清责任。电子会计档案移交时，应当将电子会计档案及其元数据一并移交，特殊格式的电子会计档案应当与其读取平台一并移交。

2. 单位之间会计档案移交

单位之间交接会计档案时，交接双方应当办理会计档案交接手续。交接会计档案时，交接双方应当按照会计档案移交清册所列内容逐项交接，并由交接双方的单位有关负责人负责监督。交接完毕后，交接双方经办人和监督人应当在会计档案移交清册上签名或盖章。

电子会计档案应当与其元数据一并移交，特殊格式的电子会计档案应该与其读取平台一并移交。

(五)会计档案的查阅

单位应当严格按照相关制度利用会计档案，在进行会计档案查阅、复制、借出时履行登记手续，严禁篡改和损坏。

单位保存的会计档案一般不得对外借出。确因工作需要且根据国家有关规定必须借出的，应当严格按照规定办理相关手续。

【思考1-29】关于会计档案的利用，下列说法正确的有(　　)。
　　A. 单位应当严格按照相关制度利用会计档案，在进行会计档案查阅、复制、借出时履行登记手续，严禁篡改和损坏
　　B. 单位保存的会计档案不得对外借出
　　C. 确因工作需要且根据国家有关规定必须借出的，应当严格按照规定办理相关手续
　　D. 会计档案借用单位应当妥善保管和利用借入的会计档案，确保借入会计档案的安全、完整，并在规定时间内归还

【解析】正确答案是ACD。会计档案一般不得对外借出，确因工作需要且根据国家有关规定必须借出的，应当严格按照规定办理相关手续，选项B不正确。

(六)会计档案的保管期限

会计档案的保管期限分为永久和定期两类，如年度财务报告、会计档案保管清册和档案销毁清册需要永久保存。

定期保管的会计档案期限一般分为10年和30年。例如，企业原始凭证、记账凭证、会计账簿等保管期限为30年，企业月度、季度、半年度财务报告保管期限为10年，银行余额调节表和银行对账单保管期限为10年，会计档案移交清册保管期限为30年。

会计档案的保管期限，从会计年度终了后的第一天算起。

【思考1-30】会计档案保管期限分为10年、30年。这一说法正确吗？

【解析】不正确。会计档案保管期限分为永久和定期两类，其中"定期"保管的会计档案期限一般为10年和30年。

【思考1-31】下列企业会计档案中，最低保管期限为30年的有(　　)。
　　A. 银行存款余额调节表　　　B. 总账
　　C. 会计档案保管清册　　　　D. 原始凭证

【解析】正确答案是 BD。银行存款余额调节表最低保管期限为 10 年，会计档案保管清册保管期限为永久。

(七)会计档案的销毁

各单位应当定期对已到保管期限的会计档案进行鉴定。经鉴定，仍需继续保存的会计档案，应当重新规划保管期限；对保管期满，确无保存价值的会计档案，可以销毁。

会计档案鉴定工作应当由单位档案管理机构牵头，组织单位会计、审计、纪检监察等机构或人员共同进行。

1. 销毁程序

对于保管期满可以销毁的会计档案，应当按照规定的程序进行销毁。

(1) 单位档案管理机构编制会计档案销毁清册，列明拟销毁会计档案的名称、卷号、册数、起止年度、档案编号、应保管期限、已保管期限和销毁时间等内容。

(2) 单位负责人、档案管理机构负责人、会计管理机构负责人、档案管理机构经办人、会计管理机构经办人在会计档案销毁清册上签署意见。

(3) 专人负责监销。单位档案管理机构负责组织会计档案销毁工作，并与会计管理机构共同派员监销。监销人在会计档案销毁前，应当按照会计档案销毁清册所列内容进行清点核对；在会计档案销毁后，应当在会计档案销毁清册上签名或盖章。

电子会计档案的销毁还应当符合国家有关电子档案的规定，并由单位档案管理机构、会计管理机构和信息系统管理机构共同派员监销。

2. 不得销毁的会计档案

保管期满但未结清的债权债务会计凭证和涉及其他未了事项的会计凭证不得销毁，纸质会计档案应当单独抽出立卷，电子会计档案应当单独转存，保管到未了事项完结时为止。

单独抽出立卷或转存的会计档案，应当在会计档案鉴定意见书、会计档案销毁清册和会计档案保管清册中列明。

【思考 1-32】下列关于会计档案的表述中，符合《会计档案管理办法》规定的有(　　)。
　　A. 单位会计核算中形成的电子会计资料，必须打印以纸质档案保存
　　B. 单位会计档案销毁只须经单位负责人在会计档案销毁清册上签署意见
　　C. 保管期满但未结清债权债务的会计凭证，不得销毁
　　D. 各单位应当定期对已到保管期限的会计档案进行鉴定

【解析】正确答案是 CD。同时满足下列条件的，单位内部形成的属于归档范围的电子会计资料，同时符合"来源真实有效，由计算机等电子设备形成和传输"等六个条件的，可仅以电子形式保存，选项 A 不正确；会计档案销毁清册上，需要单位负责人、档案管理机构负责人、会计管理机构负责人、档案管理机构经办人、会计管理机构经办人签署意见，选项 B 不正确。

任务解析

1. 甲公司会计档案销毁程序有两处不合法。一是将未结清的债权债务凭证列入销毁清

册。会计档案管理办法规定："对于保管期满但未结清的债权债务原始凭证和涉及其他未了事项的原始凭证，不得销毁，纸质会计档案应当单独抽出立卷，电子会计档案应当单独转存，保管到未了事项完结时为止。"该公司不应将其一并列入销毁清册销毁。二是违背"专人负责监销"规定。销毁会计档案时，应当由单位的档案机构和会计管理机构共同派人监销。该公司将销毁会计档案工作交给小赵一个人承担不符合规定。

2. 对外报出的财务报告由财务科科长签字并盖章不合法。《会计法》规定："财务会计报告由单位负责人和主管会计工作的负责人、会计机构负责人(会计主管人员)签名并盖章。设置总会计师的企业，还应由总会计师签名并盖章。"单位负责人应当保证财务会计报告真实、完整，必须在财务报告上签名并盖章。该公司董事长应当在财务报告上签名盖章。

3. 第一张发票可以报账，第二张发票(更改金额)不能报账。根据《会计基础工作规范》的规定，原始凭证记载内容有错误的，应当由开具单位重开或更正，并在更正处签章。但是，原始凭证的金额出现错误的不得更正，只能由原始凭证开具单位重新开具。因此，小赵只能将第一张发票按规定报账，将第二张发票退回，由乙公司重新开具后再报账。

任务四　识别违反会计监督的行为

◉ 案情回放

财政局在对 ABC 公司的税务检查中发现以下问题：①王某是该公司的会计记账人员，同时兼管仓库管理员和日常文秘工作；②会计将在建工程负担的长期借款利息20万元，计入了"财务费用"科目，仅此项少缴纳企业所得税 5 万元。该公司辩解，本年度财务报告已委托符合资质要求的甲会计师事务所进行了年度审计，并出具了无保留意见审计报告，应由甲会计师事务所承担责任。

◉ 工作任务

1. 王某能否兼管仓库管理员和日常文秘工作？为什么？
2. 注册会计师"审核无误"的财务报告出现问题，责任应由谁承担？为什么？

◉ 理论认知

一、单位内部会计监督

会计监督是会计的基本职能之一。我国的会计监督分为单位内部会计监督、政府监督、社会监督，即"三位一体"的会计监督体系。

(一)单位内部会计监督的概念与要求

单位内部会计监督是指会计机构、会计人员依照法律的规定，通过会计手段对经济活动的合法性、合理性和有效性进行的一种监督。

1. 单位内部会计监督的主体和对象

(1) 单位内部会计监督的主体——各单位的会计机构、会计人员。
(2) 单位内部会计监督的对象——单位的经济活动。

2. 会计机构、会计人员在单位内部会计监督中的职责

(1) 会计机构、会计人员依法开展会计核算和监督,对违反《会计法》和国家统一会计准则制度规定的事项,有权拒绝办理或按职权予以纠正。

(2) 会计机构、会计人员发现会计账簿与实物、款项及有关资料不相符合的,按照国家统一的会计准则制度的规定有权自行处理的,应当及时处理;无权自行处理的,应当立即向单位负责人报告,请求查明原因,作出处理。

【思考 1-33】会计机构和会计人员发现会计账簿记录与实物、款项及有关资料不相符合的,应当立即向本单位负责人报告,请求查明原因,作出处理。这一说法正确吗?

【解析】不正确。"有权自行处理的——及时处理","无权自行处理的——报告"。

3. 建立单位内部会计监督的要求

各单位应当建立健全本单位内部会计监督制度。单位内部会计监督制度应当符合下列要求。

(1) 记账人员与经济业务事项和会计事项的审批人员、经办人员、财物保管人员的职责权限应当明确,并相互分离、相互制约。

(2) 重大对外投资、资产处置、资金调度和其他重要经济业务事项的决策和执行的相互监督、相互制约程序应当明确。

(3) 财产清查的范围、期限和组织程序应当明确。

(4) 对会计资料定期进行内部审计的办法和程序应当明确。

【思考 1-34】下列各项中,属于《会计法》规定的单位内部会计监督制度要求的有(   )。
　A. 记账人员与会计事项的审批人员相互分离、相互制约
　B. 重大对外投资决策与执行相互监督、相互制约
　C. 财产清查的范围、期限和组织程序应当明确
　D. 建立健全单位会计档案管理办法

【解析】正确答案是 ABC。"会计档案管理"不是内部监督的要求。

(二)内部控制

1. 内部控制的概念与目标

对企业而言,内部控制是指由企业董事会、监事会、经理层和全体员工实施的、旨在实现控制目标的过程。

对行政事业单位而言,内部控制是指单位为实现控制目标,通过制定制度、实施措施和执行程序,对经济活动的风险进行防范和管控。

企业内部控制的目标主要包括:合理保证企业经营管理合法合规、资产安全、财务报告及相关信息真实、完整,提高经营效率和效果,促进企业实现发展战略。

行政事业单位内部控制的目标主要包括：合理保证单位经济活动合法合规、资产安全及使用有效、财务信息真实、完整，有效防范舞弊和预防腐败，提高公共服务的效率和效果。

【思考1-35】 企业内部控制的目标是确保企业经营管理合法合规、资产安全、财务报告及相关信息真实、完整，提高经营效率和效果，促进企业实现发展战略。这一说法正确吗？

【解析】 不正确。内部控制的目标只能是"合理保证……"，并非"确保……"或"完全保证……"。

2. 内部控制的原则

企业、行政事业单位建立与实施内部控制，均应遵循全面性原则、重要性原则、制衡性原则和适应性原则。此外，企业还应遵循成本效益原则。

【思考1-36】 行政事业单位建立与实施内部控制的原则包括(   )。
A. 全面性　　　　　B. 重要性　　　　　C. 制衡性　　　　　D. 成本效益

【解析】 正确答案是ABC。"成本效益"原则是企业内部控制的原则。应注意企业与行政事业单位内部控制原则及目标上的差异。

3. 内部控制的责任人

对企业而言，董事会负责内部控制的建立健全和有效实施。监事会对董事会建立与实施内部控制进行监督。经理层负责组织领导企业内部控制的日常运行。

对行政事业单位而言，单位负责人对本单位内部控制的建立健全和有效实施负责。

【思考1-37】 在企业中，负责内部控制的建立和有效实施的是(   )。
A. 单位负责人　　　B. 董事会　　　C. 职工代表大会　　　D. 经理层

【解析】 正确答案是B。企业——"董事会"，行政事业单位——"单位负责人"。

4. 内部控制的内容(内部控制要素)

(1) 企业建立与实施有效的内部控制，应当包括内部环境、风险评估、控制活动、信息与沟通、内部监督等要素。

① 内部环境，是企业实施内部控制的基础，一般包括治理结构、机构设置及权责分配、内部审计、人力资源政策、企业文化等。

② 风险评估，即企业及时识别、系统分析经营活动中与实现内部控制目标相关的风险，合理确定风险应对策略。

③ 控制活动，即企业根据风险评估结果，采用相应的控制措施，将风险控制在可承受度之内。它一般包括不相容职务分离、授权审批控制、会计系统控制、财产保护控制、预算控制、运营分析控制和绩效考评控制等。

④ 信息与沟通，即企业及时、准确地收集、传递与内部控制相关的信息，确保信息在企业内部、企业与外部之间进行有效沟通。

⑤ 内部监督，即企业对内部控制的建立与实施情况进行监督检查，评价内部控制的有效性，发现内部控制的缺陷，以便及时加以改进。

(2) 行政事业单位建立与实施内部控制的具体工作包括：梳理单位各类经济活动的业务流程，明确业务环节，系统分析经济活动风险，确定风险点，选择风险应对策略，在此基础上根据国家有关规定建立健全单位各项内部管理制度并督促相关工作人员认真执行。

【思考1-38】企业建立内部控制的要素包括( )。
　　A. 风险评估　　　B. 内部环境　　　C. 控制活动　　　D. 信息与沟通
【解析】正确答案是ABCD。企业内部控制包括五个要素，还有一个要素是"内部监督"。

5. 内部控制的方法

对企业而言，内部控制的方法一般包括：不相容职务分离控制、授权审批控制、会计系统控制、财产保护控制、预算控制、运营分析控制和绩效考评控制等。

行政事业单位内部控制的方法一般包括：不相容岗位相互分离、内部授权审批控制、归口管理、预算控制、财产保护控制、会计控制、单据控制、信息内部公开等。

【思考1-39】行政事业单位内部控制的常用方法有( )。
　　A. 不相容岗位相互分离、单据控制　　　B. 内部授权审批控制、会计控制
　　C. 归口管理、信息内部公开　　　　　　D. 运营分析控制、绩效考评控制
【解析】正确答案是ABC。选项D是企业内部控制的方法之一。此外，相对于企业内部控制而言，"归口管理""信息内部公开""单据控制"是行政事业单位特有的控制方法。

(三)内部审计

1. 内部审计的概念与内容

内部审计是指单位内部的一种独立客观的监督和评价活动，它通过单位内部独立的审计机构和审计人员审查和评价本部门、本单位财务收支和其他经营活动以及内部控制的适当性、合法性和有效性来促进单位目标的实现。

内部审计的内容是一个不断发展变化的范畴，主要包括：财务审计、经营审计、经济责任审计、管理审计和风险管理等。

【思考1-40】下列属于内部审计内容的有( )。
　　A. 财务审计　　　B. 经济责任审计　　　C. 管理审计　　　D. 风险管理
【解析】正确答案是ABCD。

2. 内部审计的特点与作用

(1) 内部审计的特点：内部审计的审计机构和审计人员都设在本单位内部，审计的内容更侧重于经营过程是否有效、各项制度是否得到遵守与执行。审计结果的客观性和公正性较低，并且以建议性意见为主。

(2) 内部审计的作用：①预防保护作用。内部审计机构通过对会计部门工作的监督，有助于强化单位内部管理控制制度，及时发现问题纠正错误，堵塞管理漏洞，减少损失，保护资产的安全与完整，提高会计资料的真实性、可靠性。②服务促进作用。通过内部审计，可以在企业改善管理、挖掘潜力、降低生产成本、提高经济效益等方面起到积极的促进作用。③评价鉴证作用。通过内部审计，可以对各部门活动作出客观、公正的审计结论和意见，起到评价和鉴证的作用。

【思考1-41】下列不是内部审计特点的是( )。
   A. 审计目标是报表的合法性和公允性
   B. 审计机构和审计人员都设在本单位内部
   C. 审计的内容更侧重于经营过程是否有效、各项制度是否得到遵守与执行
   D. 审计结果的客观性和公正性较低，并且以建议性意见为主
【解析】正确答案是 A。选项 A 是注册会计师事务所的审计目标。

二、会计工作的政府监督

(一)会计工作政府监督的概念

会计工作的政府监督主要是指财政部门代表国家对单位和单位中相关人员的会计行为实施的监督检查，以及对发现的违法会计行为实施的行政处罚。

1. 政府监督的主体

(1) 财政部门是会计工作政府监督的实施主体。县级以上人民政府财政部门对各单位会计工作行使监督权，对违法会计行为实施行政处罚。

(2) 除财政部门外，审计、税务、人民银行、银行监管、证券监管、保险监管等部门依照有关法律、行政法规规定的职责和权限，可以对有关单位的会计资料实施监督检查。

2. 政府监督的对象

(1) 财政部门实施会计监督检查的对象是单位和单位中相关人员的会计行为。
(2) 其他相关部门实施会计监督检查的对象是会计资料。

【思考1-42】下列各项中，属于会计工作的政府监督范畴的有( )。
   A. 财政部门对各单位会计工作的监督
   B. 人民银行对有关金融单位相关会计账簿的监督
   C. 证券监管部门对证券公司有关会计资料的检查
   D. 税务机关对纳税人记账凭证的检查
【解析】正确答案是 ABCD。财政部门是"实施主体"，其他相关部门依法对"会计资料"监督检查。

(二)财政部门会计监督的主要内容

财政部门实施会计监督检查的内容主要包括以下五个方面。

1. 对单位依法设置会计账簿的检查

应当设置会计账簿的单位是否设置账簿；其所设置的账簿是否符合法律、行政法规和国家统一的会计准则制度的要求；是否存在账外设账的违法行为；等等。

2. 对单位会计资料真实性、完整性的检查

应当依法办理会计手续、进行会计核算的经济业务事项是否如实在会计资料上反映；会计资料是否账实相符；财务会计报告的内容是否合法；会计资料是否真实、完整；使用的会计软件及其生成的会计资料是否合法；等等。

3. 对单位会计核算情况的检查

采用的会计年度、记账本位币和会计记录文字是否合法；填制或者取得原始凭证、编制记账凭证、登记会计账簿是否符合有关规定；会计处理方法的采用和变更是否合法；会计报告编制是否合法；是否建立并实施内部会计监督制度；会计档案的建立、保管和销毁是否合法；等等。

4. 对单位会计人员的检查

从事会计工作的人员是否具备专业能力、遵守职业道德；会计机构负责人(会计主管人员)是否具备法律、行政法规和国家统一的会计准则制度规定的任职资格；等等。

5. 对会计师事务所出具的审计报告的程序和内容的检查

国务院财政部门和省、自治区、直辖市人民政府财政部门应当对会计师事务所出具的审计报告的程序和内容进行监督检查。

【思考1-43】下列属于财政部门实施会计监督检查内容的有(   )。
  A. 从事会计工作的人员是否具备专业能力、遵守职业道德
  B. 会计资料是否真实、完整
  C. 会计核算是否符合《会计法》和国家统一的会计制度的规定
  D. 是否按照税法的规定按时足额纳税
【解析】正确答案是ABC。选项D属于税务机关的职责。

三、会计工作的社会监督

(一)会计工作社会监督的概念

会计工作的社会监督主要是指由注册会计师及其所在的会计师事务所依法对委托单位的经济活动进行审计、鉴证的一种外部监督。

此外，单位和个人检举违反《会计法》和国家统一的会计准则制度规定的行为，也属于会计工作社会监督的范畴。

(二)注册会计师审计与内部审计的关系

注册会计师审计与内部审计既有联系又有区别。

1. 二者的联系

二者都是现代审计体系的重要组成部分；都关注内部控制的健全性和有效性；注册会计师审计可能涉及对内部审计成果的利用；等等。

2. 二者的区别

(1) 审计独立性不同。内部审计是本单位的职能部门，独立性较弱。注册会计师审计完全独立于被审计单位，独立性较强。

(2) 审计方式不同。内部审计依照单位经营管理的需要自行组织实施，具有较大的灵活性。注册会计师审计则是受托审计，必须依照《注册会计师法》、执业准则、规则实施

审计。

(3) 审计的职责和作用不同。内部审计的结果只对本部门、本单位负责，只作为内部改进经营管理的参考，不对外公开。注册会计师审计需要对投资者、债权人及其他利益相关者负责，其对外出具的审计报告具有鉴证作用。

(4) 接受审计的自愿程度不同。内部审计时，单位内部的组织必须接受内部审计人员的监督。注册会计师审计时，委托人可以自由选择会计师事务所。

【思考1-44】下列关于注册会计师审计与内部审计的区别中，表述正确的有(   )。
A. 审计独立性不同   B. 审计方式不同
C. 审计的职责和作用不同   D. 审计对象不同

【解析】正确答案是ABC。二者的审计对象均涉及会计资料，选项D不正确。

(三)注册会计师的业务范围

1. 注册会计师可以承办审计业务和会计咨询、会计服务业务

(1) 审计业务。它包括：审查企业会计报告，出具审计报告；验证企业资本，出具验资报告；办理企业合并、分立、清算事宜中的审计业务，出具有关报告；法律、行政法规规定的其他审计业务。

(2) 会计咨询、会计服务业务。它包括：设计财务会计制度；担任会计顾问，提供会计、财务、税务和其他经济管理咨询；代理记账；代理纳税申报；代办申请注册登记，协助拟定合同、协议、章程及其他经济文件；培训会计人员；审核企业前景财务资料；资产评估；等等。

2. 注册会计师业务规范及审计责任

(1) 注册会计师执行业务，应当加入会计师事务所。

(2) 注册会计师承办业务，由其所在的会计师事务所统一受理并与委托人签订委托合同。

(3) 会计师事务所对本所注册会计师承办的业务，承担民事责任。

(4) 注册会计师进行审计时，仅对其出具的审计报告负责(审计责任)。注册会计师审计不能替代或者减轻单位负责人对会计资料真实性、完整性承担的责任(会计责任)。

【思考1-45】财政部门发现ABC公司采用"账外账"方式隐瞒收入20万元，遂对ABC公司及相关人员进行处罚。ABC公司的董事长辩解道："我公司的财务报告是经会计师事务所审计通过的。应该处罚会计师事务所。"这一说法正确吗？

【解析】不正确。审计责任与会计责任不能相互替代。会计资料的真实性、完整性责任始终是单位负责人的。

任务解析

1. 王某可以兼管日常文秘工作，但不能同时兼管仓库管理员工作。单位内部会计监督制度要求："记账人员与经济业务事项和会计事项的审批人员、经办人员、财物保管人员的职责权限应当明确，并相互分离、相互制约"。王某是该公司的会计记账人员，不能再兼管仓库保管员一职，如果兼职，一个人既负责财物保管，又负责财物记账，容易出现舞弊行为。

2. 注册会计师"审核无误"的财务报告出现问题，会计责任仍由委托单位即 ABC 公司承担。《会计法》规定：注册会计师审计不能替代或者减轻单位负责人对会计资料真实性、完整性承担的责任(会计责任)。会计师事务所只承担审计责任，会计资料的真实性、完整性责任即会计责任，始终是单位负责人的。

任务五　识别会计机构与人员管理中的违法行为

◎ 案情回放

财政局在对 ABC 公司的会计检查中发现以下问题：①2017 年 5 月，企业做出简化机构决定，将财务科并入公司办公室；②6 月，公司出纳孙某辞职，公司新聘用了李某。由于主管会计人员王某在外地出差，由人力资源部经理监交，李某与孙某办理了会计交接手续。事后，发现 4 月份孙某经手的一笔假账，孙某以"早已办清交接手续"为由，拒不承担；③李某 2017 年网上继续教育学习累计 20 学分。

◎ 工作任务

1. ABC 公司能否将财务科并入办公室？为什么？
2. 李某与孙某办理的会计交接手续是否合法？事后才发现 4 月份有一笔假账，责任应该由谁承担？为什么？
3. 李某是否完成了 2017 年继续教育学习任务？为什么？

◎ 理论认知

一、会计机构的设置

会计机构是各单位办理会计事务的职能机构，会计人员是直接从事会计工作的人员。建立健全会计机构，配备与工作要求相适应的、具有一定素质和数量的会计人员，是做好会计工作，充分发挥会计职能作用的重要保证。

(一)办理会计事务的组织方式

各单位办理会计事务的组织方式有以下三种。

1. 单独设置会计机构

各单位根据会计业务的需要，决定是否设置会计机构。

2. 有关机构中配置专职会计人员

不具备单独设置会计机构条件的，应当在有关机构中配置专职会计人员，并指定会计主管人员。会计主管人员是指不单独设置会计机构的单位里，负责组织管理会计事务、行使会计机构负责人职权的负责人。

【思考1-46】根据《会计法》的规定,单位会计主管人员是指( )。
A. 总会计师
B. 会计机构负责人
C. 未设总会计师的单位分管会计工作的行政副职
D. 未单独设置会计机构而在有关机构中指定行使会计机构负责人职权

【解析】正确答案是D。设置会计机构的,会计工作负责人称为"会计机构负责人";不设置会计机构,而在有关部门中配备会计人员并指定负责人的称为"会计主管人员"。

3. 实行代理记账

未设置会计机构且未配置会计人员的单位,应当根据《代理记账管理暂行办法》委托会计师事务所或者持有代理记账许可证书的其他代理记账机构进行代理记账。

(二)代理记账

代理记账是指从事代理记账业务的社会中介机构接受委托人的委托办理会计业务。

1. 代理记账机构的设立条件

(1) 为依法设立的企业。
(2) 专职从业人员不少于三名。
(3) 主管代理记账业务的负责人具有会计师以上专业技术职务资格且为专职从业人员。
(4) 有健全的代理记账业务内部规范。

2. 代理记账机构的业务范围

(1) 根据委托人提供的原始凭证和其他相关资料,按照国家统一的会计制度的规定进行会计核算,包括审计原始凭证、填制记账凭证、登记会计账簿、编制财务会计报告等。
(2) 对外提供财务会计报告。
(3) 向税务机关提供税务资料。
(4) 委托人委托的其他会计业务。

【思考1-47】下列各项中,代理记账机构可以接受委托,代表委托人办理的业务事项有( )。
A. 登记会计账簿   B. 编制财务会计报告
C. 出具审计报告   D. 向税务机构提供纳税资料

【解析】正确答案是ABD。出具审计报告是会计师事务所的业务范围。

3. 委托人的义务

(1) 对本单位发生的经济业务事项,应当填制或者取得符合国家统一的会计制度规定的原始凭证。
(2) 应当配备专人负责日常货币收支和保管。
(3) 及时向代理记账机构提供真实、完整的原始凭证和其他相关资料。
(4) 对于代理记账机构退回的,要求按照国家统一的会计制度的规定进行更正、补充的原始凭证，应当及时予以更正、补充。

4. 代理记账机构及其从业人员的义务

(1) 遵守有关法律、法规和国家统一的会计制度的规定，按照委托合同办理代理记账业务。

(2) 对在执行业务中知悉的商业秘密予以保密。

(3) 对委托人要求其作出不当的会计处理，提供不实的会计资料，以及其他不符合法律、法规和国家统一的会计制度行为的，予以拒绝。

(4) 对委托人提出的有关会计处理相关问题予以解释。

【思考1-48】从事代理记账工作的人员应履行的义务有(　　)。
A. 遵守法律法规，按照委托合同办理代理记账业务
B. 填制或取得合法的原始凭证
C. 对委托人要求提供不实的会计资料，应当拒绝
D. 对委托人提出的有关会计处理原则问题，负有解释的责任

【解析】正确答案是ACD。填制或取得合法的原始凭证属于"委托人"的义务。

【思考1-49】下列各项中，属于委托代理记账的委托人的义务的有(　　)。
A. 对本单位发生的经济业务事项，编制记账凭证
B. 对在执行业务中知悉的商业秘密，应当保密
C. 向代理记账机构提供真实、完整的原始凭证
D. 应当配备专人负责日常货币收支及保管

【解析】正确答案是CD。"编制记账凭证""保密"属于代理记账机构及其从业人员的义务。

二、会计工作岗位设置

(一)会计工作岗位设置的要求

1. 按需设岗

各单位会计工作岗位的设置应当与本单位业务活动的规模、特点和管理要求相适应。

2. 符合内部牵制的要求

内部牵制是通过实施岗位分离自动实现账目间的相互核对来保证相关账目正确无误的一种控制机制。它是内部控制制度的重要内容之一，如机构分离、职务分离、钱账分离、物账分离等。其主要内容包括以下两个方面。

(1) 会计工作岗位可以一人一岗、一人多岗或者一岗多人，凡是涉及款项和财务收付、结算及登记的任何一项工作，必须由两人或两人以上分工办理，以起到相互制约的作用。

(2) 出纳人员不得兼管稽核、会计档案保管和收入、费用、债权债务账目的登记工作。出纳以外的人员不得经管现金、有价证券、票据。

【思考1-50】下列表述中，正确的有(　　)。
A. 出纳人员不得兼任对外会计报表的编制工作

B. 单位不得由一人办理货币资金业务的全过程
C. 出纳人员应当具备会计工作能力
D. 出纳与稽核属于不相容的岗位

【解析】正确答案是BCD。出纳可以兼任对外会计报表的编制工作。

【思考1-51】出纳人员不得记账。这一说法正确吗？

【解析】不正确。出纳不得兼管的三件事中，涉及账目登记的只有收入、费用、债权债务账目登记工作；其他账目出纳是可以登记的，如固定资产明细账、材料明细账等；还有库存现金日记账和银行存款日记账，本身就是出纳人员登记的。

3. 建立岗位责任制

各单位应当建立会计岗位责任制，明确各项具体会计工作的职责范围、具体内容和要求，并落实到每个会计工作岗位或会计人员之中。这是单位会计人员履行会计岗位职责，提高工作效率的有效保证。

4. 建立轮岗制度

会计人员应当定期或不定期地轮换工作岗位，以促进会计人员全面熟悉业务和不断提高业务素质，进一步完善单位内部控制制度。

【思考1-52】属于会计工作岗位设置要求的有(　　)。
A. 按需设岗　　　　　　　　B. 建立轮岗制度
C. 建立岗位责任制　　　　　D. 符合内部牵制的要求

【解析】正确答案是ABCD。

(二)主要会计工作岗位

会计工作岗位一般分为：①会计机构负责人或者会计主管人员岗位；②出纳岗位；③稽核；④财产物资的收发、增减核算；⑤成本费用核算；收入、支出、债权债务核算；⑥资金核算；⑦职工薪酬、成本费用、财务成果核算；⑧总账；⑨财务会计报告编制；⑩会计机构内会计档案管理；⑪其他会计工作岗位。

开展会计电算化和管理会计的单位，可以根据需要设置相应的工作岗位，也可以与其他工作岗位相结合。

注意：①对于会计机构内会计档案管理岗位，在会计档案正式移交之前，属于会计岗位；正式移交档案管理部门之后，就不再属于会计岗位。②医院门诊收费员、住院处收费员、药房收费员、药品库房记账员、商场收款(银)员所从事的工作，均不属于会计岗位。③与单位内部审计、社会审计和政府审计等工作相关的岗位，也不属于会计岗位。

【思考1-53】下列岗位不属于会计岗位的有(　　)。
A. 出纳岗位　　　　　　　　B. 稽核岗位
C. 药品库房记账员　　　　　D. 内部审计岗位

【解析】正确答案是CD。"四类"岗位不属于会计岗位：各种收费(银)岗位、各类审计岗位、移交后的会计档案保管岗位、药品库房记账岗位。

三、会计工作交接

(一)交接的范围

会计人员由于工作调动、离职或因病而暂时不能工作时,应与接管人员办理交接手续。交接范围包括如下内容。

(1) 会计人员工作调动或者因故离职,应与接管人员办理会计工作交接。

(2) 会计人员临时离职或因病暂时不能工作且需要接替或者代理的,会计机构负责人(会计主管人员)或者单位负责人必须指定专人接替或者代理,并办理会计工作交接手续。

(3) 临时离职或因病不能工作的会计人员恢复工作时,应当与接替或者代理人员办理交接手续。

(4) 移交人员因病或其他特殊原因不能亲自办理移交手续的,经单位负责人批准,可由移交人委托他人代办交接,但委托人应当对所移交的会计凭证、会计账簿、财务会计报告和其他有关资料的真实性、完整性承担法律责任。

(二)交接程序

会计人员未与接管人员办清交接手续的,不得调动或者离职。

办理会计工作交接,应按以下程序进行。

1. 提出交接申请

会计人员在向单位或者有关机关提出调动工作或者离职的申请时,应当同时向会计机构提出会计交接申请。

2. 办理移交手续前的准备工作

(1) 已经受理的经济业务尚未填制会计凭证的,应当填制完毕。

(2) 尚未登记的账目应当登记完毕,结出余额,并在最后一笔余额后加盖经办人印章。

(3) 整理好应该移交的各项资料,对未了事项和遗留问题要写出书面说明材料。

(4) 编制移交清册,列明应该移交的会计凭证、会计账簿、财务会计报告、公章、现金、有价证券、支票簿、发票、文件、其他会计资料和物品等内容;实行会计电算化的单位,从事该项工作的移交人员应在移交清册上列明会计软件及密码、数据盘、磁带等内容。

(5) 会计机构负责人(会计主管人员)移交时,应将财务会计工作、重大财务收支问题和会计人员等情况,向接替人员介绍清楚。

3. 移交点收

接管人员应认真按照移交清册列明的内容,逐项点收。其具体要求包括以下几个方面。

(1) 库存现金要根据会计账簿记录余额进行当面点交,不得短缺,接替人员发现不一致或"白条抵库"现象时,移交人员在规定期限内负责查清处理。

(2) 有价证券的数量要与会计账簿记录一致,有价证券面额与发行价不一致时,按照会计账簿余额交接。

(3) 会计凭证、会计账簿、财务会计报告和其他会计资料必须完整无缺,不得遗漏。如有短缺,必须查明原因,并在移交清册中加以说明,由移交人负责。

(4) 银行存款账户余额要与银行对账单核对相符,如有未达账项,应编制银行存款余额调节表调节相符;各种财产物资和债权债务的明细账户余额,要与总账有关账户的余额核对相符;对重要实物要实地盘点;对余额较大的往来账户要与往来单位、个人核对。

(5) 公章、收据、空白支票、发票、科目印章以及其他物品等必须交接清楚。

(6) 实行会计电算化的单位,交接双方应将有关电子数据在计算机上进行实际操作,确认有关数据正确无误后,方可交接。

【思考1-54】下列关于会计工作交接的说法中,正确的有( )。
    A. 对于已经受理的经济业务尚未填制会计凭证的,应当填制完毕
    B. 库存现金要根据会计账簿记录余额进行当面点交,不得"白条抵库"
    C. 公章、收据、空白支票等必须交接清楚
    D. 应编制移交清册,接管人员应认真按照移交清册列明的内容,逐项点收
【解析】正确答案是ABCD。

4. 专人负责监交

(1) 一般会计人员办理交接手续,由单位的会计机构负责人(会计主管人员)监交。

(2) 会计机构负责人(会计主管人员)办理交接手续时,由单位负责人监交,必要时,主管单位可以派人会同监交。

【思考1-55】一般会计人员办理会计工作交接手续时,应由( )负责监交。
    A. 人力资源部经理   B. 审计人员
    C. 会计机构负责人   D. 单位负责人
【解析】正确答案是C。

(三)交接人员的责任

交接工作完成后,移交人员对其所移交的会计资料的真实性、完整性承担法律责任。即便接替人员在交接时因疏忽未发现所交接会计资料存在真实性、完整性方面的问题,如事后发现仍应由原移交人员负责,原移交人员不应以会计资料已移交而推脱责任。

【思考1-56】在会计工作交接中,接替会计人员在交接时因疏忽未发现所接收的会计资料在真实性、完整性方面存在问题,如事后在这方面发现了问题,则应由接替会计人员承担相应法律责任。这一说法正确吗?
【解析】不正确。原移交人员对其所移交的会计资料负责。

四、会计专业技术资格与职务

(一)会计专业技术资格

会计专业技术资格是指担任会计专业职务的任职资格。会计专业技术资格分为初级资格、中级资格和高级资格。初级、中级资格的取得实行全国统一考试制度。高级资格的取得实行考试与评审相结合制度。

1. 专业技术资格考试科目

(1) 初级会计资格考试科目包括:初级会计实务和经济法基础(必须在一个考试年度内通过全部科目的考试)。

项目一　识别违反会计法律制度的行为

(2) 中级会计资格考试科目包括：中级会计实务、财务管理和经济法(必须在连续两个考试年度内通过全部科目的考试)。

(3) 高级会计资格考试科目为：高级会计实务(参加考试并达到国家合格标准的人员，由全国会计专业技术资格考试办公室核发高级会计师资格考试成绩合格证，该证在全国范围内 3 年有效)。

2. 专业技术资格考试报名条件

(1) 初级会计资格考试报名条件：具备教育部门认可的高中毕业以上学历(含高中)。

(2) 中级会计资格考试报名条件：具备下列条件之一。①取得大学专科学历的，从事会计工作满 5 年；②取得大学本科学历的，从事会计工作满 4 年；③取得双学士学位或研究生班毕业的，从事会计工作满 2 年；④取得硕士学位的，从事会计工作满 1 年；⑤取得博士学位。

(3) 高级会计资格考试报名条件：必须具备会计师、审计师、财税经济师等中级专业技术资格或注册税务师、注册资产评估师资格之一，并从事会计、财税或相应管理工作的在职专业人员。

【思考 1-57】取得大专学历的人员报名参加全国会计专业技术中级资格考试的，应当具备从事会计工作满(　　)年的条件。
A. 5　　　　　　B. 4　　　　　　C. 3　　　　　　D. 2
【解析】正确答案是 A。

(二)会计专业职务

会计专业职务是区分会计人员从事业务工作的技术等级。会计专业职务分为高级会计师、会计师、助理会计师、会计员。其中，高级会计师为高级职务，会计师为中级职务，助理会计师与会计员为初级职务。其具体工作职责与任职条件如表 1-1 所示。

表 1-1　各会计专业职务的工作职责和任职条件

职务名称	工作职责	任职条件
会计员	①具体审核和办理财务收支；②编制记账凭证；③登记会计账簿；④编制会计报表；⑤办理其他会计事务等	①初步掌握财务会计知识和技能；②熟悉并能执行有关会计法规和财务会计制度；③能负担一个岗位的财务会计工作；④大学专科或中等专业学校毕业，在财务会计工作岗位上见习 1 年期满
助理会计师	①草拟一般的财务会计制度、规定、办法；②解释、解答财务会计法规、制度中的一般规定；③分析、检查某一方面或某些项目的财务收支和预算的执行情况等	①掌握一般的财务会计基础理论和专业知识；②熟悉并能正确执行有关的财经方针、政策和财务会计法规、制度；③能担负一个方面或某个重要岗位的财务会计工作；④取得硕士学位，或取得第二学士学位或研究生班结业证书，具备履行助理会计师职责的能力，或者大学本科毕业后在财务会计工作岗位上见习 1 年期满，或者大学专科毕业并担任会计员职务 2 年以上，或者中等专业学校毕业并担任会计员职务 4 年以上，或不具备规定学历的，担任会计员职务满 5 年

续表

职务名称	工作职责	任职条件
会计师	①草拟比较重要的财务会计制度、规定办法； ②解释、解答财务会计法规、制度中重要问题； ③分析、检查财务收支和预算的执行情况； ④培养初级会计人才等	①较系统地掌握财务会计基础理论和专业知识； ②掌握并能正确贯彻执行有关的财经方针、政策和财务会计法规、制度； ③具有一定的财务会计工作经验，能担负一个单位或管理一个地区、一个部门、一个系统某个方面的财务会计工作； ④取得博士学位并具有履行会计师职责的能力，或者取得硕士学位并担任助理会计师职务2年左右，或者取得第二学士学位或研究生班结业证书并担任助理会计师职务2~3年，或者大学本科或专科毕业并担任助理会计师职务4年以上； ⑤掌握一门外语
高级会计师	①草拟和解释、解答在一个地区、一个部门、一个系统或在全国履行的财务会计法规、制度、办法； ②组织和指导一个地区或一个部门、一个系统的经济核算和财务会计工作； ③培养中级会计人才	①较系统地掌握经济、财务基础理论和专业知识； ②具有较高的政策水平和丰富的财务会计工作经验，能担负一个地区、一个部门或一个系统的财务会计管理工作； ③取得博士学位，并担任会计师职务2~3年；或者取得硕士学位、第二学士学位或研究生班结业证书，或者大学本科毕业并担任会计师职务5年以上； ④较熟练地掌握一门外语

【思考1-58】负责草拟比较重要的财务会计制度，解释财务会计法规中重要问题的是( )的基本职责。

A. 高级会计师　　　B. 会计员　　　C. 助理会计师　　　D. 会计师

【解析】正确答案是D。注意区分不同职务的工作职责：会计员"做具体的会计工作"，助理会计师"草拟、解释一般的"制度，以及分析检查"某一方面"的情况。会计师"草拟、解释重要的"制度，以及分析检查"财务收入执行"情况(全面分析)，以及"培养初级"会计人才。高级会计师"草拟、解答一个地区、一个系统"(超越单位范围)的制度，组织和指导"一个地区"的工作，以及"培养中级"会计人才。

(三)会计专业技术人员继续教育

根据《专业技术人员继续教育规定》，专业技术人员应当适应岗位需要和职业发展的要求，积极参加继续教育，完善知识结构、增强创新能力、提高专业水平。用人单位应当保障专业技术人员参加继续教育的权利。

继续教育内容包括公需科目和专业科目。公需科目包括专业技术人员应当普遍掌握的法律法规、理论政策、职业道德、技术信息等基本知识。专业科目包括专业技术人员从事专业工作应当掌握的新理论、新知识、新技术、新方法等专业知识。

专业技术人员参加继续教育的时间,每年累计不少于90学时,其中,专业科目一般不少于总学时的2/3。

用人单位应当建立本单位专业技术人员继续教育与使用、晋升相衔接的激励机制,把专业技术人员参加继续教育情况作为专业技术人员考核评价、岗位聘用的重要依据。

任务解析

1. ABC公司可以将财务科并入办公室。《会计法》规定:"单位是否需要设置会计机构取决于单位规模的大小、经济业务和财务收支的繁简以及经营管理的需要等因素。"各单位办理会计事务的组织方式有三种:单独设置会计机构、有关机构中配置专职会计人员、实行代理记账。因此,ABC公司可以将财务科并入办公室,在办公室中配置专职会计人员并指定会计主管人员。

2. 李某与孙某办理会计交接手续的"监交人"不合法。《会计法》规定:"一般会计人员办理交接手续,由会计机构负责人(会计主管人员)监交。"因此,应该由会计主管王某监交。4月份假账责任应该由原出纳孙某承担。《会计法》规定:"移交人员对其所移交的会计资料的真实性、完整性承担责任。"该假账是4月份发生的,属于交接前的会计资料,应当由孙某承担。

3. 李某未完成2017年继续教育学习任务。《会计法》规定:"持证人员每年参加继续教育取得的学时不得少于90学时。"李某只完成了20学时,未完成继续教育学习的学时要求。

任务六 分析违反《会计法》的法律后果

案情回放

2017年12月,国家控股的昌兴农产品贸易有限公司(简称昌兴公司)召开财务工作会议,做出如下决定。①昌兴公司今年销售额大幅度下滑,亏损已成定局。董事长责令财务部长李某做技术处理,尽量减少财务报告中的亏损。李某指使会计王某以少计成本支出的方式减少亏损50万元。②月初刚签订一份厂房出租合同,收到对方预付租金10万元,出纳刘某按李部长指示,未纳入总账。③出纳刘某辞职,公司临时聘用李部长的妹妹担任出纳。

工作任务

1. 上述哪些行为违反了《会计法》?为什么?
2. 分析上述违反《会计法》的当事人各自应承担的法律后果。

理论认知

一、法律责任概述

法律责任是指违反法律规定的行为应当承担的法律后果。《会计法》规定的法律责任主要有行政责任和刑事责任。

(一)行政责任

行政责任是指犯有一般违法行为的单位或个人，依照法律、法规的规定应承担的法律责任。行政责任主要有行政处罚和行政处分两种方式。

1. 行政处罚

行政处罚是指行政机关或其他行政主体依法定职权和程序对违反行政法规尚未构成犯罪的行政管理相对人给予行政制裁的具体行政行为。

行政处罚的主要形式包括：罚款；责令限期改正；暂停从事会计工作；等等。

2. 行政处分

行政处分是指对国家工作人员故意或者过失侵犯行政相对人的合法权益所实施的法律制裁。行政处分的对象仅限于国家工作人员，没有企业和个人。

行政处分的主要形式包括：警告；记过；记大过；降级；撤职；开除；等等。

(二)刑事责任

刑事责任是指犯罪行为应当承担的法律责任，包括主刑和附加刑两种。

主刑分为管制、拘役、有期徒刑、无期徒刑和死刑。

附加刑分为罚金、剥夺政治权利、没收财产。对犯罪的外国人，也可以独立或附加适用驱逐出境。

【思考1-59】下列各项中，属于行政处罚的有( )。
  A. 罚金   B. 5年内不得从事会计工作
  C. 没收财产   D. 责令限期改正

【解析】正确答案是BD。AC属于刑事责任。注意"罚金"与"罚款"的区别。

二、不依法设置会计账簿等会计违法行为的法律责任

(一)违法行为表现

违法行为的表现包括以下几个方面。

(1) 不依法设置会计账簿的行为。
(2) 私设会计账簿的行为。
(3) 未按照规定填制、取得原始凭证或者填制、取得的原始凭证不符合规定的行为。
(4) 以未经审核的会计凭证为依据登记会计账簿或者登记会计账簿不符合规定的行为。
(5) 随意变更会计处理方法的行为。
(6) 向不同的会计资料使用者提供的财务会计报告编制依据不一致的行为。
(7) 未按照规定使用会计记录文字或者记账本位币的行为。
(8) 未按照规定保管会计资料，致使会计资料毁损、灭失的行为。
(9) 未按照规定建立并实施单位内部会计监督制度，或者拒绝依法实施的监督，或者不如实提供有关会计资料及有关情况的行为。
(10) 任用会计人员不符合《会计法》规定的行为。

项目一　识别违反会计法律制度的行为

【思考 1-60】下列属于违反《会计法》规定的行为的有(　　)。
　　A. 随意变更会计处理方法的行为
　　B. 未按照规定建立并实施单位内部会计监督制度的行为
　　C. 向不同的会计资料使用者提供的财务会计报告编制依据不一致的行为
　　D. 任用会计人员不符合《会计法》规定的行为
【解析】正确答案是 ABCD。

(二)法律责任

法律责任分为行政责任和刑事责任。

(1) 行政责任。尚不构成犯罪的，由县级以上人民政府财政部门按照《会计法》的规定处理。具体如下：①责令限期改正。②罚款。可以对单位并处 3 000 元以上 5 万元以下的罚款；对其直接负责的主管人员和其他直接责任人员，可以处 2 000 元以上 2 万元以下的罚款。③行政处分。属于国家工作人员的，还应当由其所在单位或者有关单位依法给予行政处分。④情节严重的，其中的会计人员，5 年内不得从事会计工作。

(2) 刑事责任。构成犯罪的，依法追究刑事责任。

【思考 1-61】下列情形中，对于"随意变更会计处理方法"的行为，应当承担的法律责任有(　　)。
　　A. 由县级以上人民政府财政部门责令限期改正
　　B. 对单位处以 3 000 元以上 5 万元以下的罚款
　　C. 对其直接负责的主管人员可以处以 5 000 元以上 5 万以下的罚款
　　D. 情节严重的，5 年内不得从事会计工作
【解析】正确答案是 ABD。对责任人的处罚是"2 000 元以上 2 万元以下"，选项 C 不正确。

三、其他会计违法行为的法律责任

(一)伪造、变造会计凭证、会计账簿，编制虚假财务会计报告的法律责任

1. 行政责任

尚不构成犯罪的，由县级以上人民政府财政部门按照《会计法》的规定处理。

(1) 予以通报。

(2) 罚款。可以对单位并处 5 000 元以上 10 万元以下的罚款；对其直接负责的主管人员和其他直接责任人员，可以处 3 000 元以上 5 万元以下的罚款。

(3) 行政处分。属于国家工作人员的，还应由其所在单位或者有关单位依法给予撤职直至开除的行政处分。

(4) 其中的会计人员，5 年内不得从事会计工作。

2. 刑事责任

构成犯罪的，依法追究刑事责任。

【思考 1-62】根据《会计法》的规定，会计人员编制虚假财务会计报告，应承担的法律责任包括(　　)。

A. 构成犯罪的，依法追究刑事责任
B. 尚不构成犯罪的，对会计人员处以3 000元以上5万元以下的罚款
C. 属于国家工作人员的，还应给予行政处分
D. 县级以上人民政府财政部门责令限期改正

【解析】正确答案是 ABC。伪造、变造、编制虚假会计报告等属于"第二类"会计违法行为，应当"予以通报"。"责令限期改正"属于"第一类"十项会计违法行为的行政处罚。

(二)隐匿或者故意销毁依法应当保存的会计凭证、会计账簿、财务会计报告的法律责任(同上)

(三)授意、指使、强令会计机构、会计人员及其他人员伪造、变造会计凭证、会计账簿，编制虚假财务会计报告或者隐匿、故意销毁依法应当保存的会计凭证、会计账簿、财务会计报告的法律责任

1. 行政责任

尚不构成犯罪的，由县级以上人民政府财政部门按照《会计法》的规定处理。

(1) 罚款。对违法行为人可以处5 000元以上5万元以下的罚款。
(2) 行政处分。属于国家工作人员的，由所在单位或者有关单位依法给予降级、撤职、开除的行政处分。

2. 刑事责任

构成犯罪的，依法追究刑事责任。

(四)单位负责人对会计人员实行打击报复的法律责任

1. 行政责任

尚不构成犯罪的，由其所在单位或者有关单位依法给予行政处分。

2. 刑事责任

情节恶劣的，构成打击报复会计人员罪。根据《中华人民共和国刑法》规定，对犯有打击报复会计人员罪的单位负责人，处3年以下有期徒刑或者拘役。

3. 对受打击报复的会计人员的补救措施

(1) 恢复其名誉。向遭受打击报复的会计人员赔礼道歉，澄清事实，消除影响，恢复名誉。
(2) 恢复原有职务、级别。

【思考1-63】对受打击报复的会计人员，应当恢复其(　　)。
A. 名誉　　　B. 原有职务　　　C. 职称　　　D. 级别

【解析】正确答案是 ABD。恢复"职务""级别"，不是恢复"职称、从业资格"等。

项目一　识别违反会计法律制度的行为

任务解析

1. 上述三种行为均违反了《会计法》。董事长、财务部长李某的行为属于"授意、指使、强令会计机构、会计人员及其他人员伪造、变造会计凭证、会计账簿，编制虚假财务会计报告"的违法行为；王某以少计成本支出方式减少亏损的行为属于"伪造、变造会计凭证、会计账簿"的违法行为；出纳刘某按李处长指示将租金账外保存属于"私设会计账簿"的违法行为；昌兴公司临时聘用李部长的妹妹担任出纳属于"任用会计人员不符合《会计法》规定"的违法行为。

2. 对董事长、财务部长"指使、授意"的违法行为可以处 5 000 元以上 5 万元以下的罚款；对王某做假账的行为可以处 3 000 元以上 5 万元以下的罚款；对刘某"私设会计账簿"的违法行为可以处 2 000 元以上 2 万元以下的罚款；对昌兴公司处以 5 000 元以上 10 万元以下的罚款；上述会计人员，5 年内不得从事会计工作；构成犯罪的，依法追究刑事责任。

能 力 拓 展

【课外实践】收集、整理一例近三年的会计违法案例。

【实践要求】学生 4～6 人一组，通过实地调研或网络查询等方式，收集一例近三年来的典型会计违法案例，整理为 300 字以内，小组之间分享交流。

强 化 训 练

一、单项选择题

1. (　　)是指由国务院制定并发布，或者国务院有关部门拟定并经国务院批准发布，调整经济生活中某些方面会计关系的法律规范。
　　A. 会计行政法规　　　　　　　B. 《会计法》
　　C. 会计部门规章　　　　　　　D. 地方性会计法规
2. 下列各项属于会计行政法规的是(　　)。
　　A. 《会计法》　　　　　　　　B. 《企业财务会计报告条例》
　　C. 《会计档案管理办法》　　　D. 《企业会计制度》
3. 下列各项中，属于会计法律的是(　　)。
　　A. 《会计法》　　　　　　　　B. 《企业财务会计报告条例》
　　C. 《总会计师条例》　　　　　D. 《会计档案管理办法》
4. 我国会计工作管理体制实行的原则是(　　)。
　　A. 统一领导，统一管理　　　　B. 分级领导，分级管理
　　C. 统一领导，分级管理　　　　D. 分级领导，统一管理
5. 根据《会计法》规定，主管全国会计工作的部门是(　　)。
　　A. 全国人民代表大会常务委员会　　B. 中国会计学会

C. 国务院财政部门　　　　　　　　D. 中国注册会计师协会

6. 根据《会计法》规定，(　　)以上地方各级人民政府财政部门管理本行政区域内的会计工作。

　　A. 市级　　　　B. 区级　　　　C. 县级　　　　D. 省级

7. (　　)不是会计法中的单位负责人。

　　A. 个人独资企业的投资人　　　　B. 国家机关的最高行政官员

　　C. 国有工业企业的厂长　　　　　D. 公司制企业的总经理

8. 会计核算必须以(　　)为依据。

　　A. 实际发生的会计业务事项　　　B. 实际发生的经济业务事项

　　C. 计划发生的会计业务事项　　　D. 计划发生的经济业务事项

9. 下列人员中，应当对本单位的会计工作和会计资料的真实性、完整性负责的是(　　)。

　　A. 会计机构负责人　　　　　　　B. 总会计师

　　C. 单位负责人　　　　　　　　　D. 分管财务工作的行政领导人

10. 下列经济业务事项不需要办理会计手续的是(　　)。

　　A. 款项及有价证券的收付　　　　B. 财物的收发、增减和使用

　　C. 经济合同的签订　　　　　　　D. 资本、基金的增减

11. 作为记账凭证编制依据的必须是(　　)的原始凭证和有关资料。

　　A. 经办人签字　　B. 审核无误　　C. 金额无误　　D. 领导认可

12. 下列各项中，不属于财务会计报告的组成部分的是(　　)。

　　A. 现金流量表　　　　　　　　　B. 资产负债表

　　C. 记账凭证　　　　　　　　　　D. 利润表

13. 现金日记账保管期限为(　　)年。

　　A. 5　　　　　B. 10　　　　　C. 15　　　　　D. 30

14. 单位内部会计监督的主体是(　　)。

　　A. 政府审计部门　　　　　　　　B. 单位负责人

　　C. 各单位的会计机构、会计人员　D. 社会会计中介机构

15. 单位内部会计监督的对象是单位的(　　)。

　　A. 会计人员　　　　　　　　　　B. 会计行为

　　C. 经济活动　　　　　　　　　　D. 下级单位经济活动

16. 对记载不准确、不完整的原始凭证，会计人员应当(　　)。

　　A. 拒绝接受，并报告领导，要求查明原因

　　B. 应予以销毁，并报告领导，要求查明原因

　　C. 予以退回，并要求经办人员按规定进行更正、补充

　　D. 拒绝接受，且不能让经办人员进行更正、补充

17. (　　)负责企业内部控制的建立健全和有效实施。

　　A. 股东大会　　　B. 经理层　　　C. 董事会　　　D. 单位负责人

18. 下列不属于企业内部控制目标的是(　　)。

　　A. 合理保证企业经营管理合法合规　　B. 合理保证企业的资产安全

C. 提高经营效率和效果 D. 有效防范舞弊和预防腐败
19. 财政部门实施会计监督检查的对象是(　　)。
   A. 会计资料　　　B. 会计报表　　　C. 会计行为　　　D. 经济活动
20. 下列岗位不属于会计岗位的是(　　)。
   A. 稽核　　　　　　　　　　　　B. 资本、基金核算
   C. 总账会计　　　　　　　　　　D. 药品库房记账员
21. 下列岗位中，属于会计岗位的是(　　)。
   A. 医院药品库房记账员　　　　　B. 医院门诊收费员
   C. 财产物资的收发、增减核算　　D. 商场收银员
22. 下列各项中，不属于企业财务会计报告组成部分的是(　　)。
   A. 财务情况说明书　　　　　　　B. 会计报表
   C. 审计报告　　　　　　　　　　D. 会计报表附注
23. 报考初级会计资格考试的人员必须具备从业资格证书以及教育部门认可的(　　)以上学历。
   A. 初中　　　　　B. 高中　　　　　C. 中专　　　　　D. 大专
24. 下列各项中，属于中级会计专业职务的是(　　)。
   A. 助理会计师　　B. 会计师　　　　C. 注册会计师　　D. 会计员
25. 在某事业单位中，根据回避制度的规定，会计主管人员张某的直系亲属不得担任本单位的(　　)。
   A. 会计机构负责人　B. 库管　　　　C. 出纳　　　　　D. 稽核
26. 各单位是否需要设置会计机构主要取决于单位(　　)。
   A. 营业收入的多少　　　　　　　B. 经营规模的大小
   C. 会计业务的需要　　　　　　　D. 会计人员的多少
27. 不相容职务是指不能同时由一人兼任的职务，不包括(　　)。
   A. 出纳与记账　　　　　　　　　B. 出纳与现金保管
   C. 财物保管与记账　　　　　　　D. 业务经办与记账
28. 一般会计人员办理会计工作交接手续时，负责监交的人员一般应当是(　　)。
   A. 其他会计人员　　　　　　　　B. 会计机构负责人
   C. 单位负责人　　　　　　　　　D. 主管单位有关人员
29. 违反《会计法》，可以对单位处以3 000元以上5万元以下的罚款的违法行为是(　　)。
   A. 私设会计账簿　　　　　　　　B. 伪造会计账簿
   C. 隐匿会计账簿　　　　　　　　D. 故意销毁会计账簿
30. 根据《会计法》的规定，对受打击报复的会计人员的补救措施不包括(　　)。
   A. 恢复名誉　　　　　　　　　　B. 恢复原有职务
   C. 恢复原有级别　　　　　　　　D. 恢复原有职称

二、多项选择题
1. 下列各项中，属于会计法律的有(　　)。
   A. 《注册会计师法》　　　　　　B. 《企业会计准则》

C. 《会计法》　　　　　　　　　　　D. 《中华人民共和国预算法》
2. 下列各项中，属于会计法律制度的有(　　)。
   A. 《会计法》　　　　　　　　　　　B. 会计行政法规
   C. 会计部门规章　　　　　　　　　　D. 《中华人民共和国政府采购法》
3. 下列必须设置总会计师的有(　　)。
   A. 大、中型国有企业　　　　　　　　B. 国有资产占非控股地位的大、中型企业
   C. 大、中型城镇集体企业　　　　　　D. 国有资产占主导地位的大、中型企业
4. 我国的会计管理体制主要包括(　　)。
   A. 会计工作的行政管理　　　　　　　B. 会计工作的行业管理
   C. 单位内部的会计工作管理　　　　　D. 会计从业人员的自我管理
5. 我国目前会计工作的行业组织主要有(　　)。
   A. 中国总会计师协会　　　　　　　　B. 中国注册会计师协会
   C. 全国总工会　　　　　　　　　　　D. 中国会计学会
6. 会计档案具体包括(　　)。
   A. 会计凭证类　　　　　　　　　　　B. 会计账簿类
   C. 会计报表类　　　　　　　　　　　D. 计划、预算类
7. 为规范会计核算，我国会计法规制度对(　　)作出了统一规定。
   A. 会计信息质量要求　　　　　　　　B. 记账本位币
   C. 编制财务会计报告　　　　　　　　D. 会计年度
8. 下列需要保管30年的有(　　)。
   A. 总账账簿　　　　　　　　　　　　B. 明细账账簿
   C. 现金日记账　　　　　　　　　　　D. 会计移交清册
9. 下列情况下，不得销毁会计档案的有(　　)。
   A. 保管期未满
   B. 未结清的债权债务的原始凭证
   C. 正在项目建设期间的建设单位，其保管期已满的会计档案
   D. 未了事项的原始凭证
10. 下列各项中，应当在财务报表上签名并盖章的有(　　)。
    A. 单位负责人　　　　　　　　　　　B. 单位会计机构负责人
    C. 总会计师　　　　　　　　　　　　D. 会计主管人员
11. 下列属于内部会计监督制度的基本要求的有(　　)。
    A. 重大经济事项的决策和执行程序应当明确
    B. 建立会计档案管理制度
    C. 对会计资料定期进行内部审计的办法和程序应当明确
    D. 会计事项相关人员的职责权限应明确
12. 会计监督是会计的基本职能之一，我国会计监督的种类包括(　　)。
    A. 单位内部监督　　　　　　　　　　B. 政府监督
    C. 社会监督　　　　　　　　　　　　D. 单位上级主管部门监督
13. 会计机构、会计人员在审核原始凭证时，对不真实、不合法的原始凭证应当(　　)。

A. 不予受理
B. 向单位负责人报告
C. 请求查明原因，追究有关当事人的责任
D. 予以退回，要求更正、补充

14. 根据财政部门实施会计监督办法的规定，财政部门依法对各单位会计账簿设置所实施的监督检查包括( )。
    A. 应当设置会计账簿的是否按规定设置会计账簿
    B. 是否存在账外"账"
    C. 会计人员是否具有从事会计工作所需要的专业能力
    D. 是否足额纳税

15. 下列各项中，属于企业内部控制措施的有( )。
    A. 不相容的职务分离控制   B. 授权批准控制
    C. 会计系统控制   D. 预算控制

16. 注册会计师审计与内部审计的区别主要在于( )不同。
    A. 审计独立性   B. 审计方式
    C. 审计的职责和作用   D. 接受审计的自愿程度

17. 企业建立与实施有效的内部控制的要素包括( )。
    A. 外部环境   B. 控制活动   C. 风险评估   D. 信息与沟通

18. 企业内部控制的常用方法有( )。
    A. 不相容岗位相互分离   B. 授权审批控制
    C. 会计系统控制   D. 财产保护控制、预算控制

19. 一个单位是否设置会计机构，主要取决于( )等因素。
    A. 是否有合格的人员担任会计机构负责人   B. 单位规模大小
    C. 经济业务和财务收支的繁简   D. 经营管理的要求

20. 下列有关会计工作交接的说法中，正确的有( )。
    A. 对于已经受理的经济业务尚未填制会计凭证的，应当填制完毕
    B. 现金要根据会计账簿记录余额进行当面点交，不得"白条抵库"
    C. 公章、收据、空白支票、发票以及其他物品等要交接清楚
    D. 应编制移交清册，交接完毕后，交接双方和监交人在移交清册上签名或盖章

21. 下列各项中，属于行政事业单位内部控制方法的有( )。
    A. 不相容职务相互分离   B. 会计控制
    C. 内部授权审批控制   D. 预算控制

22. 下列各项中，属于会计师职责的有( )。
    A. 草拟一般的财务会计制度、规定、办法
    B. 分析、检查财务收支和预算的执行情况
    C. 草拟和解释一个地区、一个部门的财务会计法规
    D. 培养初级会计人才

23. 下列各项中，属于出纳人员不得兼任的工作的有( )。

A. 稽核 B. 会计档案保管
C. 材料明细账登记 D. 办公室文秘工作
24. 会计机构负责人、会计主管人员办理交接时由(　　)监交。
A. 单位负责人 B. 主管单位可派人会同
C. 本单位其他部门负责人 D. 主管会计工作的副经理
25. 应当实行会计人员回避制度的有(　　)。
A. 国有企业 B. 国家机关
C. 事业单位 D. 股份有限责任公司
26. 下列属于会计工作岗位的有(　　)。
A. 审计　　　B. 出纳　　　C. 商店收银员　　　D. 会计机构负责人
27. 根据《代理记账管理办法》规定，代理记账机构可以接受委托，代表委托人办理的业务主要有(　　)。
A. 根据委托人提供的原始凭证和其他资料，进行会计核算
B. 定期向有关部门和其他会计报表使用者提供会计报表
C. 定期向税务机关提供税务资料
D. 承办委托人委托的其他会计业务
28. 下列属于违反《会计法》，应承担法律责任行为的有(　　)。
A. 不依法设置会计账簿的
B. 未按规定保管会计资料，致使会计资料毁损、灭失的
C. 私设会计账簿的
D. 任用会计人员不符合《会计法》规定的
29. 下列各项中，不符合会计法律制度规定的有(　　)。
A. 某县财政局对本行政区域的单位执行国家统一的会计制度的情况进行检查
B. 某学校在学校办公室配备了专职的会计人员
C. 某乡财政所对一名违法会计人员做出了停止从事会计工作的处罚
D. 某国有中型企业同时设置总会计师和分管会计工作的副总经理
30. 下列情形中，对于"随意变更会计处理方法"的行为，应当承担的法律责任有(　　)。
A. 由县级以上的人民政府财政部门责令限期改正
B. 对单位处以3 000元以上50 000元以下的罚款
C. 对其直接负责的主管人员处以5 000元以上20 000元以下的罚款
D. 情节严重的，5年内不得从事会计工作

三、判断题

1. 会计法律是指由全国人民代表大会及其常务委员会经过一定立法程序制定的有关会计工作的法律。　　　　　　　　　　　　　　　　　　　　　　　　(　　)
2. 只有取得会计专业中专以上学历的人员，才能从事会计工作。　　(　　)
3. 中国人民解放军总后勤部可以依照《会计法》和国家统一的会计准则制度制定军队实施国家统一的会计准则制度的具体办法，报国务院财政部门备案。　　(　　)
4. 会计机构负责人应对本企业财务会计报告的真实性、完整性负责。　　(　　)

5. 采用电子计算机进行会计核算的单位，只需保存电子数据和会计软件资料，不用保存打印出的纸质会计档案。（　　）

6. 伪造会计资料是指用涂改、挖补等手段来改变会计凭证的真实内容，歪曲事实真相的行为。（　　）

7. 企业可在不同的会计期间根据自身财务需要采用不同的会计处理方法。（　　）

8. 所有单位对外提供的会计报表，必须经过注册会计师审计签字后才有效。（　　）

9. 定期保管的会计档案，其保管期限为从该项经济业务或事项发生后的第一天算起。（　　）

10. 记账人员与经济业务或会计事项的审批人员、经办人员、财务保管人员的职责权限应当明确，并相互分离、相互制约。（　　）

11. 各单位发生的各项经济业务应当统一进行核算，不得违反规定私设会计账簿进行登记核算。（　　）

12. 企业内部控制的目标是合理保证企业经营管理合法合规、资产安全、财务报告及相关信息真实完整，提高经营效率，促进企业实现发展战略。（　　）

13. 会计人员工作交接时，因接替人员交接时的工作疏忽而未发现所接收会计资料在真实性、完整性方面的问题，如事后发现，接替人员应对会计资料的真实性、完整性负法律责任。（　　）

14. 依法被追究刑事责任的人，不得从事会计工作。（　　）

15. 对会计人员进行打击报复的，除对单位负责人依法进行处罚外，还应当采取必要的补救措施，如恢复会计人员名誉、原有职务、级别。（　　）

四、不定项选择题

1. 某企业发生有关经济事项如下：①2017年5月，会计刘某临时离职，因刘某当时正生病住院，无法现场办理会计工作交接手续，经会计机构负责人批准，委托会计人员杨某代办交接手续。②交接之后，由于财务部门人手紧张，会计杨某兼任稽核和固定资产账目登记。③2013年3月，会计机构负责人林某因提供虚假财务会计报告被依法追究刑事责任，2017年5月，林某向当地财政部门申请从事会计工作。④张某2015年12月开始从事会计工作，2017年10月开始担任该企业会计主管人员，但尚未取得会计师专业技术职务资格。⑤张某2017年网上学习累计20学时。

要求：根据以上情况，回答下列问题。

(1) 针对事项①，下列说法中正确的有（　　）。
　　A. 刘某的做法正确
　　B. 刘某的做法不正确，必须亲自办理交接
　　C. 刘某可以委托他人代办交接手续，但应经单位负责人批准
　　D. 刘某可以委托他人代办交接手续，但应经单位审计机构负责人批准

(2) 针对事项②，下列说法中正确的有（　　）。
　　A. 作为会计的杨某既不能兼任稽核，也不能兼任固定资产账目登记
　　B. 作为会计的杨某不能兼任稽核，但可以兼任固定资产账目登记
　　C. 作为会计的杨某可以兼任稽核，但不能兼任固定资产账目登记

D. 作为会计的杨某可以兼任稽核和固定资产账目登记

(3) 针对事项③，根据《会计法》规定，下列说法中正确的有(　　)。
   A. 林某不能从事会计工作
   B. 林某可以从事会计工作
   C. 当地财政部门不能同意林某的申请，因为林某被停止从事会计工作未满5年
   D. 当地财政部门不能批准林某的申请，因为《会计法》规定：因与会计职务有关的违法行为被依法追究刑事责任的人员，不得从事会计工作

(4) 针对事项④，下列说法中正确的有(　　)。
   A. 张某可以担任该企业的会计主管人员
   B. 张某不可以担任该企业的会计主管人员
   C. 根据《会计法》的规定，担任单位会计机构负责人，应当具备会计师以上专业技术职务资格或者从事会计工作3年以上经历
   D. 属于任用会计人员不符合《会计法》规定的行为，由县级以上人民政府财政部门责令限期改正，对该企业并处3 000元以上5万元以下的罚款

(5) 针对事项⑤，根据《会计法》的规定，下列说法中正确的有(　　)。
   A. 张某的学习符合会计继续教育规定
   B. 张某的学习不符合会计继续教育规定
   C. 会计人员每年继续教育累计不得少于24学时
   D. 会计人员每年继续教育累计不得少于90学时

2. 甲公司董事长多次授意会计机构负责人李某伪造会计凭证。李某向企业负责人多次讲明私设会计账簿是违法的，并拒绝设置"账外账"。董事长随后以李某学历较低为由，免去其主任职务，调到车间任统计员。

要求：根据资料，回答以下问题。

(1) 董事长授意李某伪造会计凭证的行为，若尚不构成犯罪，下列关于董事长应承担的责任，说法正确的有(　　)。
   A. 可以处3 000元以上3万元以下的罚款
   B. 可以处2 000元以上2万元以下的罚款
   C. 可以处5 000元以上5万元以下的罚款
   D. 可以处1万元以上20万元以下的罚款

(2) 对于伪造、变造会计凭证的行为，尚不构成犯罪的，责任人应当承担的行政责任有(　　)。
   A. 通报　　B. 罚款　　C. 行政处分　　D. 5年内不得从事会计工作

(3) 除董事长对依法履行职责、抵制违反《会计法》规定行为的李某采用调离岗位方式实行打击报复外，实行打击报复的方式还有(　　)。
   A. 降级　　B. 撤职　　C. 解聘　　D. 开除

(4) 董事长对李某实行打击报复，若情节恶劣，构成犯罪的可以处(　　)。
   A. 3年以下有期徒刑
   B. 5年以下有期徒刑
   C. 拘役

D. 3年以下有期徒刑，并处1万元以上10万元以下的罚款

(5) 对受打击报复的李某，应当(   )。
   A. 恢复其名誉   B. 恢复其原有职务
   C. 赔偿精神损失   D. 恢复其级别

3. 2017年5月，某省级财政部门在对某国有企业进行检查时，发现下列情况：①2016年10月新录用王某，负责移交档案管理部门之前的会计档案管理。②会计人员李某在审核某交易事项的原始凭证时，发现一张发票记载的事项不完整，另有一张发票不属于该交易事项，但未提出异议。③该企业使用计算机进行会计核算，生成的会计凭证与国家统一的会计制度的规定有部分不一致。④该企业的会计年度为自公历4月1日起至次年3月31日止。⑤由于王某疏忽大意，造成部分重要会计资料毁损。

要求：根据以上情况，回答下列问题。

(1) 针对事项①，下列说法中正确的有(   )。
   A. 移交档案管理部门之前的会计档案管理岗位属于会计岗位
   B. 移交档案管理部门之前的会计档案管理岗位不属于会计岗位
   C. 该企业聘用王某担任会计档案管理人员符合《会计法》的规定
   D. 该企业不能聘用王某担任会计档案管理人员

(2) 针对事项②，下列说法中正确的有(   )。
   A. 李某的做法不符合《会计法》的规定
   B. 根据《会计法》的规定，会计人员对不真实、不合法的原始凭证有权不予接受
   C. 根据《会计法》的规定，会计人员对不真实、不合法的原始凭证无权不予接受
   D. 根据《会计法》的规定，会计人员对记载不准确、不完整的原始凭证应予以退回，并要求按照国家统一的会计制度的规定更正、补充

(3) 针对事项③，下列说法中正确的有(   )。
   A. 该企业的做法符合规定
   B. 该企业的做法不符合规定
   C. 使用计算机进行会计核算的，其软件及其生成的会计凭证、会计账簿及其他会计资料，也应当符合国家统一的会计制度的规定
   D. 使用计算机进行会计核算的，其软件及其生成的会计凭证、会计账簿及其他会计资料，一般应当符合国家统一的会计制度的规定，但特殊情况除外

(4) 针对事项④，下列说法中正确的有(   )。
   A. 该企业的做法符合规定
   B. 该企业的做法不符合规定
   C. 《会计法》规定会计年度自公历1月1日起至12月31日止
   D. 《会计法》规定企业可以自行确定会计年度

(5) 针对事项⑤，下列说法中正确的有(   )。
   A. 属于未按照规定保管会计资料，致使会计资料损毁、灭失的行为
   B. 违反了《会计法》的规定
   C. 可对会计主管人员处2 000元以上2万元以下的罚款
   D. 可对直接负责人王某处2 000元以上2万元以下的罚款

4. 某公司发生以下情况：①公司接受上级有关单位审核发现一张购买计算机的发票"金额"栏中的数字有更改现象，经查阅相关买卖合同、单据，确认更改后的金额是正确的，更改处盖有出具单位的相关印章。公司以该发票为原始凭证进行账务处理并入账。②公司董事会研究决定，公司对外报送的年度财务会计报告由公司财务总监签字、盖章后报出。③财务人员将保管期满的会计档案全部销毁。在销毁的会计档案中有保管期满但尚未收回的应收账款凭据一张。④该公司原出纳张某在担任出纳工作期间，某些资料存在一些问题，而接替者刘某在交接时并未发现。检查人员在了解情况时，原出纳张某说："已经办理了会计交接手续，自己不再承担任何责任，责任由接替者刘某承担"。⑤该公司董事长安排其侄女在财务室任出纳，并负责保管会计档案。

要求：根据上述资料回答以下问题。

(1) 针对事项①，下列说法中正确的有(   )。
   A. 该公司的处理方法符合法律规定
   B. 该公司的处理方法不符合法律规定
   C. 发票上金额有错误，应当由出具单位重新开具，不能更改
   D. 发票上金额有错误，在更改处有出具单位的相关印章即可

(2) 针对事项②，下列说法中不正确的有(   )。
   A. 财务会计报告必须由单位负责人签字并盖章
   B. 财务会计报告必须由单位会计人员签字并盖章
   C. 财务会计报告必须由总会计师签字并盖章
   D. 财务会计报告必须由会计机构负责人签字并盖章

(3) 针对事项③，下列说法中正确的有(   )。
   A. 该公司销毁会计档案的行为合法
   B. 该公司销毁会计档案的行为不合法
   C. 会计档案只要保管期满就可以销毁
   D. 该公司应该把尚未收回的应收账款凭据单独抽出立卷

(4) 针对事项④，下列说法中正确的有(   )。
   A. 张某已办理交接手续，且接替者刘某在交接时没有发现，理由正确
   B. 张某应该对其工作期间会计资料存在的问题承担法律责任
   C. 移交人员对移交的会计资料的合法性、真实性、完整性承担法律责任
   D. 会计资料移交后，发现的一切问题由接管人员负责

(5) 针对事项⑤，下列说法中正确的有(   )。
   A. 该董事长的侄女可以担任该公司的出纳工作
   B. 该董事长的侄女不可以担任该公司的出纳工作
   C. 出纳不得兼管会计档案保管工作
   D. 出纳可以兼管会计档案保管工作

项目二 规范使用支付结算工具

【技能目标】

- 识别违反现金管理的行为。
- 识别不同的银行账户以及违反银行账户管理的法律责任。
- 识别违反支付结算法的行为。
- 选择适宜的结算方式,规范结算行为,依法保护自身的合法权益。

【知识目标】

- 掌握现金管理的基本要求和现金的内部控制。
- 掌握票据和结算凭证填写的基本要求。
- 掌握支票、商业汇票、银行卡、汇兑结算方式的规定。
- 了解银行结算账户的开立、变更和撤销;熟悉各银行结算账户的使用范围和开户要求。

【职业素质目标】

- 养成应有的职业谨慎,谨慎审核每一种结算工具。
- 遵守财经纪律,依法选择适宜的结算工具。

▶ **学前测试**

1. 现金支付款项的结算起点是(　　)元。
   A. 2 000　　　　B. 3 000　　　　C. 10 000　　　　D. 1 000
2. 我国《票据法》所规定的票据有(　　)。
   A. 汇票　　　　B. 支票　　　　C. 发票　　　　D. 本票
3. 支付结算必须通过(　　)批准的金融机构进行。
   A. 国务院　　　B. 中国人民银行　　　C. 财政部　　　D. 中国银行
4. 存款人日常经营活动发生的资金收付以及工资、资金的支付,应该通过(　　)办理。
   A. 一般存款账户　　　　　　　　B. 专用存款账户
   C. 基本存款账户　　　　　　　　D. 临时存款账户
5. 下列结算工具中,不允许个人使用的有(　　)。
   A. 支票　　　　B. 国内信用证　　　C. 托收承付　　　D. 商业汇票
6. 票据金额以中文大写和阿拉伯数码同时记载,二者必须一致;不一致时,以中文大写记载为准。这一说法正确吗?

参考答案:

1. D　　2. ABD　　3. B　　4. C　　5. BCD　　6. 不正确

任务一　识别违反现金管理的行为

◉ **案情回放**

小赵是 ABC 农资公司的出纳。3 月份向农户销售农资每天收取大量现金,因公司地处偏远,到银行存取不方便。小赵便将现金锁在公司的保险柜中,公司的购货支出也直接用保险柜中的现金支付,一般一周或半个月集中送存银行一次。有一次,公司向甲国有农场销售 56 万元的农资,对方开具了一张期限为 3 个月、面额为 56 万元的银行承兑汇票,小赵拒绝接收,坚持现金支付结算。

◉ **工作任务**

1. 小赵的上述行为是否合法?为什么?
2. 企业之间能否采用现金结算?

◉ **理论认知**

一、现金结算概述

现金是企业中流动性最强的一种货币性资产。企业为保证生产经营活动的正常进行,必须拥有一定数额的现金,用以购买零星材料费、发放工资、支付手续费等。根据国务院发布的《现金管理暂行条例》规定，各单位必须在规定的范围内使用现金。

(一)现金结算的概念与适用范围

1. 现金结算的概念

现金结算是指在商品交易、劳务供应等经济往来中，直接使用现金进行应收应付款结算的一种行为，是货币结算的形式之一。

2. 现金结算的适用范围

现金结算在我国主要适用于单位与个人之间的款项收付，以及单位之间的转账结算起点金额以下的零星小额收付。

【思考 2-1】单位之间的款项不得以现金方式结算。这一说法正确吗？

【解析】不正确。单位之间的零星小额收付如果在结算起点(1 000 元)以下的，可以现金结算。

(二)现金结算的特点

1. 直接便利

以现金方式结算，买卖双方一手交钱，一手交货，钱货两清，十分便利。

2. 不安全性

由于现金流动性极强，因此很容易被偷盗、贪污和挪用。此外，现金还容易因火灾、虫蛀、鼠咬等发生损失。

3. 不易宏观控制和管理

由于现金结算大部分不通过银行进行，因而国家很难对其进行控制。过多的现金结算会使流通中的现钞过多，从而容易造成通货膨胀。

4. 费用较高

使用现金结算虽然可以减少金融中介机构的手续费用，但其清点、运送、保管成本较高。

二、现金结算的渠道

现金结算的渠道：一是付款人直接将现金支付给收款人；二是付款人委托银行、非银行金融机构(如信用社)或者非金融机构(如邮局)将现金支付给收款人。

三、现金结算的范围

根据《现金管理暂行条例》的规定，企业、事业单位和机关、团体、部队只能在下列范围内使用现金。

(1) 职工工资、津贴。

(2) 个人劳务报酬。

(3) 根据国家规定颁发给个人的科学技术、文化艺术、体育等各种奖金。
(4) 各种劳保、福利费用以及国家规定的对个人的其他支出。
(5) 向个人收购农副产品和其他物资的价款。
(6) 出差人员必须随身携带的差旅费。
(7) 结算起点以下的零星支出。
(8) 中国人民银行确定需要支付现金的其他支出。

上述款项结算起点为 1 000 元。结算起点的调整,由中国人民银行确定,报国务院备案。除上述第(5)、(6)项外,开户单位支付给个人的款项,超过使用现金限额的部分,应当以支票或者银行本票支付;确需全额支付现金的,经开户银行审核后,予以支付现金。

【思考 2-2】开户单位使用现金的范围包括( )。
  A. 职工工资 800 元
  B. 个人获得奖金 1 万元
  C. 向个人收购农副产品 3 万元
  D. 出差人员必须随身携带的差旅费 5 000 元
【解析】正确答案是 ACD。单位对个人的支付可以用现金,但是现金结算起点为 1 000 元,超过的应当以支票或银行本票支付。需要强调的是,向"个人收购"和"出差人员"支付现金没有额度限制。

四、现金使用的限额

现金使用的限额由开户银行根据单位的实际需要核定,一般按照单位 3~5 天的日常零星开支所需确定。边远地区和交通不便地区的开户单位的库存现金限额,可按多于 5 天,但不得超过 15 天的日常零星开支的需要确定。经核定的库存现金限额,开户单位必须严格遵守。

对没有在银行单独开立账户的附属单位也要实行现金管理,必须保留的现金,也要核定限额,其限额包括在开户单位的库存限额之内。商业和服务行业的找零备用现金也要根据营业额核定定额,但不包括在开户单位的库存现金限额之内。

【思考 2-3】开户单位增加或减少库存现金限额,应当向( )申请。
  A. 中国人民银行总行   B. 中国银行
  C. 银监会   D. 开户银行
【解析】正确答案是 D。开户银行负责现金管理的具体实施与监管。中国人民银行是金融机构的主管机构。

五、建立健全现金核算与内部控制

(一)现金收支的基本要求

开户单位现金收支应当依照下列规定办理。
(1) 开户单位收入现金应于当日送存开户银行,当日送存确有困难的,由开户银行确定送存时间。
(2) 开户单位支付现金,可以从本单位现金库存中支付或者从开户银行提取,不得从本单位的现金收入中直接支付(坐支);因特殊情况需要坐支现金的,应当事先报经开户银行审查批准,由开户银行核定坐支范围和限额。坐支单位应当定期向开户银行报送坐支金额和使用情况。

(3) 开户单位在规定的现金使用范围内从开户银行提取现金,应当如实写明用途,由本单位财会部门负责人签字盖章,经开户银行审查批准后,予以支付现金。

(4) 因采购地点不确定,交通不便,生产或者市场急需,抢险救灾以及其他特殊情况,必须使用现金的,开户单位应当向开户银行提出申请,由本单位财会部门负责人签字盖章,经开户银行审查批准后,予以支付现金。

(5) 现金管理"八不准"。开户单位不准用不符合国家统一的会计制度的凭证顶替库存现金,即不得"白条抵库";不准谎报用途套取现金;不准利用银行账户代其他单位和个人存入或支取现金;不准将单位收入的现金以个人名义存入储蓄;不准保留账外公款,即不得"公款私存";不准设置"小金库";不准发行变相货币;不准以任何票券代替人民币在市场上流通。

【思考2-4】下列对现金的使用,符合现金收支基本要求的是( )。
A. 开户单位现金收入应当于当日送存开户银行,当日送存确有困难的,由单位负责人重新确定送存时间
B. 可以自行直接从本单位库存现金限额或现金收入中支付
C. 不准用单位收入的现金按个人储蓄方式存入银行
D. 如遇特殊需要,可以保留账外公款

【解析】正确答案是C。涉及现金管理的须经"开户银行"批准,并非"单位负责人"。

(二)建立健全货币资金内部控制

货币资金是单位流动性最强的资产,各单位必须加强对货币资金的管理,建立良好的货币资金内部控制。单位负责人对本单位货币资金内部控制的建立健全和有效实施以及货币资金的安全、完整负责。

1. 加强货币资金岗位分工

(1) 单位应当建立货币资金业务的岗位责任制,明确相关部门和岗位的职责权限,确保办理货币资金业务的不相容岗位相互分离、制约和监督。

(2) 出纳人员不得兼任稽核、会计档案保管和收入、支出、费用、债权债务账目的登记工作。

(3) 单位不得由一人办理货币资金业务的全过程。

2. 严格货币资金的授权批准

(1) 单位应当对货币资金业务建立严格的授权批准制度,明确审批人对货币资金业务的授权批准方式、权限、程序、责任和相关控制措施,规定经办人办理货币资金业务的职责范围和工作要求。

(2) 审批人应当根据货币资金授权批准制度的规定,在授权范围内进行审批,不得超越审批权限。

(3) 经办人应当在职责范围内,按照审批人的批准意见办理货币资金业务。对于审批

人超越授权范围审批的货币资金业务，经办人员有权拒绝办理，并及时向审批人的上级授权部门报告。

(4) 严禁未经授权的机构或人员办理货币资金业务或直接接触货币资金。

(5) 单位对于重要货币资金支付业务，应当实行集体决策和审批，并建立责任追究制度，防范贪污、侵占、挪用货币资金等行为。

3. 按照规定程序办理货币资金支付业务

(1) 支付申请。单位有关部门或个人用款时，应当提前向审批人提交货币资金支付申请，注明款项的用途、金额、预算、支付方式等内容，并附有效经济合同或相关证明。

(2) 支付审批。审批人根据其职责、权限和相应程序对支付申请进行审批。对不符合规定的货币资金支付申请，审批人应当拒绝批准。

(3) 支付复核。复核人应当对批准后的货币资金支付申请进行复核，复核货币资金支付申请的批准范围、权限、程序是否正确，手续及相关单证是否齐备，金额计算是否准确，支付方式、支付单是否妥当等。复核无误后，交由出纳人员办理支付手续。

(4) 办理支付。出纳人员应当根据复核无误的支付申请，按规定办理货币资金支付手续，及时登记现金日记账和银行存款日记账。

【思考 2-5】下列关于现金管理的说法中，错误的有(   )。

A. 企业一律不得坐支现金

B. 企业在实际经营中，因回收货款的需要，可以对现金结算给予比转账结算更优惠的待遇

C. 对于审批人超越授权范围审批的货币资金业务，经办人员有权拒绝办理，并及时向会计机构负责人报告

D. 单位现金管理要做到钱账分管、相互牵制、相互监督

【解析】正确答案是 ABC 。如有特殊情况，"开户银行"审批后可以坐支；国家鼓励转账方式结算；对审批人"超越授权范围审批"，向"审批人"的上级授权部门报告。

任务解析

1. 小赵的行为有两处不合法。一是《现金管理暂行条例》规定，开户单位收入现金应于当日送存开户银行，当日送存确有困难的，由开户银行确定送存时间。开户单位支付现金，可以从本单位现金库存中支付或者从开户银行提取，不得从本单位的现金收入中直接支付(坐支)。本案中，小赵未经开户银行批准，而将现金锁在公司的保险柜中，公司的购货支出也直接用保险柜中的现金支付，不合法。二是该公司向甲国有农场销售 56 万元的农资，小赵坚持现金支付结算不合法。《现金管理暂行条例》规定，单位之间的转账结算起点金额以上(1000 元)的收付，应当转账结算，不得使用现金结算。

2. 企业之间转账结算起点金额(1000 元)以下的零星小额收付可以用现金结算，超过转账结算起点金额的收付，应当转账结算。

任务二　复述支付结算的基本要求

案情回放

小唐大学毕业后，应聘到 ABC 贸易公司出纳岗位。上班一周后(2 月 10 日)，第一次独立开出一张面额 8 万元的转账支票，出票日期填写为：贰月拾日；金额填写为：捌万元整，同时在小写金额栏千位栏写了"8"，以后各栏均填入"0"。因会计当时外出办事，无法签章，于是小唐在支票上盖了自己保管的公司的"发票专用章"后，将转账支票交给了收款人。

工作任务

1. 小唐填写转账支票是否规范？为什么？
2. 支票上能否盖"发票专用章"？《中华人民共和国票据法》(以下简称《票据法》)对签章有什么要求？

理论认知

一、支付结算概述

支付结算的主要功能是完成资金从一方当事人向另一方当事人的转移。随着社会经济金融的快速发展，单位、个人之间的经济往来日益频繁，安全、快捷、高效的支付结算受到广泛的关注。

(一)支付结算的概念

支付结算是指单位、个人在社会经济活动中使用票据、信用卡和汇兑、托收承付、委托收款等结算方式进行货币给付及其资金清算的行为。

(二)支付结算的主体

银行、城市信用合作社、农村信用合作社(以下简称银行)以及单位(含个体工商户)和个人是办理支付结算的主体。其中，银行是支付结算和资金清算的中介机构。

【思考 2-6】支付结算的主体包括(　　)。
　　A. 个人　　　　　　　　B. 农村信用合作社
　　C. 银行　　　　　　　　D. 个体工商户
【解析】正确答案是 ABCD。单位、个人都是支付结算的主体。但是，支付结算和资金清算的"中介机构"只能是银行。

(三)支付结算的主要支付工具

日常活动中的结算可以分为现金结算和非现金结算两大类。现金结算在任务一进行了专门介绍。非现金结算,即支付结算。我国目前使用的支付结算工具主要包括"三票一卡"和结算方式。"三票一卡"是指汇票、本票、支票和信用卡;结算方式包括汇兑、托收承付、委托收款、国内信用证、电子支付等。本项目后续部分将分别对其做相应的介绍。

【思考2-7】依据《支付结算办法》的规定,下列属于结算方式的有( )。

A. 现金　　　　　　　B. 信用卡
C. 汇兑　　　　　　　D. 委托收款

【解析】正确答案是CD。现金不属于支付结算的范畴。支付结算是指非现金结算,包括"三票一卡"和结算方式。信用卡属于"三票一卡"的范畴。

(四)支付结算的特征

1. 支付结算必须通过中国人民银行批准的金融机构进行

未经中国人民银行批准的非银行机构和其他单位不得作为中介机构经营支付结算业务。但法律、行政法规另有规定的除外。

2. 支付结算的发生取决于委托人的意志

当事人对在银行的存款有自己的支配权。银行在支付结算中充当中介机构的角色。除国家法律、行政法规另有规定外,银行不得为任何单位或者个人查询账户情况;除国家法律另有规定外,银行不得为任何单位或个人冻结、扣款,不得停止单位、个人存款的正常支付。

【思考2-8】银行不得为任何单位或者个人查询账户情况。这一说法正确吗?

【解析】不正确。缺少"除国家法律、行政法规另有规定外"这一前提。

3. 实行统一领导,分级管理

中国人民银行总行负责制定统一的支付结算制度,组织、管理和监督全国支付结算工作;调解、处理银行间的支付结算纠纷。中国人民银行分行、支行负责组织管理监督本辖区的支付结算工作,协调、处理本辖区银行间的支付结算纠纷。

4. 支付结算是一种要式行为

要式行为是指法律规定必须依照一定形式进行的行为。如果该行为不符合法定的形式要件,即为无效。例如,支票填写的笔墨要求等。

5. 支付结算必须依法进行

支付结算主体必须严格依法进行支付结算活动。

【思考2-9】下列各项中,属于支付结算特征的有( )。

A. 支付结算的发生取决于受托人的意志
B. 支付结算必须通过中国人民银行批准的金融机构进行
C. 实行统一领导,分级管理
D. 支付结算是一种要式行为

【解析】正确答案是BCD。支付结算的发生取决于"委托人"的意志。

二、支付结算的主要法律依据

凡是与支付结算工具有关的法律、行政法规以及部门规章和地方性法规都是支付结算的法律依据。

支付结算方面的法律、法规和制度主要包括：《票据法》《票据管理实施办法》《支付结算办法》《现金管理暂行条例》《中国人民银行银行卡业务管理办法》《人民币银行结算账户管理办法》《异地托收承付结算办法》《电子支付指引(第一号)》等。

三、支付结算的基本原则

(一)恪守信用，履约付款

各单位、个人之间发生交易往来，应当严格遵守信用，履行付款义务，特别是应当按照约定的金额和日期进行支付。

(二)谁的钱进谁的账，由谁支配

银行在办理结算时，必须按照存款人的委托，将款项支付给其指定的收款人；对存款人的资金，除国家法律、行政法规另有规定外，必须由其自由支配。

(三)银行不垫款

银行只是中介，在办理结算过程中，只负责办理结算当事人之间的款项划拨，不承担垫付任何款项的责任。

四、办理支付结算的要求

(一)办理支付结算的基本要求

(1) 办理支付结算必须使用中国人民银行统一规定的票据和结算凭证，未使用中国人民银行统一规定的票据，票据无效；未使用中国人民银行统一规定的结算凭证，银行不予受理。

(2) 办理支付结算必须按统一的规定开立、使用账户。

(3) 填写票据和结算凭证应当全面规范，做到数字正确，要素齐全，不错不漏，字迹清楚，防止涂改。票据和结算凭证金额以中文大写和阿拉伯数码同时记载，二者必须一致，否则银行不予受理。

(4) 票据和结算凭证上的签章和记载事项必须真实，不得变造、伪造。①签章的规定。票据和结算凭证上的签章，为签名、盖章或者签名加盖章。单位、银行在票据上的签章和单位在结算凭证上的签章，为该单位、银行的公章(或财务专用章)加其法定代表人或者其授权的代理人的签名或盖章("双章"——单位章+个人签名或盖章)。个人在票据和结算凭证上的签章，为个人本人的签名或盖章("单章"——签名或盖章)。②票据和结算凭证的伪造、变造。伪造是指无权限人假冒他人或虚构他人名义签章的行为，即伪造"签章"。变造是指无权更改票据内容的人，对票据签章以外的记载事项加以改变的行为，即"签章以外"

的事项改变。

票据上有伪造、变造签章的,不影响票据上其他当事人真实签章的效力。即其他真实签章人仍应承担票据责任。

【思考2-10】甲公司签发了一张商业汇票,下列关于出票人签章的说法中,正确的有(　　)。

　　A. 甲公司盖章
　　B. 甲公司法定代表人赵某签名或盖章
　　C. 甲公司法定代表人赵某签名并盖章
　　D. 甲公司盖章加法定代表人赵某签名或盖章

【解析】正确答案是 D。公司法人或单位在票据上的签章为该单位的盖章加其法定代表人或其授权的代理人的签章,即"双章"。

【思考 2-11】变更票据上的签章、用途、付款日期等,均属于票据变造。这一说法正确吗?

【解析】不正确。不包括"签章","签章"问题属于"伪造"。

(5) 不得更改的事项。票据和结算凭证的金额、出票或者签发日期、收款人名称不得更改,更改的票据无效;更改的结算凭证,银行不予受理。

对票据和结算凭证上的其他记载事项(如用途),原记载人可以更改,更改时应当由原记载人在更改处签章证明。

【思考2-12】签发票据时,可以更改的项目有(　　)。

　　A. 付款日期　　　　　　B. 收款人名称
　　C. 票据金额　　　　　　D. 付款人名称

【解析】正确答案是AD。"出票或签发日期、收款人、票据金额"三个都不得更改,其他事项可以由原记载人更改并签章。

(二)支付结算凭证填写的要求

(1) 票据的出票日期必须使用中文大写。月为壹、贰和壹拾的,日为壹至玖和壹拾、贰拾和叁拾的,应在其前加"零";日为拾壹至拾玖的,应在其前加"壹"。大写日期未按要求规范填写的,银行可予受理,但由此造成损失的,由出票人自行承担。

【思考2-13】出票日期分别为"2月12日、3月10日、10月20日"的正确写法是什么?

【解析】"零贰月壹拾贰日""叁月零壹拾日""零壹拾月零贰拾日"。需要注意以下两点:一是"月份"前面加"零"的,只有"1月、2月、10月"三个可能被篡改的月份,其他月份如3月、4月等无法篡改,所以不需要在之前加"零";二是"10"的写法,既要加"零"还要加"壹",即零壹拾月。出票日期大写规则可简化为:11~19 加"壹",其他加"零",注意只有三个月份需要加"零"。

(2) 中文大写金额数字应用正楷或行书填写,不得自造简化字。如果金额数字书写中使用繁体字,也应受理。

票据和结算凭证金额以中文大写和阿拉伯数码同时记载,二者必须一致,二者不一致的票据无效;二者不一致的结算凭证,银行不予受理。

(3) 中文大写金额数字前应标明"人民币"字样,大写金额数字应紧接"人民币"字样填写，不得留有空白。

(4) 中文大写金额数字到"元"为止的，在"元"之后应写"整"(或"正")字；到"角"为止的，在"角"之后可以不写"整"（或"正"）字。大写金额数字有"分"的，"分"后面不写"整"(或"正")字。

(5) 阿拉伯小写金额数字前面，均应填写人民币符号"¥"。

(6) 阿拉伯小写金额数字中有"0"的，中文大写应按照汉语语言规律、金额数字构成和防止涂改的要求进行书写。例如，107 000.53 元可以写为"人民币壹拾万柒仟元零伍角叁分"；5 340.13 元可以写为"人民币伍仟叁佰肆拾元零壹角叁分"，也可以不加零，写为"人民币伍仟叁佰肆拾元壹角叁分"。但角位若是零，而分位不是零时，中文大写金额"元"后面应写"零"字。例如，325.04 元，大写金额应写为"人民币叁佰贰拾伍元零肆分"。

【思考 2-14】下列各项中，符合票据和结算凭证填写要求的有(　　)。
A. 中文大写金额数字到"角"为止，在"角"之后没有写"整"字
B. 票据的出票日期使用阿拉伯数字填写
C. 阿拉伯小写金额数字前填写了人民币符号
D. 1 月 15 日出票，票据的"出票日期"栏填写为"零壹月壹拾伍日"

【解析】正确答案是 ACD。出票日期必须中文大写。

任务解析

1. 小唐填写的转账支票不规范。一是出票日期填写不规范，应当填写为"零贰月零壹拾日"，《支付结算法》规定：月为壹、贰和壹拾的，日为壹至玖和壹拾、贰拾和叁拾的，应在其前加"零"；二是阿拉伯小写金额填写错位，误将 8 万元写成了 8 000 元。

2. 支票上不能盖"发票专用章"。《票据法》规定，单位、银行在票据上的签章，为该单位、银行的公章(或财务专用章)加其法定代表人或者其授权的代理人的签名或盖章，即"双章"——单位章+个人签名或盖章。票据上的单位章不能使用合同专用章、发票专用章等。

任务三　识别不同的银行结算账户

案情回放

2017 年 10 月 9 日，A 企业的会计持有关证件到工商银行申请办理基本存款账户，工商银行工作人员审查后为其开立了基本存款账户。同时，会计与农业银行签订了 200 万元的贷款合同，在农业银行开立了一般存款账户。10 月 10 日，会计在工商银行购买了一本支票，并当场给 B 企业签发了一张面额为 5 万元的转账支票。工商银行办理了转账手续。10 月 11 日，工商银行工作人员携带 A 企业的基本存款账户开户资料向当地中国人民银行支行报送，申请核准。

工作任务

1. A 企业基本存款账户的开立是否规范？为什么？

2. A 企业一般存款账户的开立是否规范？为什么？
3. 10 月 10 日，工商银行能否办理 A 企业转账支票？为什么？

理论认知

一、银行结算账户的概念与分类

银行结算账户是社会资金运动的起点和终点，是支付结算工作开展的基础。为规范结算账户的开立和使用，加强账户管理，维护经济金融秩序的稳定，中国人民银行发布了《人民币银行结算账户管理办法》及其实施细则。

(一)银行结算账户的概念

银行结算账户是指存款人在经办银行开立的办理资金收付结算的人民币活期存款账户。

这里的银行，是指在中国境内经中国人民银行批准经营支付结算业务的政策性银行，商业银行(含外资独资银行、中外合资银行、外国银行分行)，城市信用合作社，农村信用合作社。

这里的存款人，是指在中国境内开立银行结算账户的机关、团体、部队、企业、事业单位、其他组织、个体工商户和自然人。

【思考 2-15】下列各项中，可以为存款人开立银行账户、办理资金收付结算的银行有(　　)。
　　A. 政策性银行　　　　　　B. 商业银行
　　C. 外资独资银行　　　　　D. 农村信用合作社
【解析】正确答案是 ABCD。"银行"包括外资银行、信用合作社等。

(二)银行结算账户的分类

银行结算账户分为基本存款账户、一般存款账户、专用存款账户、临时存款账户、个人银行结算账户和异地银行结算账户六类。

1. 基本存款账户

基本存款账户是存款人因办理日常转账结算和现金收付需要开立的银行结算账户。
1) 使用范围
(1) 基本存款账户是存款人的主办账户，开立基本存款账户是开立其他银行结算账户的前提。
(2) 一个单位只能选择一家银行的一个营业机构开立一个基本存款账户。
(3) 存款人日常经营活动的资金收付及其工资、奖金和现金的支取，应当通过基本存款账户办理。
2) 开户要求
(1) 开立基本存款账户的存款人资格如下：凡是具有民事权利能力和民事行为能力，并依法独立享有民事权利和承担民事义务的法人和其他组织，均可以开立基本存款账户。

根据规定，下列存款人可以申请开立基本存款账户：企业法人；非企业法人(如分公司、个人独资企业和合伙企业);机关、事业单位;团级(含)以上军队、武警部队及分散执勤的支(分)队;社会团体;民办非企业组织(如不以营利为目的的民办学校、福利院、医院);异地常设机构;外国驻华机构;个体工商户;居民社区委员会、村民委员会、社区委员会;单位设立的独立核算的附属机构(如单位附属独立核算的食堂、执行所、幼儿园);其他组织等。

【思考2-16】下列存款人中,可以申请开立基本存款账户的有( )。

　　A. 企业法人　　　　　　　　B. 单位附属的非独立核算的生产车间
　　C. 异地临时机构　　　　　　D. 自然人

【解析】正确答案是AC。基本存款账户开立人是法人或其他组织,没有自然人。需要注意的是,"个体工商户"视同单位管理,单位设立的"独立核算"的附属机构、异地"常设"机构可以开设基本存款账户。

(2) 开立基本存款账户应当出具的证明文件如下:①法人企业,应出具企业法人营业执照正本;②非法人企业,应出具企业营业执照正本;③机关和实行预算管理的事业单位,应出具政府人事部门或编制委员会的批文登记证书和财政部门同意其开户的证明;④军队、武警团级(含)以上单位以及分散执勤的支(分)队应出具军队军级以上单位财务部门、武警总队财务部门的开户证明;⑤社会团体,应出具社会团体登记证书,宗教组织还应出具宗教事务管理部门的批文或证明;⑥民办非企业组织,应出具民办非企业登记证书;⑦外地常设机构,应出具其驻地政府主管部门的批文;⑧外国驻华机构,应当出具国家有关机关主管部门的批文或证明;⑨外资企业驻华代表处、办事处,应当出具国家登记机关颁发的登记证;⑩个体工商户,应出具个体工商户营业执照正本;⑪居民委员会、村民委员会、社区委员会,应出具其主管部门的批文或证明;⑫单位附属的独立核算的食堂、招待所、幼儿园,应出具其主管部门的基本存款账户开户许可证和批文;⑬按照现行法律法规规定可以成立的业主委员会、村民小组等组织,应出具政府主管部门的批文或证明。

【思考2-17】法人企业在银行开立基本存款账户需要提供的开户证明文件是( )。

　　A. 企业营业执照正本　　　　B. 政府主管部门的批文
　　C. 企业法人营业执照正本　　D. 政府财政部门的批文

【解析】正确答案是C。法人企业,应出具企业"法人营业执照"正本;非法人企业,应出具企业"营业执照"正本。

(3) 开立基本存款账户的程序如下:开立基本存款账户需要中国人民银行核准。存款人申请开立基本存款账户的,应填制开户申请书,提供规定的证明文件,送交盖有存款人印章的印鉴卡片,经开户银行审核同意并凭中国人民银行当地分支行机构核发的开户许可证,即可开立账户。

2. 一般存款账户

一般存款账户是指存款人因借款或者其他结算需要,在基本存款账户开户银行以外的银行营业机构开立的银行结算账户。

1) 使用范围

一般存款账户主要用于办理存款人借款转存、借款归还和其他结算的资金收付。该账户可以办理现金缴存,但不得办理现金支取。存款人开立一般存款账户没有数量限制。

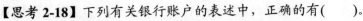

【思考2-18】下列有关银行账户的表述中，正确的有(　　)。
A．一个单位只能在一家银行开立一个基本存款账户
B．一个单位可以在多家银行开立多个基本存款账户
C．现金缴存可以通过一般存款账户办理
D．现金支付不能通过一般存款账户办理

【解析】正确答案是ACD。只能开立一个基本存款账户，一般存款账户不得支取现金。

2) 开户要求
(1) 开立一般存款账户的存款人资格。开立基本存款账户的存款人都可以开立一般存款账户。
(2) 开立一般存款账户应出具的证明文件如下：①开立基本存款账户规定的证明文件；②基本存款账户开户许可证；③存款人因从银行借款需要，应出具借款合同；④存款人因资金结算需要，应出具有关证明。
(3) 开立程序如下：开立一般存款账户无须中国人民银行核准。存款人应填制开户申请书，提供相应的证明文件，送交盖有存款人印章的印鉴卡片，经开户银行审核同意后，即可开立一般存款账户。

【思考2-19】下列有关一般存款账户的表述中，正确的有(　　)。
A．存款人只能设立一个一般存款账户
B．一般存款账户应在基本存款账户开户银行以外的银行营业机构开立
C．一般存款账户可以办理现金缴存，但不得办理现金支取
D．开立一般存款账户实行核准制

【解析】正确答案是BC。一般存款账户没有数量限制，无须核准。

3. 专用存款账户

专用存款账户是指存款人按照法律、行政法规和规章，对其特定用途的资金进行专项管理和使用而开立的银行结算账户。

1) 使用范围

专用存款账户用于办理各项专用资金的收付。
(1) 单位银行卡账户的资金必须由其基本存款账户转账存入。该账户不得办理现金收付业务。
(2) 财政预算外资金、证券交易结算资金、期货交易保证金和信托基金专用存款账户，不得支取现金。
(3) 基本建设资金、更新改造资金、政策性房地产开发资金、金融机构存放同业资金账户，需要支取现金的，应在开户时报中国人民银行当地分支行批准。
(4) 粮、棉、油收购资金，社会保障基金，住房基金和党、团、工会经费等专用存款账户支取现金，应按照国家现金管理的规定办理。
(5) 收入汇缴账户，除向其基本存款账户或预算外资金财政专用存款账户划缴款项外，只收不付，不得支取现金。业务支出账户除从其基本存款账户拨入款项外，只付不收，其现金支取必须按照国家现金管理的规定办理。

【思考 2-20】下列专用存款账户中，不可以支取现金的有(　　)。
　　A. 基本建设资金账户　　　　　　B. 政策性房地产开发资金账户
　　C. 证券交易结算资金专用存款账户　D. 信托基金专用存款账户
【解析】正确答案是 CD。不能支取现金的专用存款账户有三类："单位卡""财政预算外资金""证券类(证券、期货、信托基金)"。

2) 开户要求

(1) 开立专用存款账户的存款人资格。对下列资金的管理与使用，存款人可以申请开立专用存款账户：基本建设资金；更新改造资金；财政预算外资金；粮、棉、油收购资金；证券交易结算资金；期货交易保证金；信托基金；金融机构存放同业资金；政策性房地产开发资金；单位银行卡备用金；住房基金；社会保障基金；收入汇缴资金；业务支出资金；党、团、工会设在单位的组织机构经费；其他需要专项管理和使用的资金。

【思考 2-21】企业因(　　)等资金管理需要，可以向银行申请开立专用存款账户。
　　A. 更新改造　　　　　　B. 注册验资
　　C. 党、团、工会　　　　D. 住房基金
【解析】正确答案是 ACD。注册验资开立的是"临时账户"。

(2) 开立专用存款账户应出具的证明文件。出具其开立基本存款账户规定的证明文件、基本存款账户开户登记证和各项专用资金的有关证明文件。同一个证明文件，只能开立一个专用存款账户。

4. 临时存款账户

临时存款账户是指存款人因临时需要并在规定期限内使用而开立的银行结算账户。

1) 使用范围

临时存款账户用于办理临时机构以及存款人临时经营活动发生的资金收付。临时存款账户的有效期最长不得超过 2 年。

临时存款账户支取现金，应按照国家现金管理的规定办理。

注册验资的临时存款账户在验资期间只收不付。增资验资的临时存款账户的使用和撤销比照注册验资的临时存款账户处理。

2) 开户要求

(1) 有下列情况的，存款人可以申请开立临时存款账户：①设立临时机构(如工程指挥部、筹备领导小组、摄制组等)；②异地临时经营活动(如建筑施工以及安装单位等在异地的临时经营活动等)；③注册验资、增资；④军队、武警单位承担基本建设或者异地执行作战、演习、抢险救灾、应对突发事件等临时任务。

【思考 2-22】下列情况中，存款人可以申请开立临时存款账户的有(　　)。
　　A. 注册验资　　　　　　B. 缴纳住房基金
　　C. 异地临时经营活动　　D. 支付职工差旅费
【解析】正确答案是 AC。注意临时存款账户与专用存款账户的区别。住房基金属于"专用存款账户"；差旅费是日常收付，属于"基本存款账户"。

(2) 开立专用存款账户应出具的证明文件如下：①临时机构，应出具其驻在地主管部门同意设立临时机构的批文；②异地建筑施工及安装单位，应出具其营业执照正本或其隶

属单位的营业执照正本、施工及安装地建设主管部门核发的许可证或建筑施工及安装合同，以及基本存款账户开户登记证；③异地从事临时经营活动的单位，应出具其营业执照正本、临时经营地工商行政管理部门的批文，以及基本存款账户的开户登记证；④注册验资资金，应出具工商行政管理部门核发的企业名称预先核准通知书或有关部门的批文。

除开立注册验资、增资验资临时账户外，存款人申请开立临时存款账户需要报中国人民银行核准。

5. 个人银行结算账户

个人银行结算账户是指自然人因投资、消费、结算等需要而凭个人身份证件以自然人名称开立的银行结算账户。邮政储蓄机构办理银行卡业务开立的账户也纳入个人银行结算账户管理。自然人可根据需要申请开立个人银行结算账户，也可以在已开立的储蓄账户中选择并向开户银行申请确认为个人银行结算账户。

1) 使用范围

个人银行结算账户用于办理个人转账收付和现金存取。储蓄账户仅限于办理现金存取业务，不得办理转账结算。但是，个体户凭营业执照以字号或经营者姓名开立的银行结算账户纳入单位银行结算账户管理。

下列款项可以转入个人银行结算账户：工资、奖金收入；稿费、演出费等劳务收入；债券、期货、信托等投资的本金和收益；个人债权或产权转让收益；个人贷款转存；证券交易结算资金和期货交易保证金；继承、赠与款项；保险理赔、保费退还等款项；纳税退还；农副产品、矿产品销售收入；其他合法款项。

单位从其银行结算账户支付给个人银行结算账户的款项，每笔超过 5 万元的，应向其开户银行提供有关付款依据。

【思考 2-23】下列关于个人银行结算账户的说法中，正确的有(   )。
  A. 个人银行结算账户可以办理个人转账收付，也可以办理现金存取
  B. 通过该账户，可以支付水、电、话、气等基本日常费用
  C. 通过该账户代发工资
  D. 通过个人银行结算账户使用支付、信用卡等信用支付工具

【解析】正确答案是 ABCD。

2) 开户要求

(1) 开立个人银行结算账户的存款人。有下列情况的，可以申请开立个人银行结算账户：①使用支票、信用卡等信用支付工具的；②办理汇兑、定期借记(如代付水电费等)、定期贷记(代发工资)、借记卡等结算业务的。

(2) 开户证明文件。身份证、户口簿、驾驶执照、护照、军官证、警官证、港澳通行证等有效证件。

3) 个人银行结算账户种类

个人银行结算账户分为 I 类银行账户、II 类银行账户、III 类银行账户三种。

(1) I 类账户：银行可通过 I 类账户为存款人提供存款、购买投资理财产品、转账、消费和缴费支付、支取现金等服务，即全功能账户。

I 类账户可以采用柜面开户、自助机具开户，但不允许电子渠道(网上银行、手机银行)

开户。

(2) Ⅱ类账户：可以办理存款、购买投资理财产品等金融产品、限定金额的消费和缴费、限额向非绑定账户转出资金业务，可以配发银行卡实体卡片。

经银行柜面、自助机具加以银行工作人员现场面对面确认身份的，Ⅱ类账户还可以办理：存取现金、非绑定账户资金转入业务，非绑定账户转入资金、存入现金日累计限额合计为1万元、年累计限额合计为20万元；消费和缴费、向非绑定账户转出资金、取出现金日累计限额合计为1万元、年累计限额合计为20万元。

银行可以向Ⅱ类账户发放本银行贷款资金并通过Ⅱ类账户还款，发放贷款和贷款资金归还不受转账限额。

(3) Ⅲ类账户：可以办理限额消费和缴费、限额向非绑定账户转出资金业务。经银行柜面、自助机具加以银行工作人员现场面对面确认身份的，Ⅲ类账户还可以办理非绑定账户资金转入业务。其中，Ⅲ类账户余额不得超过1 000元；非绑定资金转入日累计限额为5 000元、年累计限额为10万元；消费和缴费支付、向非绑定账户转出资金日累计限额为5 000元、年累计限额为10万元。

银行不得通过Ⅲ类账户为存款人提供存取现金服务，不得为Ⅲ类账户发放实体介质。

Ⅱ类账户、Ⅲ类账户可以采用柜面开户、自助机具开户或电子渠道开户。

【思考2-24】王某在甲银行开立了一个按Ⅱ类账户管理的个人银行账户，则王某可以通过该账户办理的事项有(　　)。

A. 支取现金　　　　　　　　B. 购买投资理财产品等金融产品
C. 限定金额的缴费支付　　　　D. 任意金额的消费支付

【解析】正确答案是ABC。Ⅱ类账户可以办理存款、购买投资理财产品等金融产品、限定金额的消费和缴费、限额向非绑定账户转出资金业务。

【思考2-25】王某拟通过网上银行申请开立两人个人银行账户，其作出的下列各项选择中，可以成功开立的有(　　)。

A. Ⅰ类账户和Ⅱ类账户　　　　B. Ⅰ类账户和Ⅲ类账户
C. Ⅱ类账户和Ⅲ类账户　　　　D. 两个均为Ⅲ类账户

【解析】正确答案是CD，Ⅰ类账户可以采用柜面开户、自助机具开户，但不允许采用电子渠道开户。

6. 异地银行结算账户

异地银行结算账户是指存款人符合法定条件，根据需要在异地开立相应的银行结算账户。

1) 使用范围

单位和个人只要符合相关条件，均可根据需要在异地开立相应的银行结算账户。

2) 开户要求

(1) 存款人有下列情形之一的，可以在异地开立有关银行结算账户：①营业执照注册地与经营地不在同一行政区域(跨省、市、县)，需要开立基本存款账户的；②办理异地借款和其他结算，需要开立一般存款账户的；③存款人因附属的非独立核算单位或派出机构发生的收入汇缴或业务支出，需要开立专用存款账户的；④异地临时经营活动需要开立临时存款账户的；⑤自然人根据需要在异地开立个人银行结算账户的。

【思考 2-26】异地银行结算账户可以开立的银行账户种类有(　　)。
A. 基本存款账户　　　　　　B. 一般存款账户
C. 专用存款账户　　　　　　D. 临时存款账户

【解析】正确答案是 ABCD。单位和个人均可开设异地银行结算账户，上述 4 个选项属于单位银行结算账户。

(2) 存款人需要在异地开立单位银行结算账户，除出具开立基本存款账户、一般存款账户、专用存款账户和临时存款账户规定的有关证明文件外，还应出具下列相应的证明文件：①经营地与注册地不在同一行政区域的存款人，在异地开立基本存款账户的，应出具注册地中国人民银行分支行的未开立基本存款账户的证明；②异地借款的存款人，在异地开立一般存款账户的，应出具在异地取得贷款的借款合同及基本存款账户开户许可证；③因经营需要在异地办理收入汇缴和业务支出的存款人，在异地开立专用存款账户的，应出具隶属单位的证明及其基本存款账户开户许可证。

【思考 2-27】下列关于银行账户的表述中，符合规定的有(　　)。
A. 一般存款账户可以办理工资等现金支取业务
B. 基本存款账户可以办理工资、奖金等现金支取业务
C. 一般存款账户可以办理现金缴存业务，但不能办理现金支取业务
D. 专用存款账户是指存款人因特定用途需要开立的账户

【解析】正确答案是 BCD。一般存款账户不得支取现金。

二、银行结算账户管理的基本原则

(一)一个基本账户原则

存款人只能在银行开立一个基本存款账户，不能多头开立基本存款账户。

(二)自主选择原则

存款人可以自主选择银行开立账户，除法律、法规和国务院另有规定外，任何单位和个人不得强令存款人在指定银行开立银行结算账户。

(三)守法合规原则

银行结算账户的开立和使用应当遵守法律、行政法规，不得利用银行结算账户进行各种违法犯罪活动。

(四)存款信息保密原则

银行应当依法为存款人的银行结算账户信息保密，对单位或个人银行结算账户的存款有关资料，除国家法律、行政法规另有规定外，银行有权拒绝任何单位或个人查询。

三、银行结算账户的开立、变更与撤销

(一)银行结算账户的开立

银行结算账户的开立程序如下。

(1) 存款人填写开户申请书,并提交相关证明材料。
(2) 开户银行对申请书及相关证明材料进行审查。
(3) 银行与存款人签订银行结算账户管理协议。
(4) 审查符合条件的申请人,需要核准的,应及时报送中国人民银行当地分支行核准;不需要核准的,应在开户之后的法定期限内(5个工作日)向中国人民银行当地分支行备案。

开立基本存款账户、临时存款账户(注册验资、增资验资除外)和预算单位专用存款账户的,需要中国人民银行核准,银行应当将存款人的开户申请书、相关证明材料和银行审核意见等开户资料报送中国人民银行当地分支行核准。中国人民银行应当在 2 个工作日内做出决定。

存款人开立单位结算账户,自正式开立之日起 3 个工作日后方可使用该账户办理付款业务,但注册验资的临时存款账户转为基本存款账户和因借款转存开立的一般存款账户除外。

【思考2-28】下列银行结算账户中,需要中国人民银行核准的有( )。
A. 基本存款账户　　　　　　B. 预算单位专用存款账户
C. 一般存款账户　　　　　　D. 个人银行结算账户

【解析】正确答案是AB。需要中国人民银行核准的账户是可以"支取现金"的"单位"银行结算账户。"个人"银行结算账户不需要核准。

(二)银行结算账户的变更

银行结算账户的变更是指存款人的账户信息资料发生的变化或改变,主要包括存款人名称、单位法定代表人或主要负责人、住址以及其他开户资料的变更。

存款人银行结算账户有法定变更事项的,应于 5 个工作日内书面通知开户银行并提供有关证明;开户银行应当及时办理变更手续,并于 2 个工作日内向中国人民银行当地分支行报告。

【思考2-29】下列情形中,要办理银行结算账户变更手续的有( )。
A. 因迁址需要变更开户银行　　　B. 法定代表人改变
C. 账户名称改变　　　　　　　　D. 财务负责人改变

【解析】正确答案是BD。人员变动指的是"一把手";涉及"改变开户行"的,属于银行结算账户的"撤销"。

(三)银行结算账户的撤销

银行结算账户的撤销是指存款人因开户资格或其他原因终止银行结算账户使用的行为。

1. 撤销的事由

存款人有下列情形之一的,应向开户银行提出撤销银行结算账户的申请。
(1) 被撤并、解散、宣告破产或关闭的。
(2) 注销、被吊销营业执照的。
(3) 因迁址需要变更开户银行的。
(4) 其他原因需要撤销银行结算账户的。

存款人有以上第(1)、(2)项情形的,应于 5 个工作日内向开户银行提出撤销银行结算账户的申请。

开户银行撤销单位银行结算账户之日起 2 个工作日内,向中国人民银行当地分支行报告。

2. 撤销中应注意的事项

(1) 存款人申请撤销银行结算账户时,先撤销一般存款账户、专用存款账户、临时存款账户,将账户资金转入基本存款账户后,方可办理基本存款账户的撤销。

(2) 银行得知存款人主体资格终止情况的,存款人超过规定期限未主动办理撤销手续的,银行有权停止其银行结算账户的对外支付。

(3) 存款人尚未清偿其开户银行债务的,不得申请撤销该账户。

(4) 银行对一年未发生收付活动且未欠开户银行债务的单位银行结算账户,应通知单位自发出通知之日起 30 日内办理销户手续,逾期视同自愿销户,未划转款项列入久悬未取专户管理。

【思考 2-30】存款人有下列(　　)情形之一的,应向开户银行提出撤销银行结算账户的申请。

　　A. 被撤并、解散、宣告破产或关闭的
　　B. 注销、被吊销营业执照的
　　C. 因迁址需要变更开户银行的
　　D. 存款人尚未清偿开户银行债务的

【解析】正确答案是 ABC。尚未清偿开户银行债务的,不得销户。

四、违反银行账户管理法律制度的法律责任

(一)存款人违反账户管理制度的处罚

存款人违反账户管理制度的处罚如表 2-1 所示。

表 2-1　存款人违反账户管理制度的处罚

法律责任	存款人	适用情况	违法行为具体表现
警告,并处 1 000 元的罚款;构成犯罪的,追究刑事责任	非经营性存款人	适用各种违法行为	下述各种违法行为
	经营性存款人	"变更"银行结算账户中违法	法定代表人或主要负责人、地址以及其他开户资料变更,未在规定期限内通知银行
警告,并处 1 万元以上 3 万元以下的罚款;构成犯罪的,追究刑事责任	经营性存款人	①开立、撤销银行结算账户中违法;②伪造、变造、私自印制开户登记证中违法	①违反规定开立银行结算账户;②伪造、变造证明文件欺骗银行开户;③违反规定不及时撤销银行账户;④伪造、变造、私自印制开户登记证
警告,并处 5 000 元以上 3 万元以下的罚款;构成犯罪的,追究刑事责任	经营性存款人	使用银行结算账户中违法	①违反规定将单位款项转入个人银行结算账户;②违反规定支取现金;③利用开立银行结算账户逃避银行债务;④出租、出借银行结算账户;⑤从基本存款账户之外的银行结算账户转账存入、将销货收入存入或现金存入单位信用卡账户等

项目二 规范使用支付结算工具

【思考 2-31】下列关于经营性存款人违反账户结算的行为，适用给予警告并处以 5 000 元以上 3 万元以下罚款的是(   )。

A. 出租、出借银行结算账户
B. 违反规定不及时撤销银行结算账户
C. 伪造、变造开户许可证
D. 伪造、变造证明文件，欺骗银行开立结算账户

【解析】正确答案是 A。

(二)银行及其有关人员违反账户管理制度的处罚

银行及其有关人员违反账户管理制度的处罚如表 2-2 所示。

表 2-2　银行及其有关人员违反账户管理制度的处罚

违法行为	违法行为具体表现	法律责任
开立中违法	①违反规定为存款人多头开立银行结算账户； ②明知或应知是单位资金，而允许以自然人名称开立账户存储	①给予警告，并处以 5 万元以上 30 万元以下的罚款； ②对该银行直接负责的高级管理人员、其他直接负责的主管人员、直接责任人员按规定给予纪律处分； ③情节严重的，中国人民银行有权停止对其开立基本存款账户的核准，责令该银行停业整顿或者吊销经营金融业务许可证； ④构成犯罪的，移交司法机关依法追究刑事责任
使用中违法	①提供虚假开户申请资料欺骗中国人民银行许可开立基本存款账户、临时存款账户、预算单位专用存款账户； ②开立或撤销单位银行结算账户，未按规定在其基本存款账户开户登记证上予以登记、签章或通知相关开户银行； ③为储蓄账户办理转账结算； ④违反规定为存款人支付现金或办理现金存入； ⑤超过期限或未向中国人民银行报送账户开立、变更、撤销等资料； ⑥违反规定办理个人银行结算账户转账结算	①给予警告，并处以 5 000 元以上 3 万元以下的罚款； ②对该银行直接负责的高级管理人员、其他直接负责的主管人员、直接责任人员按规定给予纪律处分； ③情节严重的，中国人民银行有权停止对其开立基本存款账户的核准； ④构成犯罪的，移交司法机关依法追究刑事责任

【案例分析 2-1】 ABC 有限责任公司 2017 年发生以下事项：7 月 28 日，因向农民收购农副产品而急需大量现金，经总经理赵某批准，从公司当日的现金收入中直接支取 8 万

元,从财务部部长孙某个人存折上取出属于公司的现金5万元;10月12日,签发面额30 150元的支票一张,填写的出票日期为"拾月壹拾贰日"字样,出票大写金额为"叁万零壹佰伍拾元正"字样。根据以上情况,回答下列问题。

(1) 下列选项中,违反现金使用管理规定的有(　　)。
　　A. 用现金向农民收购农副产品
　　B. 从公司现金收入中坐支现金
　　C. 将公司自有现金存在孙某个人账户上
　　D. 特殊情况下,经开户银行批准,可以坐支现金

(2) 若银行明知孙某所存现金属于公司,根据《账户管理办法》的规定,应对银行处以的罚款为(　　)。
　　A. 1 000元　　　　　　　　　B. 5 000~3万元
　　C. 1万~3万元　　　　　　　D. 5万~30万元

(3) 关于公司支票的填写,下列说法中正确的有(　　)。
　　A. 该支票的出票日期既可以使用中文大写也可以使用阿拉伯数字填写
　　B. 该支票的出票日期正确写法应为"零壹拾月零壹拾贰日"
　　C. 若该支票的出票日期未按规范填写,银行可予受理,但由此造成的损失,由出票人自行承担
　　D. 该支票中的中文大写金额填写错误

(4) 下列各项中,可以转入个人账户的有(　　)。
　　A. 工资、资金收入　　　　　B. 债券、期货、信托等投资的本金和收益
　　C. 纳税退款　　　　　　　　D. 农、副、矿产品销售收入

(5) 根据《账户管理办法》的规定,对孙某应处以的罚款为(　　)。
　　A. 1 000元　　　　　　　　　B. 5 000~3万元
　　C. 1万~3万元　　　　　　　D. 5万~30万元

【解析】(1) 正确答案是BC。向农民收购可以支付现金,开户银行负责现金使用的监管,经"开户银行"批准可以坐支。(2) 正确答案是D。银行"明知或应知"是单位资金而允许以个人名义存储的"开立中违法",罚款额度为5万元以上30万元以下。(3) 正确答案是C。出票日期必须中文大写。(4) 正确答案是ABCD。只要是个人"合法"收入,均可转入个人账户,超过5万元的,附支付依据即可。(5) 正确答案是B。孙某的行为属于"使用账户"违法行为,罚款额度为5 000元以上3万元以下。

任务解析

1. A企业基本账户开立不规范。开立基本账户,需要中国人民银行核准。本案中,开户银行未经中国人民银行核准,直接给A企业开立基本账户,程序不合法。

2. A企业一般存款账户开立不规范。开立一般存款账户,需要提供基本账户开户证明文件。本案中,A企业并没有取得基本账户开户许可证,不能为其开立一般存款账户。

3. 10月10日,工商银行不能办理A企业转账支票。法律规定,存款人开立单位银行账户,自正式开立之日起3个工作日后,方可使用该账户办理付款业务。

任务四　规范使用票据

案情回放

2017年1月1日，A公司购买了B公司10万元的货物，开出一张3个月到期的商业承兑汇票。后B公司从C公司购货，将该票据转让给了C公司。票据到期后，C公司向A公司提示付款，A公司以B公司所提供的货物质量有问题为由，拒绝向持票人C公司付款。

工作任务

1. A公司能否拒绝向C公司付款？为什么？
2. 如果C公司从B公司无偿受赠获得该商业承兑汇票，A公司能否拒绝向C公司付款？为什么？
3. 如果C公司在票据到期前不慎将票据丢失了，应如何补救？

理论认知

一、票据结算概述

票据是信用经济发展的产物，是一种信用工具。票据所规定的债权债务关系单纯而且稳定，因此使其在经济结算中得到普遍应用。全国人民代表大会常务委员会1995年5月10日通过的《中华人民共和国票据法》(以下简称《票据法》)，自1996年1月1日起施行，并于2004年进行了修订。

(一)票据的概念与种类

1. 票据的概念

票据是由出票人依法签发的，约定自己或者委托付款人在见票时或指定的日期向收款人或持票人无条件支付一定金额的有价证券。

2. 票据的种类

(1) 按照范围不同，票据有广义和狭义之分。广义的票据包括各种有价证券和凭证，如股票、国库券、企业债券、发票、提单等。狭义的票据仅指《票据法》规定的票据。

在我国，票据主要包括支票、商业汇票、银行汇票和银行本票。

(2) 按照付款时间不同，票据可以分为即期票据和远期票据。即期票据是付款人见票后必须立即付款的票据，如支票、银行本票、银行汇票。远期票据是付款人见票后一定期限或特定日期付款的票据，如商业汇票。

【思考2-32】公司拟向某商场销售一批价值85万元的产品，结算时应选择哪种票据对公司有利？

【解析】如果商场的银行账户上有足够的存款，公司可以在"银行汇票""银行本票"

和"支票"中选择一种。如果商场的银行账户上没有足够的存款，公司又想促成这笔生意，可以选择"商业汇票"方式结算(未来付款)。

实际工作中，公司若不了解商场的信用情况，"银行汇票""银行本票"优于"支票"。前两种票据是银行开具的，兑付率高，风险很小；支票是企业开具的，可能存在"空头支票"的风险。

(二)票据的特征与功能

1. 票据的特征

(1) 票据是债券凭证和金钱凭证。持票人可以就票据上所载的金额向票据债务人行使付款请求权，即持票人实际上是债权人，因此票据是债券凭证。同时，票据上体现的权利是请求支付一定的金钱而不是物品，因此票据是一种金钱证券。

(2) 票据是设权证券。票据上所表示的权利，是由出票这种行为而创设，没有票据就没有票据上的权利，因此票据是一种设权证券。

(3) 票据是文义证券。即与票据有关的权利义务，必须严格依照票据上记载的文义而定，因此票据是文义证券。

2. 票据的功能

(1) 支付功能。票据可以充当支付工具，代替现金使用。

(2) 汇兑功能。票据可以代替货币在不同地方之间运送，方便异地之间的支付。

(3) 信用功能。票据当事人可以凭借自己的信誉，将未来才能获得的金钱作为现在的金钱来使用。例如，虽然存款不足，但凭自己的信誉，说服供货方采用"商业汇票"方式结算，即在货物采购中可以通过开具商业汇票，解决资金不足问题，先购货，未来再付货款。

(4) 结算功能。即债务抵销功能。简单的结算是互有债务的双方当事人各签发一张商业汇票，待两张汇票都到期时可以相互抵销债务。若有差额，由一方补足。

(5) 融资功能。即融通资金或调度资金。票据的融资功能是通过票据的贴现、转贴现和再贴现实现的。

(三)票据行为

票据行为是指票据当事人以发生票据债务为目的、以在票据上签名或盖章为权利与义务成立要件的法律行为，包括出票、背书、承兑和保证四种。

1. 出票

出票是指出票人签发票据并将其交付给收款人的行为。

出票人在票据上的签章不符合《票据法》等规定的，票据无效；承兑人、保证人在票据上的签章不符合《票据法》等规定的，其签章无效，但不影响其他符合规定签章的效力；背书人在票据上的签章不符合《票据法》等规定的，其签章无效，但不影响其前手符合规定签章的效力。

【思考 2-33】票据当事人在票据上的签章不符合《票据法》等规定的，其签章无效，但不影响其他符合规定签章的效力。这一说法正确吗？

【解析】不正确。注意:"出票人"的签章不符合《票据法》等规定的,票据无效。其他人的签章不合法,不影响票据效力。

2. 背书

背书是指持票人为将票据权利转让给他人或者将一定的票据权利授予他人行使,而在票据背面或者粘单上记载有关事项并签章的行为。

背书按照目的不同可以分为转让背书和非转让背书。

(1) 转让背书。转让背书是以持票人将票据权利转让给他人为目的。

(2) 非转让背书。非转让背书是将一定的票据权利授予他人行使,包括委托收款背书和质押背书。

3. 承兑

承兑是指汇票付款人承诺在汇票到期日支付汇票金额并签章的行为。承兑仅适用于商业汇票,其他票据是即期票据,不需要承兑。

4. 保证

保证是指票据债务人以外的人,为担保特定债务人履行票据债务而在票据上记载有关事项并签章的行为。被保证的票据,保证人应当与被保证人对持票人承担连带责任。

【思考 2-34】下列各项中,属于票据行为的有(   )。

    A. 出票   B. 保证   C. 背书   D. 付款

【解析】正确答案是 ABC。付款不是票据行为,是票据的权利之一。票据行为是"以发生票据债务为目的"。

(四)票据当事人

票据当事人可分为基本当事人和非基本当事人。

1. 基本当事人

基本当事人是指在票据做成和交付时就已存在的当事人,是构成票据法律关系的必要主体。它包括出票人、付款人和收款人。

2. 非基本当事人

非基本当事人是指在票据做成或交付后,通过一定的票据行为加入票据关系而享有一定权利、承担一定义务的当事人。它包括承兑人、背书人、被背书人、保证人等。非基本当事人是否存在,取决于相应票据行为是否发生。

【思考 2-35】下列各项中,属于票据基本当事人的有(   )。

    A. 承兑人   B. 出票人   C. 付款人   D. 收款人

【解析】正确答案是 BCD。承兑人是非基本当事人。

(五)票据权利与票据责任

1. 票据权利

票据权利是指票据持票人向票据债务人请求支付票据金额的权利,包括付款请求权和追索权。

（1）付款请求权。它是指持票人向汇票的承兑人、本票的出票人、支出的付款人出示票据要求付款的权利，是第一顺序权利，又称主要票据权利。①行使付款请求权的持票人可以是票据记载的收款人或最后被背书人；②担负付款义务的主要是主债务人。

（2）追索权。它是指票据当事人行使付款请求权遭到拒绝或有其他法定原因存在时，向其前手请求偿还票据金额及其他法定费用的权利，是第二顺序权利，又称偿还请求权利。

行使追索权的当事人除票据记载的收款人和最后被背书人外，还可能是代为清偿票据债务的保证人、背书人。持票人可以不按照票据债务人的先后顺序，对其中任何一人、数人或全体行使追索权。持票人对票据债务人中的一人或数人已经进行追索的，对其他票据债务人仍可以行使追索权。被追索人清偿债务后，与持票人享有同一权利。

票据的取得，必须给付对价，即应当给付票据双方当事人认可的相对应的代价。但是，因税收、继承、赠与可以依法无偿取得票据的，则不受给付对价的限制，但不能优于前手。

取得票据享有票据权利的情形包括：①依法接受出票人签发的票据；②依法接受背书转让的票据；③因税收、继承、赠与可以依法无偿取得票据。

下列情形之一的，不享有票据权利：①以欺诈、偷盗或者胁迫等手段取得票据的，或者明知有前列情形，出于恶意取得票据的；②持票人因重大过失取得不符合《票据法》规定的票据。

【思考2-36】下列属于票据权利的有（　　）。
　　A. 付款请求权　　　　　　　　B. 利益返还请求权
　　C. 追索权　　　　　　　　　　D. 票据返还请求权
【解析】正确答案是AC。票据权利包括付款请求权和追索权两个。

2. 票据责任

票据责任是指票据债务人向持票人支付票据金额的责任。实际工作中，票据债务人承担票据义务一般有以下四种情形。

（1）汇票的承兑人因承兑而应承担付款义务。

（2）本票的出票人因出票而应承担自己付款的义务。

（3）支付的付款人在与出票人有资金关系时承担付款义务。

（4）汇票、本票、支票的背书人，汇票、支票的出票人、保证人，在票据不获承兑或不获付款时承担付款清偿义务。

票据债务人可以对不履行约定义务的与自己有直接债权债务关系的持票人进行抗辩，但不得以自己与出票人或者与持票人的前手之间的抗辩事由，对抗持票人。

【思考2-37】甲签发一张商业汇票给乙，汇票上记载"收款人乙、保证人丙"等事项。乙在法定期限内向甲提示承兑后将该汇票背书转让给丁。丁又将该汇票背书转让张三。张三在法定期限内向付款人请求付款，未获付款。根据《票据法》的规定，下列各项中，应承担该汇票责任的有（　　）。
　　A. 甲　　　　　B. 乙　　　　　C. 丙　　　　　D. 丁
【解析】正确答案是ABCD。持票人可以向一切前手追索。

(六)票据权利丧失补救

票据丧失是指票据因灭失(如不慎被烧毁)、遗失(如不慎丢失)、被盗等原因而使票据权利人脱离其对票据的占有。票据丧失后，可以采取挂失止付、公示催告和普通诉讼三种形式进行补救。

1. 挂失止付

挂失止付是指失票人将丧失票据的情况通知付款人或代理付款人，由接受通知的付款人或代理付款人审查后暂停支付的一种方式。只有确定付款人或者代理付款人的票据丧失时才可以进行挂失止付。其具体包括已承兑的商业汇票、支票、填明"现金"字样和代理付款人的银行汇票、填明"现金"字样的银行本票四种。

【思考 2-38】下列票据中，在丧失后可以挂失止付的有(　　)。
　　A. 已承兑的银行承兑汇票　　　　B. 支票
　　C. 未承兑的商业承兑汇票　　　　D. 未填明"现金"字样的银行本票
【解析】正确答案是 ABD。"未承兑"的商业汇票付款人不明确，无法挂失止付。

付款人或者代理付款人收到挂失止付通知书，应当立即暂停支付。付款人或者代理付款人自收到挂失止付通知书之日起 12 日内没有收到人民法院的止付通知书的，自第 13 日起，挂失止付通知书失效。

挂失止付不是票据丧失后采取的必经措施，是一种暂时的预防措施，最终要申请公示催告或提起普通诉讼。

2. 公示催告

公示催告是指在票据丧失后，由失票人请求人民法院以公告方式通知不确定的利害关系人限期申报权利，逾期未申报者，则权利失效，而由法院通过除权判决宣告所丧失的票据无效的制度或程序。失票人应当在通知挂失止付后 3 日内，也可以在票据丧失后，依法向票据支付地人民法院申请公示催告。申请公示催告的主体必须是可以背书转让的票据的最后持票人。

人民法院决定受理公示催告申请，应当同时通知付款人及代理付款人停止支付，并自立案之日起 3 日内发出公告，催促利害关系人申报权利。

付款人或者代理付款人收到人民法院发出的止付通知，应当立即停止支付，直至公示催告程序终结。非经发出止付通知的人民法院许可，擅自解付的，不得免除票据责任。

人民法院决定受理公示催告申请后发布的公告应当在全国性的报刊上登载。公示催告期间，国内票据自公告发布之日起 60 日，涉外票据可根据具体情况适当延长，但最长不得超过 90 日。在公示催告期间，转让票据权利的行为无效。

3. 普通诉讼

普通诉讼是指丧失票据的人为原告，以承兑人或出票人为被告，请求法院判决其向失票人付款的诉讼活动。如果与票据上的权利有利害关系的人是明确的，则无须公示催告，可以按一般的票据纠纷直接向法院提起诉讼(即普通诉讼)。

【思考 2-39】下列说法中，正确的有（　　）。
A. 申请公示催告必须先申请挂失止付
B. 办理挂失止付应有确定的付款人，因此未填明代理付款人的银行汇票不得挂失止付
C. 未填明"现金"字样的银行本票和银行汇票不能挂失止付
D. 公示催告可以在当地晚报上刊发

【解析】正确答案是 BC。挂失止付不是票据丧失后采取的必经措施，是一种暂时的预防措施。公示催告的公告应当在全国性的报刊上登载。

二、支票

(一)支票概述

支票是指由出票人签发的、委托办理支票存款业务的银行在见票时无条件支付确定的金额给收款人或者持票人的票据。

1. 支票的适用范围

单位和个人的各种款项结算，均可以使用支票。2007 年 7 月 8 日，中国人民银行宣布，支票可以实现全国范围内互通使用。支票没有金额起点和最高限额。

2. 支票的基本当事人

支票的基本当事人包括出票人、付款人和收款人。
(1) 出票人。即存款人，是指在银行开立使用支票存款账户的单位和个人。
(2) 付款人。支票的付款人是出票人的开户银行。
(3) 收款人。支票上填明的收款人，也可以是经背书转让的被背书人。

3. 背书转让

支票可以背书转让，但用于支取现金的支票不能背书转让。

(二)支票的种类

支票分为现金支票、转账支票和普通支票。

1. 现金支票

现金支票只能用于支取现金，且不可以背书转让。现金支票票样如图 2-1 所示。

图 2-1　现金支票

2. 转账支票

转账支票只能用于转账，可以背书转让。转让支票票样如图 2-2 所示。

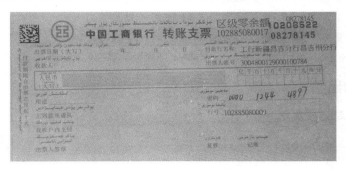

图 2-2　转账支票

3. 普通支票

普通支票可以用于支取现金，也可用于转账。普通支票票样如图 2-3 所示。

在普通支票左上角划两条平行线的为划线支票，划线支票只能用于转账，不能支取现金。划线支票票样如图 2-4 所示。

图 2-3　普通支票

图 2-4　划线支票

【思考 2-40】下列有关支票的表述中，正确的有(   )。
　　A. 转账支票可以用于支取现金，也可用于转账
　　B. 现金支票可以用于支取现金，也可用于转账
　　C. 普通支票可以用于支取现金，也可用于转账
　　D. 用于支取现金的支票可以背书转让
【解析】正确答案是 C。只有普通支票是"多功能"的，现金支票不可以转让。

(三) 支票的出票

1. 支票的绝对记载事项

绝对记载事项也称必须记载事项，是指如若不记载，票据行为即为无效的事项。签发支票时的绝对记载事项有以下六个。

(1) 表明"支票"的字样。
(2) 无条件支付的委托。
(3) 确定的金额。
(4) 付款人名称。
(5) 出票日期。
(6) 出票人签章。

其中，支票的金额、收款人名称可以由出票人授权补记，未补记前不得背书转让和提示付款。

2. 支票的相对记载事项

相对记载事项是指除了必须记载事项外，《票据法》规定的其他应记载的事项，这些事项如果未记载，由法律另作相应规定予以明确，并不影响票据的效力。

支票的相对记载事项包括付款地和出票地。

(1) 付款地。支票上未记载付款地的，付款人的营业场所为付款地。
(2) 出票地。支票上未记载出票地的，出票人的营业场所、住所或者经常居住地为出票地。

此外，支票上可以记载非法定记载事项，但这些事项并不发生支票上的效力，如签发支票的用途等。

3. 出票的效力

(1) 出票人做成支票并交付之后，出票人必须在付款人处存有足够可处分的资金，以保证支票票款的支付。
(2) 当付款人对支票拒绝付款或者超过支票付款提示期限的，出票人应向持票人承担付款责任。

【思考 2-41】下列各项中，属于签发支票时的绝对记载事项的有(   )。
　　A. 收款人名称　　　　　　B. 出票日期
　　C. 付款人名称　　　　　　D. 出票人签章
【解析】正确答案是 BCD。签发支票时绝对记载事项有六个，没有收款人，"收款人"和"金额"可以授权补记。

(四)支票的付款

支票限于见票即付,不得另行记载付款日期,另行记载付款日期的,该记载无效(支票仍然有效)。

1. 提示付款期限

支票的持票人应当自出票日起 10 日内提示付款;异地使用的支票,其提示付款的期限由中国人民银行另行规定。超过提示付款期提示付款的,付款人(开户银行)不予付款,但出票人仍应当对持票人承担票据责任(付款责任)。

2. 付款

出票人在付款人处的存款足以支付支票金额时,付款人应当在见票当日足额付款。

3. 付款责任的解除

付款人依法支付支票金额的,对出票人不再承担受委托付款的责任,对持票人不再承担付款的责任,但付款人以恶意或者有重大过失付款的除外。

(五)支票的办理要求

1. 签发支票的要求

(1) 签发支票应当使用碳素墨水或墨汁填写,中国人民银行另有规定的除外。
(2) 签发现金支票和用于支取现金的普通支票,必须符合国家现金管理的规定。
(3) 支票的出票人签发支票的金额不得超过付款时在付款人处实有的存款金额。禁止签发空头支票。
(4) 支票的出票人预留银行签章是银行审核支票付款的依据;银行也可以与出票人约定使用支付密码,作为银行审核支付支票金额的条件。
(5) 出票人不得签发与其预留银行签章不符的支票;使用支付密码的,出票人不得签发支付密码错误的支票。
(6) 出票人签发空头支票、签章与预留银行签章不符的支票,使用支付密码的地区,支付密码错误的支票,银行应予以退票,并按票面金额处以 5%但不低于 1 000 元的罚款;持票人有权要求出票人赔偿支票金额 2%的赔偿金。对屡次签发的,银行应停止其签发支票。

【思考 2-42】某公司签发了一张面额为 3 万元的空头支票,银行应对其罚款多少?若签发面额为 1 万元的空头支票,罚款为多少?

【解析】签发 3 万元的空头支票,罚款为 1 500(30 000×5%)元。签发 1 万元空头支票,罚款为 1 000 元(10 000×5%=500 元,小于 1 000 元,最低罚款额不得低于 1 000 元)。

2. 兑付支票的要求

(1) 持票人可以委托开户银行收款或直接向付款人提示付款。用于支取现金的支票仅限于收款人向付款人提示付款(现金支票不得转让,只能由收款人提示付款)。
(2) 持票人委托开户银行收款时,应作委托收款背书,在支票背面"背书人签章"栏签章,记载"委托收款"字样、背书日期,在"被背书人"栏记载开户银行名称,并将支票和填制的进账单送交开户银行。

(3) 持票人持用于转账的支票向付款人提示付款时，应在支票背面"背书人签章"栏签章，并将支票和填制的进账单交送出票人开户银行。收款人持用于支取现金的支票向付款人提示付款时，应在支票背面"收款人签章"栏签章。持票人为个人的，还需交验本人身份证件，并在支票背面注明证件名称、号码及发证机关。

【思考2-43】下列关于支票特点的说法中，正确的有(　　)。
　　A. 见票即付　　　　　　　　B. 可以透支
　　C. 无条件支付　　　　　　　D. 没有金额限制

【解析】正确答案是ACD。支票没有金额限制，但是不能透支。

【案例分析2-2】王某和张某是两个刚刚从事会计工作的年轻人，对相关财经法规还不够熟悉。2017年王某向张某签发一张16 000元的转账支票以及一张1 200元的现金支票，王某在签发支票时使用普通的蓝色水笔填写，没有签章。张某将16 000元的转账支票交给银行，银行不予转账，退还了支票，并且提出要对王某进行处罚。张某将1 200元的现金支票背书转让给徐某，徐某是一位从业多年的经验丰富的财务人员，拒绝接受张某转让，认为支票不合法。王某的开户银行是工商银行广州市城南支行，账户余额只有15 000元。根据资料，回答以下问题。

(1) 在王某对张某开具支票的行为中，支票基本的当事人中，出票人、付款人和收款人分别是(　　)。
　　A. 工商银行广州市城南支行，张某，王某
　　B. 工商银行广州市城南支行，王某，张某
　　C. 张某，工商银行广州市城南支行，王某
　　D. 王某，工商银行广州市城南支行，张某

(2) 王某在对张某签发支票时，存在的错误之处有(　　)。
　　A. 现金支票超出了最高限额　　　B. 用普通蓝色水笔填写
　　C. 没有签章　　　　　　　　　　D. 账户余额不足

(3) 银行有权对出票人处以的罚款金额为(　　)元。
　　A. 320　　　　B. 800　　　　C. 1 000　　　　D. 1 500

(4) 支票按照支付票款方式的不同可以分为(　　)类。
　　A. 2　　　　　B. 3　　　　　C. 4　　　　　　D. 5

(5) 下列各项中，可以支取现金的支票有(　　)。
　　A. 现金支票　　　　　　　　B. 转账支票
　　C. 普通支票　　　　　　　　D. 划线支票

【解析】(1)正确答案是D。支票的付款人是开户银行。(2)正确答案是BCD。支票没有最高限额限制。(3)正确答案是C。16 000×5%=800元，小于1 000元，罚款不低于1 000元。(4)正确答案是B。支票分现金支票、转账支票和普通支票三类。(5)正确答案是AC。转账支票只能转账，划线支票也只能用于转账。

三、商业汇票

(一)商业汇票的概念和种类

1. 商业汇票的概念

商业汇票是指由出票人签发的，委托付款人在指定日期无条件支付确定金额给收款人

或者持票人的票据。

办理电子商业汇票业务，还应同时具备签约开办对公业务的企业网银等电子服务渠道、与银行签订电子商业汇票业务服务协议。同时开办对公业务、拥有大额支付系统账号、具有组织机构代码及人民银行规定的其他条件。单张出票金额在 100 万元以上的商业汇票原则上应全部通过电子商业汇票办理；单张出票金额在 300 万元以上的商业汇票应全部通过电子商业汇票办理。

纸质商业汇票的付款期限最长不得超过 6 个月；电子承兑汇票期限自出票日至到期日不超过 1 年。

2. 商业汇票的种类

根据承兑人不同，商业汇票分为商业承兑汇票和银行承兑汇票。商业汇票的付款人为承兑人。即承兑人是商业汇票的主债务人。

【思考 2-44】甲公司从乙公司购买原材料，向乙公司出具了一张面额为 30 万元、3 个月到期的银行承兑汇票，承兑人为甲公司的开户行工商银行。丙公司为保证人，该商业汇票的付款人是(   )。

　　A. 甲公司　　　　　　　　　　B. 乙公司
　　C. 甲公司的开户行工商银行　　D. 丙公司

【解析】正确答案是 C。商业汇票的付款人是"承兑人"。承兑人是主债务人。如果没有承兑，主债务人是"出票人"。

(1) 商业承兑汇票。它是指由银行以外的付款人承兑。一般是付款人承兑，到期如果承兑人银行账户存款不足，则存在退票的风险。商业承兑汇票票样如图 2-5 所示。

图 2-5　商业承兑汇票

(2) 银行承兑汇票。它是指由银行承兑的商业汇票。银行承兑汇票的出票人于汇票到期日未能足额交存票款时，承兑银行应当凭票向持票人无条件付款(无条件垫付)。同时，对出票人尚未支付的汇票金额按照每天 5‰ 计收利息。银行承兑汇票票样如图 2-6 所示。

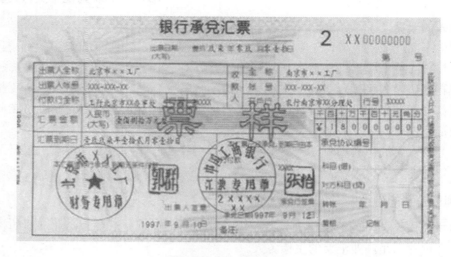

图 2-6　银行承兑汇票

(二)商业汇票的出票

1. 出票人的确定

商业汇票的出票人，为在银行开立存款账户的法人以及其他组织，与付款人具有真实的委托付款关系，具有支付汇票金额的可靠资金来源。即商业汇票的出票人是单位，自然人是不能使用商业汇票的。

2. 商业汇票的绝对记载事项

签发商业汇票必须记载下列事项，欠缺记载下列事项之一的，商业汇票无效。
(1) 表明"商业承兑汇票"或"银行承兑汇票"的字样。
(2) 无条件支付的委托。
(3) 确定的金额。
(4) 付款人名称。
(5) 收款人名称。
(6) 出票日期。
(7) 出票人签章。

3. 商业汇票的相对记载事项

商业汇票的相对记载事项的内容主要包括以下三点。
(1) 汇票上未记或付款日期的，视为见票即付。
(2) 汇票上未记或付款地的，付款人的营业场所、住所或者经常居住地为付款地。
(3) 汇票上未记或出票地的，出票人的营业场所、住所或者经常居住地为出票地。
此外，汇票上可以记载非法定记载事项，但这些事项不具有汇票上的效力，如合同号、用途等。

【思考 2-45】下列各项中，属于商业汇票绝对记载事项的有(　　)。
　　A. 出票人签章　　　　B. 无条件支付的委托
　　C. 付款日期　　　　　D. 收款人名称

【解析】正确答案是 ABD。"付款日期"不是绝对记载事项。关于绝对记载事项可以按"3+3"对号入座,即"3"个基本当事人(收款人、付款人、出票人)和票据上"3"个不得更改事项(收款人、出票日期、出票人签章)。"票样"和"无条件支付"是所有票据的绝对记载事项。

4. 商业汇票出票的效力

出票人依照《票据法》的规定完成出票行为之后,即产生票据上的效力。其具体包括以下三点。

(1) 对收款人的效力。收款人取得汇票后,即取得票据权利。

(2) 对付款人的效力。付款人在对汇票承兑后,即成为汇票上的主债务人。需要注意的是,付款人只有"承兑后"才成为主债务人,如果付款人没有承兑,主债务人是"出票人"。

(3) 对出票人的效力。出票人签发汇票后,即承担保证该汇票承兑和付款的责任。

(三)商业汇票的承兑

承兑是指汇票付款人承诺在汇票到期日支付汇票金额的票据行为。承兑是商业汇票特有的制度。商业承兑汇票可以由付款人签发并承兑,也可以由收款人签发交由付款人承兑。

1. 承兑的程序

1) 提示承兑

一般情况下,"到期前"提示承兑。汇票未按规定期限提示承兑的,持票人丧失对其前手的追索权(出票人即主债务人仍应承担付款责任)。

(1) 定日付款或者出票后定期付款的汇票,持票人应当在汇票到期日前向付款人提示承兑。

(2) 见票后定期付款的汇票,持票人应当自出票日起 1 个月内向付款人提示承兑。

(3) 见票即付的汇票无须提示承兑。

【思考 2-46】关于商业汇票的提示承兑期限,下列说法中正确的有(   )。

    A. 见票即付的汇票,无须提示承兑
    B. 见票即付的汇票,自出票日起 1 个月内向付款人提示承兑
    C. 定日付款的汇票,在汇票到期日前向付款人提示承兑
    D. 见票后定期付款的汇票,自出票日起 1 个月内提示承兑

【解析】正确答案是 ACD。见票即付的汇票如支票、银行汇票无须承兑。"见票后"定期付款的汇票(见票后才能定到期日),自出票日起 1 个月内提示承兑。

2) 承兑成立

(1) 承兑时间。付款人对向其提示承兑的汇票,应当自收到提示承兑的汇票之日起 3 日内承兑或者拒绝承兑。如果付款人在 3 日内不作承兑与否表示的,则应视为拒绝承兑。持票人可以请求其作出拒绝承兑证明,向其前手行使追索权。

(2) 接受承兑。付款人收到持票人提示承兑的汇票时,应当向持票人签发收到汇票的回单。回单上应当记明汇票提示承兑日期并签章。回单是付款人向持票人出具的已收到请求承兑汇票的证明。

(3) 承兑的格式。付款人承兑汇票的，应当在汇票正面记载"承兑"字样和承兑日期并签章；见票后定期付款的汇票，应当在承兑时记载付款日期。汇票上未记载承兑日期的，以3日承兑期的最后一日为承兑日期。上列应记载事项必须记载于汇票的正面。

(4) 退回已承兑的汇票。付款人依承兑格式填写完毕应记载事项并将已承兑的汇票退回持票人后才产生承兑的效力。

【思考2-47】下列各项中，属于承兑绝对记载事项的有(　　)。
　　A. "承兑"字样　　　　　　B. 承兑人签章
　　C. 承兑日期　　　　　　　D. 承兑的条件

【解析】正确答案是AB。承兑日期属于"相对事项"，未记载的，以3日承兑期的最后一日为承兑日期。承兑"不得"附条件。

2. **承兑的效力**

(1) 承兑人于汇票到期日必须向持票人无条件地支付汇票上的金额，否则其必须承担迟延付款责任。

(2) 承兑人必须对汇票上的一切权利人承担责任，该权利人包括付款请求权人和追索权人。

(3) 承兑人不得以其与出票人之间的资金关系来对抗持票人，拒绝支付汇票金额。

(4) 承兑人的票据责任不因持票人未在法定期限提示付款而解除。

【思考2-48】4月1日，甲公司给乙公司出具了一张面额20万元、3个月到期的银行承兑汇票，工商银行进行了承兑。乙公司背书转让给了丙公司，丙公司又背书转让给丁公司。丁公司于8月5日(超过法定提示付款期限：到期日起10天提示付款)才委托其开户行农业银行提示付款，农业银行拒绝受理。那么，丁公司应向(　　)请求付款。
　　A. 甲公司　　　B. 乙公司　　　C. 工商银行　　　D. 丙公司

【解析】正确答案是C。过期提示付款同过期提示承兑，丧失对前手的追索权，只能找"第一责任人"即"主债务人"追要。本案中，工商银行是承兑人，因此工商银行是主债务人，其责任"不因持票人未在法定期限提示付款而解除"。

3. **承兑不得附有条件**

付款人承兑商业汇票，不得附有条件；承兑附有条件的，视为拒绝承兑。银行承兑汇票的承兑银行，应当按照票面金额向出票人收取5‰的手续费。

【思考2-49】甲公司给乙公司签发一张银行承兑汇票，请工商银行承兑，工商银行承兑时，写道"到期有钱再付"，并签章承兑。工商银行是否已经承兑？该票据的主债务人是谁？

【解析】工商银行并没有承兑。虽然工商银行签章承兑，但是，写道"到期有钱再付"，即"附有条件"。承兑附有条件的，视为拒绝承兑。由于该票据没有承兑，所以主债务人是出票人——甲公司。

(四)商业汇票的付款

商业汇票的付款是指付款人依据票据文义支付票据金额，以消灭票据关系的行为。

1. 提示付款

一般情况下，"到期日起 10 日内"向承兑人提示付款。持票人未按照上述规定期限提示付款的，在作出说明后，承兑人或者付款人仍应当继续对持票人承担付款责任。

持票人应当按照下列法定期限提示付款。

(1) 定日付款、出票后定期付款或者见票后定期付款的汇票，自到期日起 10 日内向承兑人提示付款。

(2) 见票即付的汇票，自出票日起 1 个月内向付款人提示付款。

2. 支付票款

持票人付款提示后，付款人依法审查无误后必须无条件地在当日按票据金额足额支付给持票人。否则，应承担迟延付款的责任。

3. 付款的效力

付款人依法足额付款后，全体汇票债务人的责任解除。

【思考 2-50】下列关于商业汇票提示付款期限的说法中，正确的有(　　)。
  A. 见票即付的汇票，无须提示付款
  B. 见票即付的汇票，自出票日起 1 个月内向付款人提示付款
  C. 定日付款的汇票，自到期日起 10 日内向承兑人提示付款
  D. 见票后定期付款的汇票，自到期日起 10 日内向承兑人提示付款

【解析】正确答案是 BCD。"所有"票据"均须提示付款"。而"提示承兑"仅限商业汇票。商业汇票是"远期"票据，"只有到期"才能取钱，因此提示付款期限一般为"到期日起 10 日内"。但是"见票即付"的汇票，如银行汇票，自"出票日"起 1 个月内提示付款。

(五)商业汇票的背书

商业汇票的背书是指以转让商业汇票权利或者将一定的商业汇票权利授予他人行使为目的，按照法定的事项和方式在商业汇票背面或者粘单上记载有关事项并签章的票据行为。

出票人在汇票上记载"不得转让"字样，则该汇票不得转让。

1. 背书记载事项

(1) 绝对记载事项。背书人签章和被背书人名称。

如果背书人签章后，未记载被背书人名称即将票据交付他人的，持票人在票据被背书人栏内记载自己的名称，与背书人记载具有同等法律效力。

背书未记载日期的，视为汇票到期日前背书，即背书日期属于相对事项。

(2) 禁止背书的记载。背书人在汇票上记载"不得转让"字样，其后手再背书转让的，原背书人对后手的被背书人不承担保证责任。

【思考 2-51】甲公司向乙公司签发了一张商业承兑汇票，乙公司背书转让给丙公司，丙公司背书转让给丁公司时，在背书栏写了"不得转让"字样，后丁公司又背书转让给了戊公司。汇票到期，戊公司依法提示付款，因甲公司账上没钱遭到退票。试分析戊公司可以向谁主张行使追索权？

【解析】可以向甲、乙、丁公司主张行使追索权。不能向丙公司追索。因为丙公司在背书转让时,记载了"不得转让"字样,虽然汇票仍然可以转让,但是记载人丙公司只对丁公司负责,不对丁公司后面的人负责。注意背书人记载"不得转让"与出票人记载"不得转让"的区别。本案中,若是甲公司出票时记载了"不得转让",则该票据不能转让,意即出票人将票据的"流通性"废除,后来流转均无效,丙、丁、戊公司均不拥有票据权利。

(3) 背书时粘单的使用。票据凭证不能满足背书人记载事项的需要,可以加附粘单,粘附于票据凭证上。第一位使用粘单的背书人必须将粘单粘接在票据上,并且在汇票和粘单的粘接处签章,否则该粘单记载的内容即为无效。粘单使用式样如图 2-7 所示。

被背书人:乙公司	被背书人:丙公司		被背书人:丁公司	被背书人

图 2-7　粘单使用式样(第一位使用人在粘接处签章)

(4) 背书不得记载的事项有以下两项:①附有条件的背书。背书时附有条件的,所附条件不具有汇票上的效力,即"所附条件"无效,但背书转让行为有效。②部分背书。它是指背书人在背书时,将汇票金额的一部分或者将汇票金额分别转让给两人以上的背书。部分背书属于无效背书。

【思考 2-52】下列各项中,属于无效背书的有(　　)。
　　A. 将汇票金额的一部分转让　　B. 将汇票金额分别转让给甲、乙二人
　　C. 在背书时附条件　　D. 没有记载背书日期的背书

【解析】正确答案是 AB。背书附条件时,"条件"无效,"背书行为"有效。背书日期为"相对记载事项",未记载的,视为汇票"到期日"前背书。

2. 背书连续

背书连续是指在票据转让中,转让汇票的背书人与受让汇票的被背书人在汇票上的签章依次前后衔接。已背书转让的汇票,背书应当连续。具体来说,第一背书人为票据收款人,最后持票人为最后背书的被背书人,中间的背书人为前手背书的被背书人。

【思考 2-53】收款人为 A 公司的商业汇票,其背书是否连续?粘单如图 2-8 所示。

被背书人:甲公司	被背书人:乙公司	被背书人:丙公司

图 2-8　粘单

【解析】背书连续。第一次背书的人是收款人 A，第二次背书的人"甲公司"为上一次的"被背书人"，依次衔接。

3. 法定禁止背书

法定禁止背书是指根据《票据法》的规定而禁止背书转让的情形。法定禁止背书的情形有以下三种。

(1) 被拒绝承兑的汇票。
(2) 被拒绝付款的汇票。
(3) 超过付款提示期限的汇票。

(六)商业汇票的保证

1. 保证的当事人

保证的当事人为保证人与被保证人。保证应由汇票债务人以外的他人承担。

2. 保证的格式

保证人必须在汇票或粘单上记载下列事项：①表明"保证"的字样；②保证人名称和住所；③被保证人的名称；④保证日期；⑤保证人签章。其中，绝对记载事项为："保证"字样和保证人签章。

保证人未记载被保证人名称，已承兑的票据，承兑人为被保证人；未承兑的票据，出票人为被保证人，即推定第一责任人(主债务人)为被保证人。未记载"保证日期"的，出票日期为保证日期。

票据保证事项必须记载于汇票或粘单上，如果另行签订保证合同或保证条款的，不属于票据的保证，应当适用《中华人民共和国担保法》的有关规定。

保证不得附有条件，附有条件的，所附条件无效，保证行为有效。

【思考 2-54】下列各项中，属于保证绝对记载事项的有(　　)。

A. 保证文句　　　　　　B. 保证人签章
C. 被保证人名称　　　　D. 保证日期

【解析】正确答案是 AB。被保证人和保证日期为相对记载事项。未记载被保证人的，以"主债务人"即承兑人或出票人为被保证人。未记载保证日期的，以"出票日期"为保证日期。

3. 保证的效力

(1) 保证人的责任。被保证的汇票，保证人应当与被保证人对持票人承担连带责任。即汇票到期后得不到付款的，持票人有权向保证人请求付款，保证人应当足额付款。
(2) 共同保证人的责任。保证人为两人以上的，保证人之间承担连带责任。
(3) 保证人的追索权。保证人清偿汇票债务后，可以行使持票人对被保证人及其前手的追索权。

【案例分析 2-3】2017 年 3 月 11 日，甲公司签发一张商业汇票，收款人为乙公司，到期日为 2017 年 9 月 11 日，甲公司的开户银行工商银行为该汇票承兑。2017 年 6 月 30 日，乙公司从丙公司采购一批货物，将该汇票背书转让给丙公司。丙公司 9 月 30 日持该汇票到其开户银行建设银行办理委托收款，建设银行为丙公司办理了委托收款手续。工商银行收到委托收款凭证后，拒绝付款。根据票据资料，回答以下问题。

(1) 丙公司应去银行办理该汇票提示付款的期限是(　　)。
　　A. 自该汇票转让给丙公司之日起 10 日内
　　B. 自该汇票转让给丙公司之日起 1 个月内
　　C. 自该汇票到期日起 10 日
　　D. 自该汇票到期日起 1 个月
(2) 该汇票的付款人是(　　)。
　　A. 甲公司　　　B. 工商银行　　　C. 乙公司　　　D. 建设银行
(3) 在不考虑委托收款背书的情况下，下列关于确定该汇票非基本当事人的表述中，正确的是(　　)。
　　A. 背书人是乙公司　　　　　　B. 被背书人是丙公司
　　C. 承兑人是工商银行　　　　　D. 出票人是甲公司
(4) 下列关于银行是否应受理该汇票并承担付款责任的判断中，正确的是(　　)。
　　A. 建设银行不应受理　　　　　B. 建设银行应当受理
　　C. 工商银行不再承担付款责任　D. 工商银行仍应承担付款责任
(5) 丙公司委托收款被工商银行拒绝后，正确的做法是(　　)。
　　A. 向甲公司进行追索
　　B. 向乙公司进行追索
　　C. 出具书面说明，再次要求建设银行发出委托收款
　　D. 出具书面说明，直接到工商银行提示付款

【解析】(1) 正确答案是 C。商业汇票"自到期日起"10 日内提示付款。(2) 正确答案是 B。商业汇票的付款人是"承兑人"；(3) 正确答案是 ABC。出票人甲公司是"基本当事人"。(4) 正确答案是 AD。过期提示付款，银行不应受理。但是，"第一责任人"即承兑人工商银行的票据责任"不因持票人未在法定期限提示付款而解除"。(5) 正确答案是 D。未按期提示付款，丧失对前手的追索权。在作出说明后，"第一责任人"即承兑人工商银行仍应当继续对持票人承担付款责任。

四、银行汇票

(一)银行汇票的概念

银行汇票是由出票银行签发的，在见票时按照实际结算金额无条件支付给收款人或者持票人的票据。

(二)银行汇票的适用范围

单位和个人在异地、同城或同一票据交换区域的各种款项结算，均可使用银行汇票。

(三)银行汇票的记载事项

银行汇票的绝对记载事项包括以下几点。
(1) 表明"银行汇票"的字样。

(2) 无条件支付的承诺。
(3) 确定的金额。
(4) 付款人名称。
(5) 收款人名称。
(6) 出票日期。
(7) 出票人签章。

汇票上未记载上述事项之一的，汇票无效。

银行汇票票样如图 2-9 所示。

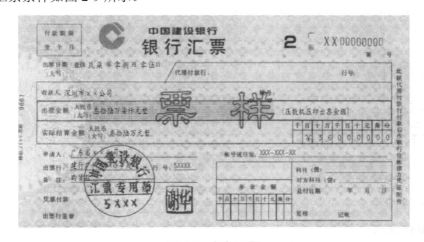

图 2-9　银行汇票

(四)银行汇票的基本规定

(1) 银行汇票可以用于转账，填明现金字样的"银行汇票"也可以提取现金。签发现金银行汇票，申请人和收款人必须均为个人。有一方是单位的，银行不得为其签发现金银行汇票。

(2) 银行汇票的付款人为银行汇票的出票银行，银行汇票的付款地为代理付款人或出票人所在地。

(3) 银行汇票的出票人在票据上的签章，应为经中国人民银行批准使用的该银行汇票专用章加其法定代表人或其授权经办人的签名或盖章。

(4) 银行汇票的提示付款期限自出票日起 1 个月内。持票人超过付款期限提示付款的，代理付款人(银行)不予受理。

(5) 银行汇票可以背书转让，但填明"现金"字样的银行汇票不得背书转让。银行汇票的背书转让以不超过出票金额的实际结算金额为准。未填写实际结算金额或实际结算金额超过出票金额的银行汇票不得背书转让。

(6) 填明"现金"字样和代理付款人的银行汇票丧失，可以由失票人通知付款人或者代理付款人挂失止付。

(7) 银行汇票丧失，失票人可以凭人民法院出具的其享有票据权利的证明，向出票银行请求付款或退款。

(五)银行汇票申办和兑付的基本规定

收款人受理银行汇票依法审查无误后,应在出票金额以内,根据实际需要的款项办理结算,并将实际结算金额和多余金额填入银行汇票和解讫通知的有关栏内。未填明实际结算金额和多余金额或实际结算金额超过出票金额的,银行不予受理。银行汇票的实际结算金额不得更改,更改实际结算金额的银行汇票无效。

持票人向银行提示付款时,必须同时提交银行汇票和解讫通知,缺少任何一联,银行不予受理。

持票人超过提示付款期限向代理付款银行提示付款而不获付款的,必须在票据权利时效内向出票银行作出说明,并提供本人身份证件或单位证明,持银行汇票和解讫通知向出票银行请求付款。

【思考 2-55】银行汇票的提示付款期限为(　　)。
　　A. 自到期之日起 10 日内　　　　B. 自出票日起 1 个月内
　　C. 自出票日起 10 日内　　　　　D. 自出票日起 2 个月内
【解析】正确答案是 B。只有商业汇票自"到期之日"起算。其他票是见票即付票,均以"出票日"起算。选项 C 是支票的提示付款期限;选项 D 是银行本票的提示付款期限。

五、银行本票

(一)银行本票的概念

银行本票是出票人签发的,承诺自己在见票时无条件支付确定的金额给收款人或者持票人的票据。

银行本票的基本当事人只有两个:出票人和收款人,没有付款人,因为银行本票是"承诺自己"在见票时无条件付款,是"自付票",其出票人就是付款人。

(二)银行本票的适用范围

单位和个人在同一票据交换区域需要支付的各种款项,均可以使用银行本票。银行本票可以用于转账,表明"现金"字样的银行本票可以用于支取现金(现金银行本票不可以转让)。申请人或收款人为单位的,不得申请签发现金银行本票,双方均为"个人"的,方可申请签发现金银行本票。

(三)银行本票的记载事项

银行本票必须记载下列事项。
(1) 表明"银行本票"的字样。
(2) 无条件支付的承诺。
(3) 确定的金额。
(4) 收款人名称。
(5) 出票日期。
(6) 出票人签章。

银行本票票样如图 2-10 所示。

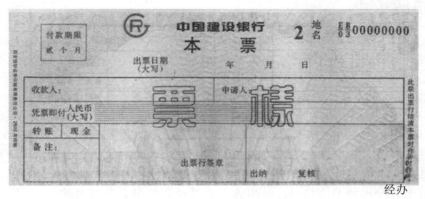

图 2-10　银行本票

【思考 2-56】下列各项中，属于银行本票的绝对记载事项的有(　　)。
A. 无条件支付的承诺　　　B. 出票日期
C. 收款人名称　　　　　　D. 付款人名称
【解析】正确答案是 ABC。银行本票是"自付票"，绝对记载事项中没有"付款人名称"。注意与支票的区别，支票没有"收款人名称"。

(四)银行本票的提示付款期限

银行本票的提示付款期限自出票日起最长不得超过 2 个月。持票人超过付款期限提示付款的，代理付款人不予受理。本票的持票人未按照规定期限提示见票的，丧失对出票人以外的前手的追索权，即仍然可以向出票人追索。

【思考 2-57】下列票据中，允许个人使用的有(　　)。
A. 支票　　　　　　　　　B. 银行承兑汇票
C. 银行本票　　　　　　　D. 银行汇票
【解析】正确答案是 ACD。银行承兑汇票属于"商业汇票"，自然人不得使用，仅限单位使用。

【思考 2-58】银行汇票、商业汇票、银行本票、支票有什么区别？
【解析】区别如表 2-3 所示。

表 2-3　汇票、本票、支票的区别

票据种类		提示承兑	提示付款	付款人	使用人及区域
商业汇票	定日付款	到期前	到期日 10 日	承兑人	仅限单位
	出票后定期付款				
	见票后定期付款				
	见票即付	无须承兑	出票后 1 个月	开户行	
银行汇票		无须承兑	出票后 1 个月	代理付款人	一切人
银行本票		无须承兑	出票后 2 个月	出票人自付	一切人，同城
支票		无须承兑	出票后 10 日	开户银行	一切人

任务解析

1. A公司不能拒绝向C公司付款。票据是无因证券，见票付款，票据债务不得以自己与出票人或者与持票人的前手之间的抗辩事由，对抗持票人。本案中，票据已合法流转到第三人C公司手中，A公司不能拒绝付款。

2. 如果C公司从B公司无偿受赠获得该商业承兑汇票，A公司可拒绝向C公司付款。《票据法》规定，取得票据应当支付对价，因税收、继承、赠与可以依法无偿取得票据的，则不受给付对价的限制，但所享有的票据权利不得优于其前手的权利。本案中C公司的前手是B公司，B公司给A公司供的货物有质量问题，A公司依法可以对不履行约定义务的与自己有直接债权债务关系的B公司进行抗辩，C公司从B公司无偿获得票据，其权利不能优于其前手B公司的票据权利，因此A公司可以拒绝向C公司付款。

3. 如果C公司在票据到期前不慎将票据丢失了，可以采取挂失止付、公示催告和普通诉讼三种方式进行票据权利的补救。

任务五　规范使用银行卡

案情回放

李某在银行办理了一张贷记卡、一张准贷记卡，透支额度均为20 000元，到期还款日均为次月的25日。5月15日，李某在商场用贷记卡购入10 000元的钻石戒指(假定银行当日记账)。6月15日，李某用准贷记卡购入12 000元的笔记本电脑(假定银行当日记账)，其中，2 000元属于备用金，10 000元为透支；7月15日，李某到银行偿还了准贷记卡的应还款项(日利率5‰)。

工作任务

1. 贷记卡透支可享受的优惠有哪些？
2. 7月15日李某应偿还准贷记卡的金额为多少？

理论认知

一、银行卡的概念与分类

(一)银行卡的概念

银行卡是指经批准由商业银行(含邮政金融机构)向社会发行的具有消费信用、转账结算、存取现金等全部或部分功能的信用支付工具。

(二)银行卡的分类

1. 按照发行主体是否在境内分为境内卡和境外卡

(1) 境内卡是指由境内商业银行发行的，既可以在境内使用，也可以在境外使用的银行卡。

(2) 境外卡是指由境外设立的外资金融机构和外资非金融机构发行的，可以在境内使用的银行卡。

2. 按照是否给予持卡人授信额度分为信用卡和借记卡

(1) 信用卡可以透支，按照是否向发卡银行交存备用金，又可以分为贷记卡和准贷记卡。①贷记卡是指发卡银行给予持卡人一定的信用额度，持卡人可以在信用额度内"先消费、后还款"的信用卡。②准贷记卡是指持卡人必须先按照发卡银行的要求交存一定金额备用金，当备用金余额不足支付时，可以在规定的信用额度内透支的信用卡。

【思考2-59】信用卡按是否向发卡银行交存备用金分为(　　)。
　　A. 借记卡　　　　　　　　B. 贷记卡
　　C. 准贷记卡　　　　　　　D. 人民币卡

【解析】正确答案是BC。先消费、后还款的是贷记卡；先交一定备用金才能透支的是准贷记卡。

(2) 借记卡不能透支，按功能不同又可以分为转账卡、专用卡和储值卡。①转账卡具有转账、存取现金和消费的功能。②专用卡具有转账、存取现金的功能。③储值卡是指银行根据持卡人要求将资金转至卡内储存，交易时直接从卡内扣款的"预付钱包"式借记卡。

3. 按照账户币种不同分为人民币卡、外币卡和双币种卡

(1) 人民币卡是指存款、信用额度均为人民币，并且应当以人民币偿还的银行卡。
(2) 外币卡是指存款、信用额度均为外币，并且应当以外币偿还的银行卡。
(3) 双币种卡是指存款、信用额度同时有人民币和外币两个账户的银行卡。

4. 按照信息载体不同分为磁条卡和芯片卡

(1) 磁条卡是指以液体磁性材料或磁条为信息载体，将液体磁性材料涂覆在卡片上或将宽约614 mm的磁条压贴在卡片上。
(2) 芯片卡又分为纯芯片卡和磁条芯片复合卡。

5. 按照发行对象不同分为个人卡和单位卡

(1) 个人卡是指发卡银行向个人发行的银行卡。
(2) 单位卡是指发卡银行向企业、机关、事业单位和社会团体法人签发的，并由法人授权特定人使用的银行卡。

【思考2-60】下列银行卡中，以是否具有透支功能划分的有(　　)。
　　A. 人民币卡与外币卡　　　　B. 单位卡与个人卡
　　C. 信用卡与借记卡　　　　　D. 磁条卡与芯片卡

【解析】正确答案是C。信用卡可以透支，借记卡不能透支。

二、银行卡账户与交易

(一)银行卡交易的基本规定

1. 单位人民币卡资金使用

单位人民币卡可以办理商品交易和劳务供应款项的结算，但不得透支。单位人民币卡

不得支取现金。

2. 信用卡预借现金业务

1) 信用卡预借现金业务包括现金提取、现金转账和现金充值

现金提取是指通过柜面和自动柜员机(ATM)等自助机具,以现钞形式获得信用卡预借现金额度内资金。

现金转账是指持卡人将信用卡预借现金额度内资金划转到本人银行结算账户。

现金充值是指持卡人将信用卡预借现金额度内资金划转到本人在非银行支付机构开立的支付账户。

2) 交易限额

(1) 持卡人通过自动柜员机等自助机具办理现金提取业务,每卡每日累计不得超过人民币1万元。

(2) 持卡人通过柜面办理现金提取业务,通过各类渠道办理现金转账业务的每卡每日限额,由发卡机构与持卡人通过协议约定。

(3) 发卡机构可自主确定是否提供现金充值服务,并与持卡人协议约定每卡每日限额。

(4) 发卡机构不得将持卡人信用卡预借现金额度内资金划转至其他信用卡,以及非持卡人的银行结算账户或支付账户。

3. 借记卡取现限额

发卡银行应当对借记卡在自动柜员机上取款设定交易上限,每卡每日累计不得超过2万元人民币。储值卡的面值或卡内币值不得超过1 000元人民币。

4. 免息还款期和最低还款额

(1) 贷记卡持卡人非现金交易可享受免息还款额或最低还款额待遇,银行记账日到发卡银行规定的到期还款日之间为免息还款期。持卡人在到期还款日前偿还所使用全部银行款项有困难的,可按照发卡银行规定的最低还款额还款。

(2) 持卡人透支消费享受免息还款期和最低还款额待遇的条件和标准等,由发卡机构自主确定。

5. 款项追偿

发卡银行通过下列途径追偿透支款项和诈骗款项:扣减持卡人保证金、依法处理抵押物和质押物;向保证人追索透支款项;通过司法机关的诉讼程序进行追偿。

【思考 2-61】贷记卡持卡人现金交易可以选择适用免息还款期待遇或者最低还款额待遇。这一说法正确吗?

【解析】不正确。"非"现金交易才能在"免息还款期"和"最低还款额"中选出适用的一种。贷记卡支取现金、准贷记卡透支,均不享受免息还款期待遇和最低还款额待遇。

(二)银行卡的资金来源

1. 单位卡资金来源

单位卡账户的资金一律从其基本存款账户转账存入,不得交存现金,不得将销货收入的款项存入其账户。

2. 个人卡资金来源

个人卡在使用过程中,需要向其账户续存资金的,只限于其持有的现金存入和工资性款项以及属于个人的劳务报酬收入转账存入。严禁将单位的款项存入个人卡账户。

【思考2-62】下列关于单位人民币卡结算使用的表述中,不符合规定的有(　　)。

A. 单位人民币卡账户的资金可以与其他存款账户自由转账
B. 单位人民币卡账户销户时,其资金余额可以提取现金
C. 单位人民币卡可以办理商品和劳务结算
D. 不得将销货收入直接存入单位人民币卡账户

【解析】正确答案是AB。单位人民币卡的资金一律来自基本存款账户,不得收支现金。

(三)银行卡的计息和收费

1. 银行卡的计息

(1) 发卡银行对准贷记卡及借记卡(不含储值卡)账户内的存款,按照中国人民银行规定的同期同档次存款利率及计息办法计付利息。

(2) 发卡银行对贷记卡账户的存款、储值卡(含IC卡的电子钱包)内的币值不计付利息。

【思考2-63】下列银行卡中,发卡银行须计付利息的有(　　)。

A. 贷记卡　　B. 借记卡(不含储值卡)　　C. 准贷记卡　　D. 储值卡

【解析】正确答案是BC。借记卡(不含储值卡)和准贷记卡一般要求卡上"先有钱",因此对事先存入的款额要计息。

(3) 透支利率。对信用卡透支利率实行上限和下限管理,透支利率上限为日利率5‰,透支利率下限为日利率5‰的0.7倍(3.5‰)。

信用卡透支的计息方式,以及对信用卡溢缴款是否计付利息及其利率标准,由发卡机构自主确定。

(4) 违约金和服务费用。取消信用卡滞纳金,对于持卡人违约逾期未还款的行为,发卡机构应与持卡人通过协议约定是否收取违约金,以及相关收取方式和标准。发卡机构向持卡人提供超过授信额度用卡服务的,不得收取超限费。发卡机构对向持卡人收取的违约金和年费、取现手续费、货币兑换费等服务费用不得计收利息。

2. 银行卡的收费

收费是指商业银行办理银行卡收单业务向商户收取结算手续费。

收单机构向商户收取的收单服务费由双方协商确定具体费率;实行政府指导价、上限管理,借记卡交易不超过交易金额的0.35%,单笔收费金额不超过13元;贷记卡交易不超过0.45%(不封顶);对非营利性的医疗机构、教育机构、社会福利机构、养老机构、慈善机构刷卡交易的,实行发卡行服务费、网络服务费全额减免。

(四)银行卡的申领、注销和挂失

1. 银行卡的申领

(1) 凡在中国境内金融机构开立基本存款账户的单位,可凭中国人民银行核发的开户

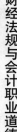

许可证申领单位卡。单位卡可申领若干张，持卡人资格由申领单位法定代表人或其委托的代理人书面指定和注销。

(2) 凡具有完全民事行为能力的公民，可凭本人有效身份证件及发卡银行规定的相关证明文件申领个人卡。个人卡的主卡持卡人，可为其配偶及年满 18 周岁的亲属申领附属卡，申领的附属卡最多不得超过 2 张，也有权要求注销其附属卡。

2. 银行卡的注销

持卡人在还清全部交易款项、透支本息和有关费用后，有下列情形之一的，可申请办理销户。

(1) 信用卡有效期满 45 天后，持卡人不更换新卡的。
(2) 信用卡挂失满 45 天后，没有附属卡又不更换新卡的。
(3) 信用卡被列入止付名单，发卡银行已收回其信用卡 45 天的。
(4) 持卡人死亡，发卡银行已收回其信用卡 45 天的。
(5) 持卡人要求销户或担保人撤销担保，并已交回全部信用卡 45 天的。
(6) 信用卡账户 2 年(含)以上未发生交易的。
(7) 持卡人违反其他规定，发卡银行认为应该取消其资格的。

销户时，单位卡账户余额转入其基本存款账户，不得提取现金；个人卡账户可以转账结清，也可以提取现金。

【思考 2-64】下列关于信用卡的说法中，错误的有(　　)。
A. 信用卡分为单位卡和个人卡
B. 一个单位只能开立一个基本存款账户，同样，也只能申领一张单位卡
C. 任何一个合法公民都可以申领个人卡
D. 个人卡销户时，只能通过转账结清，不得支取现金
【解析】正确答案是 BCD。单位卡"没有数量限制"；"完全民事行为能力"的公民可以申领个人卡；个人卡销户可以支取现金。

3. 银行卡的挂失

持卡人丧失银行卡，应立即持本人身份证件或其他有效证明，并按规定提供有关资料，向发卡银行或代办银行申请挂失。

【案例分析 2-4】2017 年 3 月 10 日，某公司向银行申领了信用卡，其中一部分作为对管理人员的福利，另一部分作为公司自用。根据以上资料，回答下列问题。
(1) 下列情形中，可以办理销户的有(　　)。
A. 4 月 12 日，该公司要求注销自用的信用卡
B. 3 月 11 日，公司一名管理人员的信用卡丢失并于当日挂失，4 月 12 日要求注销该丢失的信用卡
C. 至 2018 年 6 月 7 日，该公司自用的信用卡未发生过任何交易
D. 至 2019 年 8 月 30 日，该公司自用的信用卡未发生过任何交易
(2) 下列关于信用卡资金来源的表述中，正确的有(　　)。
A. 公司可以将资金从基本存款账户中转账存入持有的信用卡
B. 公司持有的信用卡可以交存现金
C. 公司可以将其销货收入的款项存入持有的信用卡

D. 公司管理人员可以将个人的收入及公司的暂时款项存入其持有的信用卡
(3) 公司的下列做法中，错误的有(　　)。
　　A. 3月16日，公司持卡用于个人消费
　　B. 3月21日，公司将其信用卡转借给其子公司
　　C. 3月30日，公司从信用卡上支取现金5 000元
　　D. 4月1日，公司持卡透支15万元购买原材料
(4) 发卡银行给予持卡人一定的信用额度，持卡人可以在信用额度内先消费、后还款的是(　　)。
　　A. 普通卡　　　　B. 附属卡　　　　C. 贷记卡　　　　D. 准贷记卡

【解析】(1) 正确答案是 D。单位卡销户时，除"2年(含)"以上未发生交易外，均要求"满45天"，只有选项D符合销户条件。(2) 正确答案是A。单位卡资金只能来自基本存款账户，严禁单位款项存入个人卡；单位卡不得收支现金。(3) 正确答案是ABCD。单位卡不得用于个人消费；信用卡不得转借、出租；单位卡不得支取现金；单位卡可以办理商品交易和劳务供应款项的结算，但不得透支。(4) 正确答案是C。"先消费、后还款"的是贷记卡。

⦿ 任务解析

1. 贷记卡透支可享受免息还款期和最低还款额待遇。
2. 7月15日，李某应偿还准贷记卡的金额为：透支金额=10 000+10 000×30×5‰=10 150元。

任务六　规范使用其他结算方式

⦿ 案情回放

　　甲机械厂与乙钢材厂洽谈一宗100万元的购销合同，欲从乙钢材厂购进特制钢材。洽谈眼看就要成功了，可是双方在合同结算方式上产生了异议：甲机械厂担心先付款后对方不发货或货物质量有问题，于是坚持让乙钢材厂先供货，收货后10天内以支票形式付款。由于双方是第一次有生意上的往来，乙钢材厂怕供货后对方不能及时全额付款，坚持由甲机械厂先付款、再发货。双方争执不下，又不想失去这单生意。甲机械厂的采购员向财务科长咨询，除了票据结算外，还可以选择什么结算工具可以打消双方的顾虑呢？

⦿ 工作任务

　　若你是财务科长，在此单生意中推荐哪种结算方式？为什么？

⦿ 理论认知

一、汇兑

　　我国目前使用的人民币非现金支付工具主要包括"三票一卡"和结算方式。结算方式

包括汇兑、托收承付、委托收款、国内信用证、电子支付等。

(一)汇兑的概念和分类

汇兑是汇款人委托银行将其款项支付给收款人的结算方式。汇兑分为电汇和信汇两种。汇兑结算适用于各种经济内容的异地提现和结算。

(二)办理汇兑的程序

1. 签发汇兑凭证

签发汇兑凭证必须记载下列事项。
(1) 表明"信汇"或"电汇"的字样。
(2) 无条件支付的委托。
(3) 确定的金额。
(4) 收款人名称。
(5) 汇款人名称。
(6) 汇入地点、汇入行名称。
(7) 汇出地点、汇出行名称。
(8) 委托日期。
(9) 汇款人签章。

汇款人和收款人均为个人,需要在汇入银行支取现金的,应在信汇、电汇凭证的汇款金额大写栏,先填写"现金"字样,后填写汇款金额。

【思考2-65】下列各项中,属于无效汇兑凭证的有(　　)。
　　A. 欠缺收款人名称　　　　　　B. 欠缺汇入地点、汇入行名称
　　C. 欠缺汇出地点、汇出行名称　　D. 欠缺汇款的理由

【解析】正确答案是ABC。汇兑是无条件支付的委托,汇款的理由不是绝对记载事项。

2. 银行受理

汇出银行受理汇款人签发的汇兑凭证,经审查无误后,应及时向汇入银行办理汇款,并向汇款人签发汇款回单。汇款回单只能作为汇出银行受理汇款的依据,不能作为该笔汇款已转入收款人账户的证明。

3. 汇入处理

汇入银行对开立存款账户的收款人,应将汇入款项直接转入收款人账户,并向其发出收账通知。收账通知是银行将款项确已收入收款人账户的凭据。

(三)汇兑的撤销和退汇

1. 汇兑的撤销

汇款人对汇出银行尚未汇出的款项可以申请撤销。

2. 汇兑的退汇

汇款人对汇出银行已经汇出的款项可以申请退汇。转汇银行不得受理汇款人或汇出银

行对汇款的撤销或退汇。

对在汇入银行开立存款账户的收款人，由汇款人与收款人自行联系退汇；对未在汇入银行开立存款账户的收款人，汇款人应出具正式函件或本人身份证件以及原信汇、电汇回单，由汇出银行通知汇入银行，经汇入银行核实汇款确实未支付，并将款项退回汇出银行，方可办理退汇。

汇入银行对于收款人拒绝接受的汇款，应立即办理退汇。汇入银行对于向收款人发出取款通知，经过2个月无法交付的汇款，应主动办理退汇。

【思考2-66】下列关于汇兑的表述中，不符合法律规定的有(　　)。
 A. 单位和个人，均可使用汇兑结算方式
 B. 汇款回单可以作为该笔汇款已转入收款人账户的证明
 C. 汇款人对汇出银行尚未汇出的款项可以申请退汇
 D. 汇入银行对于1个月无法交付的汇款，应立即办理退汇

【解析】正确答案是BCD。汇款回单不能作为该笔汇款已转入收款人账户的证明；"尚未汇出"的可以"撤销"；"2个月"无法交付的汇款应主动办理退汇。

二、委托收款

(一)委托收款的概念

委托收款是指收款人委托银行向付款人收取款项的结算方式。

单位和个人凭已承兑的商业汇票、债券、存单等付款人债务证明办理款项的结算，均可以使用委托收款结算方式。委托收款在同城、异地均可以使用，其结算款项的划回方式分为邮寄和电报两种，由收款人选用。

(二)委托收款的记载事项

委托收款的记载事项包括以下几点。
(1) 表明"委托收款"的字样。
(2) 确定的金额。
(3) 付款人名称。
(4) 收款人名称。
(5) 委托收款凭据名称及附寄单证张数。
(6) 委托日期。
(7) 收款人签章。
付款人是非银行单位的，还必须记载付款人开户银行名称。

(三)委托收款的结算规定

1. 委托收款的办理方法

(1) 以银行为付款人的，银行应在当日将款项主动支付给收款人。
(2) 以单位为付款人的，银行通知付款人后，付款人应于接到通知当日书面通知银行付款。付款人未在接到通知的次日起3日内通知银行付款的，视同付款人同意付款。

银行在办理划款时，付款人存款账户不能足额支付的，应通过被委托银行向收款人发出未付款项通知书。

2. 委托收款的注意事项

(1) 付款人审查有关债务证明后，对收款人委托收取的款项需要拒绝付款的，有权提出拒绝付款。

(2) 收款人收取公用事业费，必须具有收付双方事先签订的经济合同，由付款人向开户银行授权，并经开户银行同意，报经中国人民银行当地分支行批准，可以使用同城特约委托收款。

【思考2-67】下列关于委托收款的表述中，不符合法律规定的是( )。
  A. 委托收款同城、异地均可以使用
  B. 办理委托收款应向银行提交委托收款凭证和有关的债务证明
  C. 以单位为付款人的，银行应当在当日将款项主动支付给收款人
  D. 付款人审查有关债务证明后，需要拒绝付款的，可以办理拒绝付款

【解析】正确答案是 C。以"单位"为付款人的，付款人应于"接到"通知的当日书面通知银行付款。

三、托收承付

(一)托收承付的概念

托收承付是指根据购销合同由收款人发货后委托银行向异地付款人收取款项，由付款人向银行承付的结算方式。

(1) 使用托收承付结算方式的收款单位和付款单位，必须是国有企业、供销合作社以及经营管理较好并经开户银行审查同意的城乡集体所有制工业企业。

(2) 办理托收承付结算的款项，必须是商品交易以及因商品交易而产生的劳务供应的款项。代销、寄销、赊销商品的款项不得办理托收承付结算。

(3) 托收承付结算每笔的金额起点为1万元，新华书店系统每笔的金额起点为1 000元。

【思考2-68】下列支付结算工具中，有结算金额起点的是( )。
  A. 托收承付   B. 支票
  C. 汇兑   D. 委托收款

【解析】正确答案是 A。支付结算工具中只有"托收承付"有起点规定。

(二)托收承付的结算规定

托收承付凭证记载事项有以下几点。
(1) 表明"托收承付"的字样。
(2) 确定的金额。
(3) 付款人的名称和账号。
(4) 收款人的名称和账号。
(5) 付款人的开户银行名称。

(6) 收款人的开户银行名称。
(7) 托收附寄单证张数或册数。
(8) 合同名称、号码。
(9) 委托日期。
(10) 收款人签章。

收付双方使用托收承付结算方式必须签有符合《合同法》规定的购销合同，并在合同上订明使用托收承付结算款项的划回方法，分为邮寄和电报，由收款人选用。

(三)托收承付的办理方法

1. 托收

收款人按照签订的购销合同发货后，应将托收凭证并附发运凭证或其他符合托收承付结算的有关证明和交易单证送交银行。

2. 承付

购货单位承付货款有验单承付和验货承付两种方式。

(1) 验单承付。验单承付期为 3 天，从购货单位开户银行发出通知的次日算起(承付期内遇法定节假日顺延)。

(2) 验货承付。验货承付期为 10 天，从运输部门向付款人发出提货通知的次日算起。付款人在承付期内，未向银行表示拒绝付款，银行即视作承付，在承付期满的次日上午将款项划给收款人。

收款人对同一付款人发货托收累计 3 次收不回货款的，收款人开户银行应暂停收款人向该付款人办理托收；付款人累计 3 次提出无理拒付的，付款人开户银行应暂停其向外办理托收。

【思考2-69】3 月 1 日，甲公司销售给乙公司一批化肥，双方协商采取托收承付验货付款方式办理货款结算。3 月 4 日，运输公司向乙公司发出提货单。乙公司在承付期内未向其开户银行表示拒绝付款。已知 3 月 7 日、8 日、14 日和 15 日为法定休假日，则乙公司开户银行向甲公司划拨货款的日期为( )。

　　A. 3 月 6 日　　　B. 3 月 9 日　　　C. 3 月 13 日　　　D. 3 月 16 日

【解析】正确答案是 D。验货付款的承付期是 10 日，从"发出通知"的次日起计算，承付期满的次日(遇到法定节假日顺延)上午银行划拨款项。

【思考2-70】下列关于托收承付结算方式使用要求的表述中，不正确的有( )。

　　A. 托收承付只能用于异地结算
　　B. 收付双方使用托收承付结算方式必须签有合法的购销合同
　　C. 收款人对同一付款人发货托收累计 3 次收不回货款的，收款人开户银行暂停收款人办理所有托收业务
　　D. 单位、个人均可使用托收承付结算方式

【解析】正解答案是 CD。托收承付结算方式只限于国有企业等"特定"单位。"付款人"累计 3 次无理拒付，才"暂停"其办理所有托收业务；收款人累计 3 次托收未收回的，暂停向"该付款人"的托收，并非暂停全部托收业务。

四、国内信用证

(一)国内信用证的概念

国内信用证(简称信用证)是适用于国内贸易的一种支付结算方式,是开证银行依照申请人(购货方)的申请向受益人(销货方)开立的、对相符交单予以付款的承诺。

我国信用证是以人民币计价、不可撤销的跟单信用证。

信用证分为即期信用证和远期信用证两种。即期信用证开证行应在收到相符单据次日起 5 个营业日内付款。远期信用证付款期限最长不超过 1 年,开证行应在收到相符单据次日起 5 个营业日内确认到期付款,并在到期日付款。

(二)国内信用证的结算方式

信用证结算方式只适用于国内企事业单位之间货物和服务贸易提供的结算服务,并且只能用于转账结算,不得支取现金。

【思考 2-71】下列支付结算工具中,不允许个人使用的有( )。
A. 支票　　　　　　　　　B. 国内信用证
C. 托收承付　　　　　　　D. 商业汇票

【解析】正确答案是 BCD。目前,我国使用的支付结算工具主要包括"三票一卡"和结算方式(汇兑等 4 个)。其中,商业汇票、托收承付、国内信用证 3 种不允许个人使用,仅限于单位之间商品交易结算。

(三)国内信用证的基本办理程序

国内信用证的基本办理程序包括以下几个方面。

1. 开证

开证申请人(货物购买方或服务接受方)申请办理开证业务时,应当填具开证申请书,申请人须提交其与受益人(销售方)签订的贸易合同,银行受理开证,成为开证行。开证行可要求申请人交存一定数额的保证金,并可根据申请人资信情况要求其提供抵押、质押、保证等合法有效的担保。

信用证应使用中文开立,信用证应记载的基本条款包括:①表明"国内信用证"的字样;②开证申请人名称及地址、开证行名称及地址、受益人名称及地址、通知行名称;③开证日期;④信用证编号;⑤不可撤销信用证;⑥信用证有效期及有效地点;⑦是否可转让、是否可保兑、是否可议付;⑧信用证金额;⑨付款期限;⑩货物或服务描述、溢短装条款(如有)、货物贸易项下的运输交货或服务贸易项下的服务提供条款、单据条款;⑪交单期;⑫信用证项下相关费用承担方;⑬开证行保证文句。

2. 保兑

保兑是指保兑行根据开证行的授权或要求,在开证行承诺之外作出的对相符交单付款、确认到期付款或议付的确定承诺。

3. 修改

开证申请人需要对已开立的信用证内容修改的,应向开证行提出修改申请,明确修改的内容。信用证受益人同意或拒绝接受修改的,应提供接受或拒绝修改的通知。

4. 通知

通知行是指应开证行的要求向受益人通知信用证的银行。通知行可由开证申请人指定,若没有指定,开证行有权指定通知行。通知行可以自行决定是否通知。通知行同意通知的,应于收到信用证次日起3个营业日内通知受益人。

5. 转让

转让行是指开证行指定的办理信用证转让的银行。转让是由转让行应第一受益人的要求,将可转让信用证的部分或全部转为可由第二受益人兑用。可转让信用证只能转让一次。

6. 议付

议付是指可议付信用证项下单证相符或在开证行或保兑行已确认到期付款的情况下,议付行在收到开证行或保兑行付款前购买单据、取得信用证项下索款权利,向受益人预付或同意预付资金的行为。信用证未明示可议付,任何银行不得办理议付。议付行是指开证行指定的为受益人办理议付的银行,开证行应指定一家或任意银行作为议付信用证的议付行。若开证行仅指定一家议付行,未被指定为议付行的银行不得办理议付。

议付行在受理议付申请的次日起5个营业日内审核信用证规定的单据并决定议付的,办理议付;决定拒绝议付的,应及时告知受益人。

7. 索偿

议付行将注明付款提示的交单面函(寄单通知书)及单据寄开证行或保兑行索偿资金。

议付行议付时,必须与受益人书面约定是否有追索权。若约定有追索权,到期不获付款,议付行可向受益人追索。若约定无追索权,到期不获付款议付行不得向受益人追索,议付行与受益人约定的例外情况或受益人存在信用证欺诈的情形除外。

8. 寄单索款

受益人委托交单行交单,应在信用证交单期和有效期内填制信用证交单委托书,并提交单据和信用证正本及信用证通知书、信用证修改书正本及信用证修改通知书(如有)。交单行应在收单次日起5个营业日内对其审核相符的单据寄单并附寄一份交单面函(寄单通知书)。如果受益人直接交单的,还应提交开证行认可的身份证明文件。

9. 付款

开证行或保兑行在收到交单行寄交的单据及交单面函(寄单通知书)或受益人直接递交的单据的次日起5个营业日内,及时核对是否为相符交单。单证相符或单证不符但开证行或保兑行接受不符点的,即期信用证,应于收到单据的次日起5个营业日内支付相应款项给交单行或受益人;远期信用证,应于收到单据的次日起5个营业日内发出到期付款确认书,并于到期日支付款项给交单行或受益人。

若受益人提交了相符单据或开证行已发出付款承诺,即使申请人交存的保证金及其存款账户余额不足支付,开证行仍应在规定的时间内付款。

开证行或保兑行审核单据发现不符并决定拒付的,应在收到单据的次日起 5 个营业日内一次性将全部不符点以电子方式或其他快捷方式通知交单行或受益人。

10. 注销

注销是指开证行对信用证未支用的金额解除付款责任的行为。开证行、保兑行、议付行未在信用证有效期内收到单据的,开证行可在信用证逾有效期 1 个月后予以注销。其他情况下,须经开证行、已办理过保兑的保兑行、已办理过议付的议付行、已办理过转让的转让行与受益人协商同意,或者受益人、上述保兑行等声明同意注销信用证(各方协商同意),并与开证行就全套正本信用证收回达成一致后,信用证方可注销。

【思考 2-72】下列关于国内信用证的表述中,正确的有( )。
  A. 国内信用证结算方式既可以转账,也可以支付现金
  B. 开证行可要求申请人交存一定数额的保证金
  C. 信用证结算方式只适用于国内企业商品交易的货款结算
  D. 申请人交存的保证金和其存款账户余额不足支付的,开证行有权拒绝付款

【解析】正确答案是 BC。信用证不可以支取现金。开证行要"无条件"垫付。

【案例分析 2-5】民营企业甲发生以下业务:①8 月 10 日,甲企业财务人员持现金 60 万元到开户银行 A 市工商银行办理汇兑业务,支付前欠 B 市乙公司的货款,电汇凭证上"汇入行名称"栏未填写内容,也未填写汇款用途,"大写金额"栏为"现金陆拾万元整"。工商银行业务员要求其重新填写电汇凭证。②8 月 12 日,甲企业委托异地个体户代销一批货物,发货后,向开户银行办理托收承付手续,遭拒绝。③甲企业从丁公司购买一批钢材,为付钢材款,将一张尚未到期、金额相同的商业承兑汇票背书转让给丁公司,背书时注明"货到后此汇票转让生效"。根据上述资料,分析以下问题。

(1) 针对资料①,开户银行要求甲企业重新填写电汇凭证的理由,有法律依据的是( )。
  A. 企业之间的资金汇兑应通过转账结算,汇兑凭证上不能写"现金"
  B. 企业之间的资金汇兑不能采用电汇方式,应采用信汇方式
  C. 汇兑凭证上未填写汇入行名称
  D. 汇兑凭证上未填写汇款用途

(2) 关于汇兑,下列说法中,正确的有( )。
  A. 汇款回单是该笔汇款已转入收款人账户的证明
  B. 汇款人可以对汇款人尚未汇出的款项申请撤销
  C. 汇入银行对于收款人拒绝接受的汇款,应立即办理退汇
  D. 对在汇入银行开立存款账户的收款人,由汇款人与收款人自行联系退汇

(3) 下列事项中,不属于签发汇兑凭证必须记载事项的有( )。
  A. 收款人名称   B. 收款日期
  C. 汇款人签章   D. 付款人名称

(4) 针对资料②,下列各项中,可以成为开户银行拒绝办理托收承付手续理由的是( )。

A. 不具有托收承付结算方式的主体资格
B. 代销商品的款项不得办理托收承付结算
C. 托收承付结算每笔的金额起点为10万元
D. 双方合同书中未订明使用托收承付结算款项的划回方式

(5) 针对资料③，甲企业转让给丁公司的汇票，下列表述中，正确的有(　　)。
A. 该背书所附的条件"货到后此汇票转让生效"有效
B. 该背书所附的条件"货到后此汇票转让生效"无效
C. 丁公司只有供货后，才享有票据权利
D. 无论丁公司是否履行供货义务，其均享有票据权利

【解析】(1) 正确答案是AC。汇兑分为电汇和信汇两种，汇款人可自由选择。"汇款用途"不是汇兑凭证必须记载事项。(2) 正确答案是BCD。汇款回单只能作为汇出银行"受理"汇款的依据，不能代表收款人已经收款。(3) 正确答案是BD。"出票或签发日期""委托日期"是必须记载事项。所有支付结算工具中，绝对记载事项均无"收款日期"或"付款日期"。"汇兑"和"本票"的必须记载事项中无"付款人名称"。(4) 正确答案是ABD。托收承付结算方式的主体，必须是"国有企业"等"特定"主体。"代销、寄销、赊销"商品的款项不得办理托收承付结算。托收承付结算起点每笔为1万元。必须订有合法的"合同"，且合同中订明采用托收承付结算方式。(5) 正确答案是BD。背书附条件的，"所附条件"无效，背书转让有效。

任务解析

推荐双方采用信用证结算方式，即通过开证行向受益人(乙钢材厂)开立信用证，解决受益人即乙钢材厂发货后收不到货款的后顾之忧；同时，开证行或议付行只有在确认提货单与信用证上所描述的货物相符时才付款，也解决了甲机械厂付款后担心对方不发货或货物质量有问题的后顾之忧。

能 力 拓 展

【课外实践】模拟出票、背书、承兑、保证。

【实践要求】学生4～6人一组，分别代表不同企业的财务人员，选择支票或商业汇票，进行出票、背书、保证、承兑，小组之间分享每一行为是否规范。

强化训练

一、单项选择题

1. 现金结算起点的调整由( )决定。
   A. 开户银行　　　　　　　　　　B. 中国人民银行
   C. 中国银行　　　　　　　　　　D. 商业银行

2. 关于现金收支的基本要求,下列表述不正确的是( )。
   A. 开户单位收入现金一般应于当日送存开户银行
   B. 开户单位支付现金,可以从本单位的现金收入中直接支付
   C. 开户单位对于符合现金使用范围规定,从开户银行提取现金的,应写明用途,由本单位财会部门负责人签字盖章,并经开户银行审查批准
   D. 不准单位之间相互借用现金

3. 使用现金超过结算起点( )元的,应实行银行转账结算。
   A. 1 000　　　B. 1 500　　　C. 2 000　　　D. 500

4. 下列各项中,属于结算方式的是( )。
   A. 银行本票　　B. 商业承兑汇票　　C. 支票　　D. 托收承付

5. 企业支取现金用于工资、奖金发放,只能通过( )办理。
   A. 基本存款账户　　　　　　　　B. 临时存款账户
   C. 专用存款账户　　　　　　　　D. 一般存款账户

6. 下列情形不可以开立临时存款账户的是( )。
   A. 设立临时机构　　　　　　　　B. 异地临时经营活动
   C. 期货交易保证金　　　　　　　D. 注册验资

7. 银行结算账户发生变更情形的,银行接到存款人的变更通知后,应及时办理变更手续,并于( )个工作日内向中国人民银行报告。
   A. 2　　　B. 3　　　C. 5　　　D. 7

8. 需要进行备案的银行结算账户应于开户之日起( )内向中国人民银行当地分支行备案。
   A. 3个工作日　　B. 5个工作日　　C. 10日　　D. 2日

9. 存款人可以办理现金缴存,但不得办理现金支取的账户是( )。
   A. 一般存款账户　　　　　　　　B. 个人结算账户
   C. 专用存款账户　　　　　　　　D. 临时存款账户

10. 下列关于支票的使用范围的表述中,错误的是( )。
    A. 划线支票只能用于支取现金
    B. 普通支票既可用于转账结算,也可用于支取现金
    C. 转账支票只能用于转账
    D. 现金支票只能用于支取现金

11. 下列关于支票的提示付款期限的表述中,正确的是( )。

项目二 规范使用支付结算工具

　　A. 自出票日起 10 日内　　　　　B. 自到期日起 10 日内
　　C. 自出票日起 30 日内　　　　　D. 自到期日起 30 日内
12. 长江公司出纳会计李某于 2009 年 2 月 10 日签发了一张转账支票，转账支票上日期填写正确的是(　　)。
　　A. 贰零零玖年贰月拾日　　　　　B. 贰零零玖年零贰月壹拾日
　　C. 贰零零玖年零贰月零壹拾日　　D. 贰零零玖年贰月壹拾日
13. 下列有关票据出票日期的说法中，正确的是(　　)。
　　A. 票据的出票日期必须使用中文大写
　　B. 在填写月、日时，月为壹、贰和壹拾的应在其前加"壹"
　　C. 在填写月、日时，日为拾壹至拾玖的，应在其前面加"零"
　　D. 票据出票日期使用小写填写的，票据无效
14. 对于票据背书，下列说法不符合《票据法》规定的有(　　)。
　　A. 用于支取现金的支票不可以背书转让
　　B. 背书转让可以附任何条件，所附条件也具有票据上的效力
　　C. 背书未记载日期的，视为票据到期日前的背书
　　D. 如果背书不连续，付款人可以拒绝向持票人付款
15. 见票即付汇票的持票人在出票日起(　　)内提示付款。
　　A. 10 日　　　B. 1 个月　　　C. 2 个月　　　D. 3 个月
16. 根据支付结算办法的规定，汇票付款人承诺在汇票到期日支付汇票金额并盖章的行为称为(　　)。
　　A. 出票　　　B. 背书　　　C. 承兑　　　D. 保证
17. 下列各项中，属于票据非基本当事人的是(　　)。
　　A. 出票人　　B. 背书人　　C. 付款人　　D. 收款人
18. 李某在银行的存款为 1.5 万元，其签发一张金额为 1.8 万元的支票，对于这种行为应给予的罚款是(　　)元。
　　A. 900　　　B. 1 000　　　C. 750　　　D. 600
19. (　　)是指由出票人签发的，委托付款人在指定日期无条件支付确定金额给收款人或者持票人的票据。
　　A. 支票　　　B. 商业汇票　　　C. 银行汇票　　　D. 银行本票
20. 下列当事人中，应当在票据或粘单的粘接处签章的是(　　)。
　　A. 粘单上第一手背书的背书人　　B. 票据上最后一手背书的背书人
　　C. 票据上第一手背书的背书人　　D. 粘单上第一手背书的被背书人
21. 由出票银行签发的，在见票时按照实际结算金额无条件支付给收款人或持票人的票据是(　　)。
　　A. 银行本票　　B. 支票　　C. 商业汇票　　D. 银行汇票
22. 下列选项中，不属于银行本票必须记载的事项是(　　)。
　　A. 付款人名称　　　　　　　　B. 收款人名称
　　C. 出票人签章　　　　　　　　D. 表明"银行本票"字样
23. 下列各项中，信用卡持卡人可以使用单位卡的情形是(　　)。

A. 从基本银行账户转入款项 B. 存入销货收入的款项
C. 透支购买商品和劳务 D. 支取现金

24. 下列银行卡中，以是否具有透支功能划分的是( )。
 A. 人民币卡与外币卡 B. 单位卡与个人卡
 C. 信用卡与借记卡 D. 磁条卡与芯片卡

25. 下列银行卡中，发卡银行对其账户内存款不计付利息的是( )。
 A. 准贷记卡 B. 转账卡
 C. 专用卡 D. 贷记卡

26. 发卡银行给予持卡人一定的信用额度，持卡人可在信用额度内先消费、后还款的银行卡是( )。
 A. 贷记卡 B. 借记卡 C. 准贷记卡 D. 专用卡

27. 关于信用卡透支利率及利息管理的表述中，不正确的有( )。
 A. 透支的计结息方式由发卡机构自主确定
 B. 透支的利率标准由发卡机构与申请人协商确定
 C. 透支利率实行下限管理
 D. 透支利率实行上限管理

28. 根据支付结算法律制度的规定，下列有关汇兑的表述中，不正确的是( )。
 A. 汇兑分为信汇和电汇两种
 B. 汇兑每笔金额起点为1万元
 C. 汇兑适用于单位和个人各种款项的结算
 D. 汇兑是汇款人委托银行将其款项支付给收款人的结算方式

29. 下列关于汇兑的特征的表述中，不符合法律规定的是( )。
 A. 单位和个人各种款项的结算，均可使用汇兑结算方式
 B. 汇款回单作为该笔汇款已转入收款人账户的证明
 C. 汇款人对汇出银行尚未汇出的款项可以申请撤销
 D. 汇入银行对于收款人拒绝接受的汇款，应立即办理退汇

30. 开证行收到受益人开户行寄交的委托收款凭证、单据等材料，并与信用证条款核对无误后，若发现开证申请人交存的保证金和存款账户余额不足以支付信用证金额的，开证行应采取的正确做法是( )。
 A. 在规定付款时间内，在保证金以及申请人存款账户余额范围内付款
 B. 拒绝付款并将有关材料退还受益人开户行
 C. 在规定付款时间内全额付款
 D. 在征得开证申请人同意后全额付款

二、多项选择题

1. 下列事项中，单位开户银行可以使用库存现金支付的有( )。
 A. 用现金向农户支付收购种子款5 000元
 B. 用现金支付给出差人员差旅费6 000元
 C. 用现金支付职工工资2 350元

D. 用现金支付购买办公用品价款 820 元
2. 关于现金管理中现金使用的限额，下列表述中，正确的有(　　)。
   A. 开户银行应当根据实际需要，核定开户单位 3~5 天的日常零星开支所需的库存现金限额
   B. 边远地区和交通不便地区的开户单位的库存现金限额，可以多于 5 天，但不得超过 10 天
   C. 开户单位需要增加或减少库存现金限额的，应当向开户银行提出申请，由开户银行核定
   D. 商业和服务行业的找零备用现金也要根据营业额核定定额，但不包括在开户单位的库存现金限额之内
3. 下列关于库存现金管理内部控制制度的说法中，正确的有(　　)。
   A. 单位不得由一人办理货币资金业务的全过程
   B. 出纳员可以监管收入、费用类账户的登记
   C. 严格货币资金的授权管理
   D. 建立单位货币资金内部控制制度
4. 依据支付结算办法的规定，下列属于结算方式的有(　　)。
   A. 托收承付　　　B. 支票　　　C. 国内信用证　　　D. 委托收款
5. 下列选项中，属于单位、个人和银行在进行支付结算活动时所必须遵循的行为准则有(　　)。
   A. 恪守信用，履约付款原则　　　B. 谁的钱进谁的账、由谁支配原则
   C. 银行不垫款原则　　　D. 监督用款原则
6. 下列各项中，银行不予受理的有(　　)。
   A. 更改金额的票据
   B. 出票日期用阿拉伯数码填写的票据
   C. 中文大写金额和阿拉伯数码不一致的票据
   D. 中文大写出票日期未按要求规范填写的票据
7. 下列各项中，属于无效票据的有(　　)。
   A. 更改签发日期的票据
   B. 更改收款人名称的票据
   C. 出票日期使用中文大写，但未按要求规范填写的票据
   D. 更改金额的票据
8. 下列各项中，表述正确的有(　　)。
   A. 票据中的中文大写金额数字应用正楷或行书填写
   B. 票据中的中文大写金额数字前应填明"人民币"字样
   C. 票据的出票日期可以使用小写填写
   D. 票据中的中文大写金额数字到"元"为止的，在"元"之后，应写"整"或"正"字
9. 下列关于票据签章效力的表述中，正确的有(　　)。
   A. 出票人在票据上的签章不符合规定的，票据无效
   B. 承兑人、保证人在票据上的签章不符合规定的，其签章无效，但不影响其他符

合规定的签章的效力

C. 单位在票据上的签章为法定代表人签名或盖章加单位盖章

D. 个人在票据上的签章，为该个人的签名或盖章

10. 下列有关票据金额中文大写的填写中，符合规定的有( )。
   A. 将"107 000.53"填写为"人民币壹拾万柒仟元零伍角叁分"
   B. 将"107 000.53"填写为"人民币拾万零柒仟元伍角叁分"
   C. 将"107 000.53"填写为"人民币壹拾万零柒仟元伍角叁分"
   D. 将"107 000.53"填写为"人民币壹零万柒仟零零零仟元伍角叁分"

11. 下列各项中，属于支付结算行为的有( )。
    A. 货币给付   B. 资金清算   C. 商品采购   D. 商品销售

12. 下列办理支付结算和资金清算的主体中，属于中介机构性质的有( )。
    A. 银行   B. 城市农村信用社
    C. 农村信用社   D. 保险公司

13. 关于国内信用证的下列表述中，不正确的有( )。
    A. 可用于支取现金
    B. 开证申请人可以是个人
    C. 有效期最长不得超过9个月
    D. 国内信用证为以人民币计价、不可撤销的跟单信用证

14. 下列存款人中，可以申请开立基本存款账户的有( )。
    A. 企业法人   B. 单位附属独立核算的食堂
    C. 个体工商户   D. 自然人

15. 一般存款账户的使用范围包括办理( )。
    A. 借款转存   B. 借款归还   C. 现金缴存   D. 现金支取

16. 专用存款账户中不得支取现金的有( )。
    A. 证券交易结算资金   B. 社会保障基金
    C. 财政预算外资金   D. 期货交易保证金

17. 下列关于支付结算的表述中，符合规定的有( )。
    A. 银行账户按用途分为基本存款账户、一般存款账户、临时存款账户和专用存款账户
    B. 存款人只能选择一家银行的一个营业机构开立一个基本存款账户
    C. 存款人可以通过基本存款账户办理工资、奖金等现金的支取
    D. 存款人可以通过一般存款账户办理工资、奖金等现金的支取

18. 下列可以申请开立临时存款账户的有( )。
    A. 某企业境外机构在境内从事经营活动
    B. 某项目的筹备领导小组
    C. 某建筑公司因某项目施工设立的工程指挥部
    D. 党、团、工会经费

19. 开立下列账户，需要中国人民银行核准的有( )。
    A. 基本存款账户

B. 预算单位专用存款账户

C. 临时存款账户(注册验资和增资验资开立的除外)

D. 单位卡

20. 下列有关存款人账户信息发生变更后，存款人应当及时向开户银行办理变更手续的包括(　　)。

　　A. 存款人名称　　　　　　　　　　B. 单位法定代表人
　　C. 财务负责人　　　　　　　　　　D. 因迁址需要变更开户银行

21. 根据有关规定，有(　　)情形之一的，存款人应向开户银行提出撤销银行结算账户的申请。

　　A. 被撤并、解散、宣告破产或关闭
　　B. 改变单位名称
　　C. 因迁址需要变更开户银行
　　D. 被注销、吊销营业执照

22. 存款人违反规定，伪造、变造开户登记证。对于其处罚，下列表述正确的有(　　)。

　　A. 非经营性的存款人，处以 1 000 元的罚款
　　B. 经营性的存款人，给予警告并处以 1 万元以上 3 万元以下的罚款
　　C. 非经营性的存款人，给予警告并处以 1 万元以上 3 万元以下的罚款
　　D. 构成犯罪的，移交司法机关依法追究刑事责任

23. 根据《人民币银行结算账户管理办法》的规定，银行在银行结算户的开立过程中，明知或应知是单位资金，而允许以自然人名称开立账户存储，应给予的处罚有(　　)。

　　A. 给予警告，并处以 5 万元以上 30 万元以下的罚款
　　B. 对该银行直接负责的高级管理人员、其他直接负责的主管人员、直接责任人员按规定给予纪律处分
　　C. 情节严重的，中国人民银行有权停止对其开立基本存款账户的核准，责令该银行停业整顿或者吊销其经营金融业务许可证
　　D. 构成犯罪的，移交司法机关依法追究刑事责任

24. 我国《票据法》上所称的票据包括(　　)。

　　A. 银行汇票　　　B. 商业汇票　　　C. 支票　　　D. 本票

25. 出票人签发下列支票，银行应予以退票，并按票面金额处以 5%但不低于 1 000 元罚款的有(　　)。

　　A. 空头支票
　　B. 支付密码错误的支票
　　C. 出票日期未使用中文大写规范填写的支票
　　D. 签章与其预留银行签章不符的支票

26. 2017 年 1 月 1 日，甲向乙签发了一张出票后 3 个月付款的银行承兑汇票，该汇票已经依法由 A 银行承兑，乙于 2017 年 4 月 21 日向 A 银行提示付款。下列说法中正确的有(　　)。

　　A. 乙提示付款时间已经超出了法律规定的期限
　　B. 乙提示付款时间符合规定

C. 在乙作出说明后，A银行仍应承担付款责任
D. A银行和甲不再承担票据责任

27. 下列各项中，属于票据行为的有( )。
    A. 出票　　　B. 承兑　　　C. 付款　　　D. 保证
28. 根据规定，支票应记载的事项可以通过授权补记的方式记载的有( )。
    A. 支票的金额　B. 收款人名称　C. 付款人名称　D. 出票人签章
29. 下列各项中，属于支票基本当事人的有( )。
    A. 出票人　　B. 保证人　　C. 付款人　　D. 收款人
30. 下列属于票据权利的有( )。
    A. 付款请求权　B. 承兑请求权　C. 票据丢失补救权　D. 追索权
31. 根据《支付结算办法》的规定，下列各项中，属于签发支票时必须记载事项的有( )。
    A. 表明"支票"的字样　　　　B. 无条件支付的委托
    C. 收款人名称　　　　　　　D. 出票人签章
32. 下列属于非转让背书的有( )。
    A. 委托收款背书　　　　　　B. 质押背书
    C. 贴现背书　　　　　　　　D. 购买商品转让背书
33. 下列属于法定禁止背书的有( )。
    A. 已经提示承兑的汇票　　　B. 被拒绝承兑的汇票
    C. 被拒绝付款的汇票　　　　D. 超过付款提示期限的汇票
34. 商业汇票按照承兑人不同分为( )。
    A. 商业本票　　　　　　　　B. 银行汇票
    C. 银行承兑汇票　　　　　　D. 商业承兑汇票
35. 下列关于票据的提示付款期限的说法中，正确的有( )。
    A. 支票自出票日起10日内提示付款
    B. 银行汇票，自出票日起1个月内提示付款
    C. 商业汇票，自到期日起10日内提示付款
    D. 银行本票，自到期日起2个月内提示付款
36. 下列关于信用卡资金来源的表述中，不正确的有( )。
    A. 公司可以将资金人基本存款账户中的存款转入其持有的信用卡
    B. 公司持有的信用卡可以缴存现金
    C. 公司可以将其销售收入的存款存入持有的信用卡
    D. 公司管理人员可以将个人收入和公司暂时款项存入其持有的信用卡
37. 下列各项中，可以使用委托收款结算方式的有( )。
    A. 未承兑的商业汇票　　　　B. 债券
    C. 存单　　　　　　　　　　D. 已承兑的商业汇票
38. 下列关于托收承付结算方式使用要求的表述中，正确的有( )。
    A. 托收承付只能用于异地结算
    B. 收付双方使用托收承付结算方式必须签有合法的购销合同

C. 使用托收承付的收款单位和付款单位，必须是国有企业、供销合作社以及经营管理较好，并经开户银行审查同意的城乡集体所有制工业企业

D. 托收承付结算每笔的金额起点为 1 万元，新华书店系统每笔的金额起点为 1 000 元

39. 下列各项中，属于单位、个人均可使用的支付结算工具的有(　　)。
   A. 商业汇票　　　B. 托收承付　　　C. 支票　　　D. 银行汇票

40. 下列结算工具中，没有结算起点规定的有(　　)。
   A. 支票　　　B. 商业汇票　　　C. 汇兑　　　D. 托收承付

41. 下列各项中，丧失后可以挂失止付的有(　　)
   A. 未表明"现金"字样的银行汇票　　　B. 已承兑的商业汇票
   C. 支票　　　D. 表明"现金"字样的银行本票

42. 2018 年 3 月 1 日，张某向 P 银行申请一张贷记卡，6 月 1 日，张某使用该贷记卡取现 2 000 元。下列说法中，不正确的有(　　)。
   A. 张某所取 2 000 元现金可以享受免息还款期待遇
   B. 张某办理该贷记卡时应向 P 银行交存一定金额的备用金
   C. 张某所取 2 000 元现金可以享受最低还款额待遇
   D. 6 月 1 日，张某使用该贷记卡取现 2 000 元符合法律规定

43. 徐女士在 P 银行申请一张信用卡，下列关于信用卡计息和收费的表述中，符合法律规定的有 (　　)。
   A. 若徐女士欠缴信用卡年费，P 银行可对该欠费计收利息
   B. P 银行应在信用卡协议中以显著方式提示信用卡利率标准和计结息方式，并经徐女士确认接受
   C. P 银行确定的信用卡透支利率可为日利率 5‰
   D. 若 P 银行要调整信用卡利率，应至少提前 45 个自然日按照约定方式通知徐女士

44. 下列各项中，属于发卡银行追偿透支款和诈骗款项的途径的有(　　)。
   A. 向保证人追索透支款项　　　B. 依法处理抵押物和质物
   C. 通过司法机关的诉讼程序进行追偿　　　D. 冻结持卡人银行账户

45. 下列各项中，属于持卡人持贷记卡办理刷卡消费等非现金交易所享受的优惠有(　　)。
   A. 免息还款期待遇　　　B. 免年费待遇
   C. 最低还款额待遇　　　D. 免收账户维护费待遇

三、判断题

1. 存款人尚未清偿开户银行债务的，不得申请撤销银行结算账户。　　　(　　)
2. 个人银行结算账户是指自然人、法人和其他组织因投资、消费、结算等而开立的可办理支付结算业务的存款账户。　　　(　　)
3. 异地银行结算账户只能是单位开立。　　　(　　)
4. 注册验资的临时存款账户在验资期间只付不收。　　　(　　)
5. 支付结算是指单位在社会经济活动中使用票据、银行卡和汇兑、托收承付、委托收

款等结算方式进行货币给付及其资金清算的行为。个人在社会经济活动中使用票据、银行卡等方式进行资金清算的行为不属于支付结算的范畴。（ ）

6. 银行一律不得为任何单位或者个人查询账户情况，不得为任何单位或者个人冻结、扣划款项，不得停止单位、个人存款的正常支付。（ ）

7. 根据《支付结算办法》的规定，除法律、行政法规另有规定外，未经中国人民银行批准的非银行金融机构和其他单位，不得作为中介机构经营银行支付结算业务。（ ）

8. 商业汇票是由出票人签发的、委托付款人在见票时无条件支付确定的金额给收款人或者持票人的票据。（ ）

9. 变更票据上的签章，属于票据的伪造，不属于票据的变造。（ ）

10. 一般存款账户可以用于办理各项资金的收付。（ ）

11. 根据《现金管理暂行条例》的规定，企业一律不得坐支现金。（ ）

12. 支票没有金额限制，出票人可以随意签发支票。（ ）

13. 票据上有伪造、变造签章的，将影响票据上其他当事人真实签章的效力。（ ）

14. 支票的出票人签发支票的金额不得超过签发时在付款人处实有的存款金额。（ ）

15. 所有的票据都需要进行承兑。（ ）

16. 将汇票金额的一部分背书转让，属于无效背书。（ ）

17. 商业汇票未按规定期限提示承兑的，持票人丧失对所有人的追索权。（ ）

18. 填明"现金"字样的银行汇票不可以背书转让。（ ）

19. 承兑附条件的，视为拒绝承兑。（ ）

20. 代销、赊销、寄销款项不能采用托收承付方式结算。（ ）

21. 信用证到期不获付款的，议付行有权向受益人追索。（ ）

22. 信用证受益人递交了相符单据，但申请人交存的保证金及其存款账户余额不足支付的，开证行有权拒绝付款。（ ）

23. 采用汇兑结算方式的，汇款回单可以作为该笔汇款已转入收款人账户的证明。（ ）

24. 票据上的金额和用途不得更改，更改的票据无效。（ ）

25. 票据和结算凭证金额应以中文大写和阿拉伯数码同时记载，两者必须一致，否则银行不予受理。（ ）

四、不定项选择题

1. 2017年5月，张某在北京注册成立了一家新公司，并依法向银行申请开立了基本存款账户。10月，张某对该公司追加投资。12月，张某根据业务需要，将公司迁到上海，向银行提出变更开户行的请求。根据上述情况，回答以下问题。

(1) 张某追加的投资需要进行验资，则该公司需要新开立的账户是(   )。
  A. 基本存款账户　　　　　　　　B. 专用存款账户
  C. 临时存款账户　　　　　　　　D. 一般存款账户

(2) 开立新账户须出具基本存款账户证明材料的有(   )。
  A. 设立临时机构
  B. 异地建筑施工及安装

C. 异地借款的存款人在异地开立一般存款账户

D. 因经营需要在异地办理收入汇缴和业务支出的存款人在异地开立专用存款账户

(3) 一般存款账户开立后,在( )日后方可使用。
A. 1　　　　B. 2　　　　C. 3　　　　D. 5

(4) 银行接到该公司变更开户银行请求时,应当及时变更,并在( )个工作日内报告给中国人民银行。
A. 1　　　　B. 2　　　　C. 3　　　　D. 5

(5) 若该公司未在规定期限内通知银行变更信息,则要受到( )的处罚。
A. 1 000元　　　　　　　　B. 5 000~3万元
C. 1万~3万元　　　　　　D. 5万~30万元

2. 甲企业开出了一张商业汇票给乙企业,丙在汇票的正面表明了"保证"的字样,之后乙企业把汇票背书给了丁企业。根据上述情况,回答以下问题。

(1) 下列各项中,是保证当事人的有( )。
A. 甲企业和乙企业　　　　B. 甲企业和丙企业
C. 乙企业和丙企业　　　　D. 乙企业和丁企业

(2) 保证人必须记载的事项有( )。
A. 保证人的名称和住所　　B. 保证日期
C. 保证人签章　　　　　　D. 被保证人签章

(3) 下列各项中,属于禁止背书的有( )。
A. 表明"不得转让"字样　　B. 被拒绝付款
C. 被拒绝承兑　　　　　　D. 超过提示付款期限

(4) 商业汇票在( )日内,不回复就表示拒绝承兑。
A. 2　　　　B. 3　　　　C. 4　　　　D. 5

(5) 背书时的必须记载事项包括( )。
A. 被背书人的名称　　　　B. 背书人签章
C. 背书日期　　　　　　　D. 付款日期

3. 甲商场与一空调公司签订一份买卖合同,合同规定该生产公司向商场供应空调5 000台,价款1 500万元。商场为此开具1 500万元的汇票给空调生产公司,空调生产公司随后将该汇票转让给某原料供应商。原料供应商于汇票到期日向甲商场兑现时,遭商场拒付。根据上述情况,回答以下问题。

(1) 下列各项中,属于汇票绝对记载事项的是( )。
A. 表明"商业承兑汇票"或"银行承兑汇票"字样
B. 无条件支付的委托
C. 出票日期
D. 收款人名称

(2) 商业汇票的提示付款期限是( )。
A. 自汇票到期日起3日　　B. 自汇票到期日起5日
C. 自汇票到期日起1日　　D. 自汇票到期日起10日

(3) 该商业汇票的出票人和收款人分别是( )。

A. 甲商场，空调生产公司　　　　B. 甲商场，原料供应商
C. 空调生产公司，原料供应商　　D. 空调生产公司，甲商场
(4) 付款人应当自收到提示承兑的汇票之日起(　　)内承兑或拒绝承兑。
A. 1日　　　　B. 3日　　　　C. 7日　　　　D. 30日
(5) 商业汇票的出票人应具备的条件有(　　)。
A. 在承兑银行开立的法人以及其他组织
B. 与收款人位于同城
C. 与承兑银行具有真实的委托付款关系
D. 资信状况良好，具有支付汇票资金的可靠资金来源

4. 2017年9月，甲公司发生如下业务：①从乙公司购买一批钢材，甲公司将一张汇票背书转让给乙公司作为付款，背书时注明"货物没有质量问题转让生效"；②向丙公司发出一份支票，丙公司在转让前发现该支票未记录个别事项；③向银行申请开立临时账户。根据上述情况，回答以下问题。
(1) 对于转让给乙公司的汇票，下列表述中，正确的有(　　)。
A. 该背书所附的条件"货物没有质量问题转让生效"有效
B. 该背书所附的条件"货物没有质量问题转让生效"无效
C. 该背书仍然有效
D. 被背书人即乙公司可依背书取得票据权利
(2) 下列各项中，对基本存款账户与临时存款账户在管理上的区别，表述正确的有(　　)。
A. 基本存款账户能支取现金，而临时存款账户不能支取现金
B. 基本存款账户不能从银行借款，而临时存款账户可以从银行借款
C. 基本存款账户没有开设数量的限制，而临时存款账户受开设数量的限制
D. 基本存款账户没有时间限制，而临时存款账户实行有效期管理
(3) 根据《票据法》的规定，下列各项中，支票的出票人可授权补记的有(　　)。
A. 支票全额　　B. 出票日期　　C. 付款人名称　　D. 收款人名称
(4) 下面关于支票的表述中，正确的有(　　)。
A. 单位、个人均可使用支票结算方式
B. 支票可以支取现金，也可以转账
C. 支票无金额起点
D. 支票的提示付款期限自出票日起10日
(5) 《票据法》所指的票据包括(　　)。
A. 支票　　　　B. 信用证　　　　C. 汇票　　　　D. 本票

5. 甲公司成立于2017年5月18日，法定代表人为李某。6月5日，甲公司财务人员张某持有关资料到Q银行开立基本存款账户。8月6日，甲公司从乙公司购进一批价值260万元的货物，采用支票方式付款。9月12日，甲公司向P银行申请贷款，P银行审查甲公司符合贷款条件后向其发放贷款300万元。根据上述情况，回答以下问题。
(1) 下列各项中，属于甲公司到Q银行开立基本存款账户应提供的证明文件是(　　)。
A. 政府主管部门对该公司成立的批文原件

B. 工商部门颁发的营业执照正本
C. 税务部门颁发的税务登记证
D. 财政部门同意开户的证明
(2) 甲公司在Q银行开立基本存款账户予以核准的机构是( )。
A. Q银行
B. 中国银行监督管理委员会当地分支机构
C. 当地银行业协会
D. 中国人民银行当地分支机构
(3) 甲公司向乙公司签发支票，其在支票上的签章是( )。
A. 甲公司的财务专用章加李某的签名或盖章
B. 甲公司的业务专用章加李某的签名或盖章
C. 甲公司的财务专用章加张某的签名或盖章
D. 甲公司的业务专用章加张某的签名或盖章
(4) 下列各项中，属于甲公司向乙公司签发支票必须记载的事项有( )。
A. 收款人乙公司
B. 付款人Q银行
C. 支票金额260万元
D. 出票人甲公司签章
(5) 甲公司从P银行贷款时开立的银行结算账户属于( )。
A. 基本存款账户
B. 一般存款账户
C. 专用存款账户
D. 临时存款账户

6. 2017年某宾馆发生的关于信用卡的业务如下：①2月8日，向银行交存备用金，申领信用卡；②8月17日，宾馆将信用卡注销。根据上述情况，回答以下问题。
(1) 该宾馆申领的信用卡是( )。
A. 贷记卡　　　B. 个人卡　　　C. 单位卡　　　D. 准贷记卡
(2) 单位卡的使用范围有( )。
A. 转入销货款项
B. 用于在特约商户购入
C. 用于支付货款
D. 交存现金
(3) 个人信用卡持卡人要向其账户续存资金的，只限于( )。
A. 劳务报酬收入的转账
B. 工资性存款的转账
C. 持有的现金
D. 经营性收入的转账
(4) 下列关于信用卡的描述中，正确的有( )。
A. 贷记卡非现金交易可享受免息还款期待遇
B. 信用卡分为准贷记卡和贷记卡
C. 信用卡仅限于合法持卡人使用，不得出租或转借
D. 单位卡购买商品和劳务时，不得透支
(5) 信用卡销户时，下列表述中，正确的有( )。
A. 发卡银行应当收回信用卡，有效信用卡无法收回的，应当将其止付
B. 单位卡账户余额也可以转为一般存款账户
C. 单位卡账户余额转入基本存款账户
D. 单位卡账户余额也可以由单位提取现金

7. 甲公司的开户银行为P银行，甲公司委派员工张某携带一张公司签发的出票日期为2017年4月1日、金额和收款人名称均空白的转账支票赴乙公司洽谈业务，为支付货款，

张某在支票上填写金额15万元后交付乙公司。当日，为偿还所欠丙公司劳务费，乙公司将支票背书转让给丙公司，在背书栏记载了"不得转让"，未记载背书日期。丙公司持票到P银行提示付款，被拒绝支付。丙公司行使追索权以实现票据权利。

要求：根据上述资料，不考虑其他因素，分别回答以下问题。

(1) 下列关于甲公司签发支票行为的效力及票据当事人的表述中，符合法律规定的有（　　）。

　　A. 因出票时未记载收款人名称，支票无效
　　B. P银行是支票的付款人
　　C. 因出票时未记载确定的金额，支票无效
　　D. 甲公司是支票的保证人

(2) 下列关于乙公司将支票背书转让给丙公司行为效力的表述中，符合法律规定的有（　　）

　　A. 丙公司再背书转让该支票，乙公司对丙公司的被背书人不承担保证责任
　　B. 背书上附"不得转让"的条件，背书无效
　　C. 未记载背书日期，背书无效
　　D. 未记载背书日期，视为在支票到期日前背书

(3) 下列关于丙公司提示付款的表述中，符合法律规定的有（　　）。

　　A. 丙公司提示付款期限为2017年4月2日起10日
　　B. 支票无效，丙公司无权提示付款
　　C. 丙公司提示付款期限为2017年4月1日起10日
　　D. 丙公司可以委托开户银行向P银行提示付款

(4) 下列关于丙公司行使票据追索权的表述中，不符合法律规定的有（　　）。

　　A. 丙公司应按照先乙公司后甲公司的顺序行使追索权
　　B. 丙公司只能对乙公司或甲公司其中之一行使追索权
　　C. 丙公司不享有票据追索权
　　D. 丙公司可以同时对甲公司和乙公司行使追索权

8. 2017年5月10日，甲公司向乙公司签发一张金额为50万元、出票后1个月付款的银行承兑汇票，经其开户银行P承兑后交付乙公司。5月15日，乙公司将该票据背书转让给丙公司；5月20日，丙公司将该票据背书转让给丁公司，并在票据上记载"不得转让"字样；5月25日，丁公司在票据上记载"只有戊公司交货后，该背书转让方发生效力"的字样后将该票据背书转让给戊公司。6月12日，戊公司向P银行提示付款时，P银行以甲公司存款不足为由拒绝付款。

要求：根据上述材料，不考虑其他因素，分析回答下列问题。

(1) 下列关于该票据当事人的表述中，正确的是（　　）。

　　A. 甲公司为出票人
　　B. 乙公司为收款人
　　C. 戊公司为最后一手转让背书的被背书人
　　D. P银行为付款人

(2) 下列票据当事人中，丙公司应对其承担保证付款责任的是（　　）。

A. 丁公司　　　B. 甲公司　　　C. P银行　　　D. 戊公司

(3) 下列关于丁公司条件背书在票据上效力的表述中，正确的是(　　)。
　　A. 所附条件无效，该票据无效　　B. 所附条件有效，该背书有效
　　C. 所附条件无效，该背书有效　　D. 所附条件有效，该票据有效

(4) 下列关于该汇票付款的表述中，正确的是(　　)。
　　A. P银行应于6月12日足额付款
　　B. P银行对甲公司尚未支付的汇票金额按照日5‰计收利息
　　C. P银行有权以甲公司存款不足为由拒绝付款
　　D. 甲公司应于6月10日前将票款足额交存P银行

9. 2017年3月4日，甲公司为履行与乙公司的货物买卖合同，签发一张商业汇票交付乙公司。汇票收款人为乙公司，由Q银行承兑，到期日为9月4日。7月9日，乙公司财务人员不慎将该汇票丢失，于当日同时申请挂失止付和公示催告。7月10日，法院通知Q银行停止支付并发出公告，公告期间为自公告之日起60日。丙公司法定代表人张某捡到该汇票并自行在汇票上记载丙公司为被背书人。9月5日，丙公司向Q银行提示付款。

要求：根据上述材料，回答以下问题。

(1) Q银行承兑时必须在汇票上记载的事项有(　　)。
　　A. Q银行住所　　　　　　B. "承兑"字样
　　C. 承兑日期　　　　　　　D. Q银行签章

(2) 下列当事人中，属于该汇票债务人的有(　　)。
　　A. 乙公司　　　B. 甲公司　　　C. 丙公司　　　D. Q银行

(3) 乙公司申请挂失止付，挂失止付通知书应记载的事项有(　　)。
　　A. 乙公司的名称、营业场所或者住所以及联系方法
　　B. 该汇票的种类、号码、金额
　　C. 该汇票丧失的时间、地点、原因
　　D. 该汇票的出票日期、付款日期、收款人名称、付款人名称

(4) 下列关于该汇票付款责任的表述中，正确的有(　　)。
　　A. 丙公司是持票人，Q银行应予以付款
　　B. 乙公司丢失票据，丧失票据权利，Q银行不应向乙公司付款
　　C. 乙公司是票据权利人，在法院作出除权判决并公告后，Q银行应向乙公司付款
　　D. Q银行应向丙公司付款，但需要请求法院提前结束公示催告程序

项目三 识别违反税法的行为

【技能目标】

- 识别税收分类。
- 识别增值税、消费税、企业所得税、个人所得税的基本要素。
- 识别违反税法的行为。

【知识目标】

- 掌握增值税、消费税、企业所得税、个人所得税的基本要素。
- 了解税收的概念及其分类、税法及其构成要素。
- 熟悉税收征管的主要规定。

【职业素质目标】

- 依法纳税光荣,偷税抗税可耻。
- 合理纳税筹划明智。

> 学前测试

1. 一般企业应缴纳的税有(　　)。
   A. 增值税　　　　B. 企业所得税　　　C. 车船税　　　　D. 印花税
2. 增值税的基本税率是(　　)。
   A. 20%　　　　　B. 25%　　　　　　C. 15%　　　　　D. 13%
3. 下列应当缴纳增值税的是(　　)。
   A. 商场　　　　　B. 建筑公司　　　　C. 运输公司　　　D. 中国银行
4. 下列应当缴纳个人所得税的是(　　)。
   A. 工资、薪金所得　　　　　　　　　B. 稿酬所得
   C. 保险赔款所得　　　　　　　　　　D. 转让财产所得
5. 下列应当缴纳企业所得税的收入是(　　)。
   A. 转让财产收入　　　　　　　　　　B. 财政拨款收入
   C. 国债利息收入　　　　　　　　　　D. 符合条件的居民企业之间的股息收入
6. 企业领取营业执照，尚未正式营业，没有收入所得，不需要办理纳税申报。这一说法正确吗？
7. 某公司是当地的纳税大户，该公司向税务机关申请税收折扣，遭到税务机关的拒绝。试分析税务机关的拒绝有无道理。
8. 甲公司是××××年6月份新开业的农副产品生产公司，认为本公司应适用9%的税率，可是税务机关确定其适用13%的税率，为此双方发生争议，甲公司拒不缴纳6月份的税款，并准备向法院起诉。试分析法院是否会受理。

参考答案：

1. ABCD　　　2. D　　　　3. ABCD　　　4. ABD
5. A　　　　　6. 不正确　　7. 有道理　　　8. 法院不会受理

任务一　识别税收分类

> 案情回放

在开学第一堂税法课上，老师介绍了我国税制。课后，几位学生就我国税制进行交流。小王认为：税是地方政府因职能需要而收取的，每年标准肯定不统一，需求大多收，需求小少收。小李认为：我国有十多种税，不同的人缴纳不同的税。小刘认为：税是向有利润的一方收取的，如果企业亏损就用不交税。

> 工作任务

分析三人观点是否正确？为什么？

项目三　识别违反税法的行为

理论认知

一、税收的概念、特征与分类

一个国家要维持政权，就必须建立相应的国家机器，并且还要兴办各种必不可少的社会公共事业，而这些都需要庞大的财政收入来做保证。税收作为取得财政收入的主要方式之一，已经被各国普遍采用，并且成为满足国家行使其职能需要的重要方式。

(一)税收的概念与作用

1. 税收的概念

税收是国家为了满足一般的社会共同需要，凭借政治权力，按照国家法律规定的标准，通过税收工具强制地、无偿地取得财政收入的一种分配形式。

2. 税收的作用

(1) 税收是国家组织财政收入的主要形式和工具。我国财政收入主要来源于税收，国家通过税收形式参与纳税人收入的分配。

(2) 税收是国家调控经济运行的重要手段。国家通过税种、税率以及税收优惠政策等方式，调整产业结构和社会资源的优化配置，达到调控经济运行的目标。例如，为支持农业发展，2006年起全国取消了农业税。

(3) 税收具有维护国家政权的作用。国家政权是税收产生和存在的必要条件，而国家政权的存在又依赖于税收的存在。没有税收，国家机器就难以有效运转。同时，税收具有无偿性，必须凭借政治权力，对纳税人的物质利益进行调节。

(4) 税收是国际经济交往中维护国家利益的可靠保障。在国际经济交往中，任何国家对在本国境内从事生产、经营的外国企业或个人都拥有税收管辖权，这是国家权益的具体体现。

【思考3-1】下列各项中，体现了税收作用的有(　　)。
　　A. 组织财政收入　　　　B. 调节经济
　　C. 维护国家政权　　　　D. 维护国家利益

【解析】正确答案是 ABCD。税收具有这四个方面的作用。

(二)税收的特征

税收具有强制性、无偿性和固定性三个特征。

1. 强制性

税收的强制性是指国家凭借政治权力，依照法律强制征税，纳税人必须依法纳税，否则就要受到法律的制裁。税收的无偿性必然决定税收具有强制性。

2. 无偿性

税收的无偿性是指国家征税后，税款就成为国家所有，不再直接返还纳税人，也不支

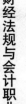

付任何报酬。无偿性是税收的本质属性，体现了财政分配的本质。

3. 固定性

税收的固定性是指国家通过法律形式预先规定了每个税种的征税范围、计税标准及征收比例或数额，按预定标准征收。这些标准在一定时期内，具有相对的稳定性，也体现了税法的严肃性。

【思考3-2】由于税收具有固定性，所以税收一旦确定，就不会发生变动。这一说法正确吗？

【解析】不正确。税收的固定性是指税种、税率、计税依据等"一定时期内"相对稳定。

(三)税收的分类

税收的分类是以一定的目的和要求出发，按一定的标准，对各不同税种隶属税类所做的一种划分。我国的税种分类如下。

1. 按照征税对象分类

按照征税对象分类，可将全部税收划分为流转税、所得税、财产税、资源税和行为税五种类型。

(1) 流转税是指以货物或劳务的流转额为征税对象的一类税收。我国现行的增值税、消费税和关税等都属于流转税类。

流转税是以货物或劳务的流转额为计税依据，在生产经营及销售环节征收，收入不受成本费用变化的影响。

(2) 所得税也称收益税，是指以纳税人的各种所得额为课税对象的一类税收。现阶段，我国所得税类主要包括企业所得税、个人所得税等。

所得税的征税对象不是一般收入，而是总收入减去准予扣除的项目后的余额，征税数额受成本、费用、利润高低的影响较大。

(3) 财产税是以纳税人所拥有或支配的特定财产为征税对象的一类税收。我国现行的房产税、车船税等都属于财产税类。

财产税的高低与财产价值、数量关系密切。

(4) 资源税是以自然资源和某些社会资源作为征税对象的一类税收。我国现行的资源税、土地增值税和城镇土地使用税等都属于资源税类。

资源税的高低与资源级差收益水平关系密切。

(5) 行为税也称特定目的税，是指国家为了实现特定目的，以纳税人的某些特定行为为征税对象的一类税收。车辆购置税、城市维护建设税、印花税等都属于行为税类。

行为税的选择性较为明显，税种较多，具有较强的时效性。

【思考3-3】按照征收对象划分，以下属于财产税的是(   )。

　　A. 关税　　　　B. 车船税　　　　C. 资源税　　　　D. 车辆购置税

【解析】正确答案是B。关税属于流转税类，资源税属于资源税类，车辆购置税属于行为税类。

2. 按照征收管理的分工体系分类

按照征收管理的分工体系分类，可分为工商税类和关税类。

(1) 工商税类由税务机关负责征收管理，是我国现行税制的主体部分，如增值税，消费税、企业所得税等。

(2) 关税类是国家授权海关对出入关境的货物和物品为征税对象的一类税收，如进出口关税，由海关代征的进口环节增值税、消费税和船舶吨税。

3. 按照税收征收权限和收入支配权限分类

按照税收征收权限和收入支配权限分类，可分为中央税、地方税和中央与地方共享税。

(1) 中央税是指由中央政府征收和管理使用或者地方政府征税后全部划解中央，由中央所有和支配的税收。消费税(含进口环节由海关代征的部分)、关税、车辆购置税、海关代征的进口环节增值税等为中央税。

(2) 地方税是由地方政府征收、管理和支配的一类税收。地方税主要包括城镇土地使用税、耕地占用税、土地增值税、房产税、车船税、契税等。

(3) 中央与地方共享税是指税收收入由中央和地方政府按比例分享的税收，如增值税，企业所得税和个人所得税等。

【思考 3-4】下列各项中，属于中央税的是( )。
　　A. 增值税　　　　　B. 契税　　　　C. 土地增值税　　　D. 消费税

【解析】正确答案是 D。中央税包括消费税、关税、车辆购置税等。

4. 按照计税标准不同分类

按照计税标准不同分类，可分为从价税、从量税和复合税。

(1) 从价税是以课税对象的价格作为计税依据，一般实行比例税率和累进税率，税收负担比较合理，如我国现行的增值税、企业所得税、个人所得税等税种。

(2) 从量税是以课税对象的实物量作为计税依据征收的一种税，一般采用定额税率，如我国现行的车船税、城镇土地使用税、消费税中的啤酒和黄酒等。

(3) 复合税是指对征税对象采用从价和从量相结合的计税方法征收的一种税，如我国现行的消费税中对卷烟、白酒等征收的消费税。

【思考 3-5】按照征收权限和收入支配权限分类，税收分为从价税、从量税和复合税。这一说法正确吗？

【解析】不正确。"按征收权限和收入支配权限"分为中央税、地方税、中央与地方共享税。"按计税标准"或"计税依据"分为从价税、从量税、复合税。

二、税法及其构成要素

(一)税法的概念

税法是指税收法律制度，是国家权力机关和行政机关制定的用以调整国家与纳税人之间在税收征纳方面的权利与义务关系的法律规范的总称，是国家法律的重要组成部分。

(二)税法的分类

1. 按照税法的功能作用不同,分为税收实体法和税收程序法

(1) 税收实体法是规定税收法律关系主体的实体权利、义务的法律规范总称。税收实体法具体规定了各种税种的征收对象、征收范围、税目、税率等,如《中华人民共和国企业所得税法》(以下简称《企业所得税法》)、《中华人民共和国个人所得税法》(以下简称《个人所得税法》)就属于实体法。

(2) 税收程序法是税务管理方面的法律规范。税收程序法主要包括《中华人民共和国税收征收管理法》(以下简称《税收征收管理法》)、纳税程序法、《中华人民共和国发票管理法》、税务机关组织法、税务争议处理法等。

【思考3-6】《中华人民共和国增值税暂行条例》属于税收程序法。这一说法正确吗?

【解析】不正确。凡带具体"税收名称"的法律、法规属于"实体法"。例如,个人所得税法、消费税暂行条例等,税收征收管理法属于程序法。

2. 按照主权国家行使税收管辖权不同,分为国内税法、国际税法、外国税法

(1) 国内税法是指一国在其税收管辖权范围内,调整国家与纳税人之间权利与义务关系的法律规范的总称,是由国家立法机关和经由授权或依法律规定的国家行政机关制定的法律、法规和规范性文件。

(2) 国际税法是指两个或两个以上的课税权主体对跨国纳税人的跨国所得或财产征税形成的分配关系,并由此形成国与国之间的税收分配形式,主要包括双边或多边国家间的税收协定、条约和国际惯例。

(3) 外国税法是指外国各个国家制定的税收法律制度。

3. 按照税法法律级次不同,分为税收法律、税收行政法规、税收行政规章和税收规范性文件

(1) 税收法律(狭义的税法)由全国人民代表大会及其常务委员会制定,如《企业所得税法》《个人所得税法》《税收征收管理法》。

(2) 税收行政法规是由国务院制定的有关税收方面的行政法规和规范性文件,如《增值税暂行条例》。

(3) 税收行政规章和税收规范性文件是由国务院财税主管部门(财政部、国家税务总局、海关总署和国务院关税税则委员会)根据法律和国务院行政法规或者规范性文件的要求,在本部门权限范围内发布的有关税收事项的规章和规范性文件,包括命令、通知、公告、通告、批复、意见、函等文件形式,如《中华人民共和国增值税暂行条例实施细则》《增值税专用发票使用规定》。

(三)税法的构成要素

税法的构成要素是指各种单行税法具有的共同的基本要素的总称,一般包括征税人、纳税义务人、征税对象、税目、税率、计税依据、纳税环节、纳税期限、纳税地点、减免税和法律责任等项目。其中,纳税义务人、征税对象、税率是构成税法的三个最基本的要素。

【思考3-7】下列各项中,属于税法最基本要素的是(　　)。

　　A. 征税人　　　　B. 征税对象　　　　C. 税目　　　　D. 计税依据

【解析】正确答案是B。最基本要素有三个:纳税义务人、征税对象和税率。

1. 征税人

征税人是指代表国家行使征税权的各级税务机关和其他征税机关。

2. 纳税义务人

纳税义务人是指税法规定的直接负有纳税义务的自然人、法人或其他组织。

3. 征税对象

征税对象又称为课税对象,是指税法规定对什么征税,是区分不同税种的主要标志。不同的征税对象构成不同的税种。

4. 税目

税目是指税法中规定的征税对象的具体项目,是征税的具体根据。如消费税的征税对象是应税消费品,但其税目包括烟、酒等15种消费品。税目决定着征税的广度。

【思考3-8】我国税法要素中,用来明确征税的具体范围,确定征税对象适用不同税率的要素是(　　)。

　　A. 税率　　　　B. 计税依据　　　　C. 征税对象　　　　D. 税目

【解析】正确答案是D。明确征税"具体项目"的是"税目"。

5. 税率

税率是税额与征税对象之间的数量关系或比例,是计算应纳税额的尺度。税率的高低直接关系纳税人的负担和国家财政收入的多少,是税法的核心要素,体现了征税的深度。

我国现行税率主要有比例税率、定额税率和累进税率三种基本形式。

(1) 比例税率是指对同一征税对象,不论其数额大小,均按同一比例征税的税率。

(2) 定额税率又称固定税额,是按征税对象确定的计量单位,直接规定一个固定的税额,而不采用百分比的形式。例如,生产销售一吨黄酒,应纳税额为240元,若生产销售100吨,则应纳税额为24 000元。目前采用定额税率的有城镇土地使用税、车船税等。

(3) 累进税率是指按照征税对象数额的大小,规定不同的等级税率,征税对象数额越大,税率越高。累进税率一般适用于对所得和财产征税。累进税率分为全额累进、超额累进、超率累进三种。我国目前实行的是超额累进税率和超率累进税率两种。

超额累进税率是把征税对象按数额的大小划分为若干个等级,每一等级规定一个税率,税率依次提高,但每一纳税人的征税对象依所属等级同时适用几个税率分别计算,如个人所得税中的工资、薪金所得适用超额累进税率。

超率累进税率是以征税对象数额的相对率划分若干级距,分别规定相应的差别税率,相对率每超过一个级距的,对超过的部分就按高一级的税率计算征税,如土地增值税。

6. 计税依据

计税依据又称计税标准、课税依据，是指计算应纳税额的依据或标准。计税依据可以分为从价计征、从量计征和复合计征3种类型。

从价计征是以计税金额为计税依据，如增值税、企业所得税等。

从量计征是以课税对象的重量、体积、数量为计税依据，如车船税、城镇土地使用税、消费税税目中的黄酒、啤酒、成品油等。

复合计征是分别以征税对象的价格和数量为计税依据，分别计算并加总，如消费税税目中的卷烟和白酒。

【思考3-9】下列税收中，采用从量计征的有(　　)。
　　A. 企业所得税　　　　B. 车船税　　　　C. 城镇土地使用税　　　　D. 增值税

【解析】正确答案是BC。企业所得税、增值税采用的是从价计征。注意："计税依据"与所采用的"税率"形式是对应的，如适用"定额税率"，其计税依据必然是"从量计征"。

7. 纳税环节

纳税环节是税法规定的征税对象在从生产到消费的流转过程中应当缴纳税款的环节。纳税环节一般有以下两种类型。

(1) 单一环节征税即同一税种在其征税对象从生产到消费的流转过程中只选择在一个环节征税。如现行的资源税，一般只在开采或生产环节征收。

(2) 多环节征税即同一税种在其征税对象从生产到消费的流转过程中，每流转一次，就要征收一次，如增值税道道环节征税。

8. 纳税期限

纳税期限是指税法规定纳税义务发生后缴纳税款的期限。它是税收强制性和固定性在时间上的体现。纳税人必须在规定的纳税期限内缴纳税款。

9. 纳税地点

纳税地点是指税法规定纳税人向征收机构申报纳税的具体地点。

10. 减免税

减免税是指国家对某些纳税人和征税对象给予鼓励和照顾的特殊规定。它主要包括三方面的内容。

(1) 减税和免税。减税是指对应征税款减少征收一部分。免税是对指按规定应征收的税款全部免征。

(2) 起征点。起征点是指征税对象达到征税数额开始征税的界限。征税对象的数额未达到起征点的不征税，达到或超过起征点的，就其全部数额征税。例如，某地区确定增值税的起征点为10万元，当月销售额为9.99万元时，不用缴纳税款，当月销售额为10.00001万元时，则就"100 001元"(全额)与适用的税率计算应缴纳的增值税。

(3) 免征额。免征额是指征税对象总额中免予征税的数额。即将纳税的一部分给予减免，只就减除后剩余部分计征税款。例如，《个人所得税法》规定，对个人的综合所得从每一纳税年度的收入额中减除费用6万元，就其余额依法计算应纳税所得额。

【思考 3-10】 如果税法规定某一税种的起征点是 10 万元，那么超过起征点的，只对超过 10 万元的部分征税。这一说法正确吗？

【解析】 不正确。达不到起征点，不征税；"达到的"，要"全额"计税，并非"超过部分"计税。"免征额"是针对"超过部分"计征的。

11. 法律责任

法律责任是对违反国家税法规定的行为人采取的处罚措施。税法规定的法律责任形式主要有行政责任和刑事责任两种。

【思考 3-11】 下列各项中，属于按照税收的征税对象分类的是（　　）。

　　A. 关税类　　　　B. 行为税类　　　C. 从价税　　　D. 中央税

【解析】 正确答案是 B。关税类是按"征收管理分工体系"分类的；从价税是按"计税标准"分类的；中央税是按"征收权限和收入支配权限"分类的。

◉ 任务解析

三人观点不正确。税收具有固定性特征，国家通过法律形式预先规定了每个税种的征税范围、计税标准及征收比例或数额，各级税务机关按预定标准征收，而非因地方政府需要随意收取。税种的不同不是按人划分的，而是按征税对象划分的，不同的征税对象构成不同的税种。例如，增值税征税对象是增值额、房产税征税对象是房物价值、企业所得税征税对象是企业所得等。不同的税，计税依据不同，企业所得税是用总收入减去准予扣除的项目后的余额计税，如果余额为负数，当年不用缴纳企业所得税。但是增值税、消费税、关税等是以货物或劳务的流转额（收入）为计税依据，而不考虑成本费用，成本费用高低不影响税额。

任务二　识别增值税与消费税的基本要素

◉ 案情回放

ABC 商场为答谢老顾客长期以来的支持，委托酒厂加工了一批价值 50 万元的红酒，准备在 10 周年店庆之际，赠送老顾客。ABC 商场提货结算时，发现酒厂按合同收取加工费、增值税的同时，还收取了消费税。由于该商场从未缴纳过消费税，为此发生质疑。

◉ 工作任务

分析 ABC 商场在这笔红酒委托加工业务中，是否应当缴纳消费税？为什么？

◉ 理论认知

一、增值税

我国现行税种主要包括增值税、消费税、企业所得税、个人所得税、关税、契税、资源税、房产税、车船税、印花税、城市维护建设税、城镇土地使用税、车辆购置税、土地增值税、耕地占用税、环境保护税等。本书重点介绍前四种税的基本知识与计算。

(一)增值税的概念与分类

1. 增值税的概念

增值税是对销售货物、提供劳务或者发生应税行为过程中实现的增值额征收的一种税。增值税是我国现阶段税收收入规模最大的税种。增值额是指纳税人在生产、经营或劳务活动中所创造的新增价值,即纳税人在一定时期内从事销售货物或提供劳务所取得的收入大于其购进商品或取得劳务时所支付金额的差额。由于新增价值在实际操作中难以准确计算,因此,增值税的计算一般采用税款抵扣的方式,即根据货物或者应税劳务的销售额和税法规定的适用税率先计算一个税额,然后再从中扣除上一道环节已纳增值税税款,其余额即为纳税人应缴纳的增值税税额。

2. 增值税的分类

(1) 生产型增值税。在计算增值税时,不允许纳税人扣除任何外购固定资产的价款值。

(2) 收入型增值税。在计算增值税时,只允许将外购固定资产折旧部分的价值扣除。

(3) 消费型增值税。在计算增值税时,允许将外购固定资产的价值一次性全部扣除。它可以彻底消除重复计税,有利于鼓励投资。我国自2009年1月1日起,由过去的生产型增值税,全面改征为消费型增值税。

我国现行增值税的基本规范是1993年12月13日国务院颁布并于1994年1月1日起实施的《中华人民共和国增值税暂行条例》(以下简称《增值税暂行条例》),该条例于2008年11月5日修订并自2009年1月1日起施行。此外,还有财政部、国家税务总局于1993年12月25日制定、2008年12月15日、2011年11月11日两次修订的《中华人民共和国增值税暂行条例实施细则》(以下简称《增值税暂行条例实施细则》)。自2012年1月1日起,在上海市开展交通运输业和部分现代服务业营业税改征增值税试点。2016年3月24日,财政部、国家税务总局印发《营业税改征增值税试点实施办法》,自2016年5月1日起,在全国范围内取消营业税,全面开展了营业税改征增值税改革。

【思考 3-12】增值税是对从事销售货物或者加工、修理修配劳务,以及进口货物的单位和个人以其取得的(　　)为计税依据征收的一种流转税。

　　A. 销售额　　　　B. 营业额　　　　C. 增值额　　　　D. 收入额

【解析】正确答案是C。增值税的计税依据是"增值额"。

(二)增值税的征税范围

1. 征税范围的基本规定

(1) 销售或者进口的货物。货物是指有形动产,包括电力、热力、气体在内。销售货物是指有偿转让货物的所有权。

(2) 提供加工及修理修配劳务。它是指有偿提供加工、修理修配劳务,但单位或个体经营者聘用的员工为本单位或雇主提供加工、修理修配劳务,不包括在内。

【思考 3-13】下列各项中，属于增值税征税范围的有(   )。
  A. 汽车维修   B. 手机修配
  C. 金银首饰加工   D. 电力销售

【解析】正确答案是 ABCD。根据增值税法律制度的规定，提供加工、修理修配劳务，电力销售均属于增值税征税范围。

(3) 销售服务。它是指提供交通运输服务、邮政服务、电信服务、建筑服务、金融服务、现代服务、生活服务。

① 交通运输服务包括陆路、水路、航空、管道运输服务。

② 邮政服务是指中国邮政集团公司及其所属邮政企业提供邮件寄递、邮政汇兑和机要通信等邮政基本服务的业务活动，包括邮政普遍服务、邮政特殊服务和其他邮政服务。

③ 电信服务包括基础电信服务和增值电信服务。基础电信服务指利用固网、移动网、卫星、互联网，提供语音通话服务的业务，以及出租或出售带宽、波长等网络元素的业务活动。增值电信服务指利用固网、移动网、卫星、有线电视网络，提供短信和彩信服务、电子数据和信息的传输及应用服务、互联网接入服务等业务活动。

④ 建筑服务是指各类建筑物、构筑物及其附属设施的建造、修缮、装饰，线路、管道、设备、设施等的安装以及其他工程作业的业务活动，包括工程服务、安装服务、修缮服务、装饰服务、其他建筑服务。

⑤ 金融服务是指经营金融保险的业务活动，包括贷款服务、直接收费金融服务、保险服务和金融商品转让。

⑥ 现代服务是指围绕制造业、文化产业、现代物流产业等提供技术性、知识性服务的业务活动，包括研发和技术服务、信息技术服务、文化创意服务、物流辅助服务、租赁服务、鉴证咨询服务、广播影视服务、商务辅助服务和其他现代服务。

⑦ 生活服务是指为满足城乡居民日常生活需求提供的各类服务活动，包括文化体育服务、教育医疗服务、旅游娱乐服务、餐饮住宿服务、居民日常服务和其他生活服务。

(4) 销售无形资产。它是指转让无形资产所有权或使用权的业务活动。无形资产是指不具有实物形态，但能带来经济利益的资产，包括技术、商标、著作权、商誉、自然资源使用权和其他权益性无形资产。

(5) 销售不动产。它是指转让不动产所有权的业务活动。不动产是指不能移动或移动后会引起性质、形状改变的财产，包括建筑物和构筑物。

转让建筑物有限产权或永久使用权的，转让在建的建筑物或构筑物所有权的，以及在转让建筑物或构筑物时一并转让其所占土地的使用权的，按销售不动产缴纳增值税。

(6) 非经营活动的界定

① 销售服务、无形资产或不动产是指有偿提供服务、有偿转让无形资产或不动产，但属于下列非经营活动的情形除外。

- 行政单位收取的同时满足以下条件的政府性基金或者行政事业性收费：由国务院或者财政部批准设立的政府性基金，由国务院或者省级人民政府及其财政、价格主管部门批准设立的行政事业性收费；收取时开具省级以上(含省级)财政部门监(印)制的财政票据；所收款项全额上缴财政。

- 单位或者个体工商户聘用的员工为本单位或者雇主提供取得工资的服务。

- 单位或者个体工商户为聘用的员工提供服务。
- 财政部和国家税务总局规定的其他内容。

② 在境内销售服务、无形资产或不动产，"境内"是指以下情形。
- 服务(租赁不动产除外)或无形资产(自然资源使用权除外)的销售方或购买方在境内；——只要一方在境内即是境内。
- 所销售或租赁的不动产在境内。
- 所销售自然资源使用权的自然资源在境内。
- 财政部和国家税务总局规定的其他情形。

③ 下列情形不属于在中国境内提供应税服务(即完全发生在境外)。
- 境外单位或个人向境内单位或个人销售完全在境外发生的服务。
- 境外单位或个人向境内单位或个人销售完全在境外使用的无形资产。
- 境外单位或个人向境内单位或个人出租完全在境外使用的有形动产。
- 财政部和国家税务总局规定的其他情形。

2. 征收范围的特殊规定

(1) 视同销售货物。单位或个体经营者的下列行为，视同销售货物。
① 将货物交付其他单位或者个人代销。
② 销售代销货物。
③ 设有两个以上机构并实行统一核算的纳税人，将货物从一个机构移送其他机构用于销售，但相关机构设在同一县(市)的除外。

【思考 3-14】甲市的 A、B 两店为实行统一核算的连锁店。根据增值税法律制度的规定，A 店的下列经营活动中，不属于视同销售货物行为的是(   )。
  A. 将货物交付给位于乙市的某商场代销
  B. 销售乙市某商场的代销货物
  C. 将货物移送 B 店销售
  D. 为促销将本店货物无偿赠送给消费者

【解析】正确答案是 C。"跨县(市)"的内部转移才视同销售，由于甲、乙同属 A 市，所以选项 C 不属于视同销售货物行为。

④ 将自产、委托加工的货物用于集体福利或个人消费。
⑤ 将自产、委托加工或购进的货物作为投资，提供给其他单位或个体工商户。
⑥ 将自产、委托加工或购进的货物分配给股东或投资者。
⑦ 将自产、委托加工或购进的货物无偿赠送其他单位或个人。

上述第④项所称"集体福利或个人消费"是指企业内部设置的供职工使用的食堂、浴室、理发室、宿舍、幼儿园等福利设施及设备、物品等，或者以福利、奖励、津贴等形式发放给职工个人的物品。

【思考 3-15】根据增值税法律制度的规定，下列各项中，不属于视同销售货物行为的是(   )。
  A. 将外购的货物分配给股东   B. 将外购的货物用于投资
  C. 将外购的货物用于集体福利   D. 将外购的货物无偿赠送他人

【解析】正确答案是 C。用于"集体福利、个人消费"的货物要"看来源",只有"自产或委托加工的"的才视同销售,"外购的"货物用于集体福利或个人消费不视同销售。

【思考 3-16】下列各项中,应缴纳增值税的是(　　)。
　　A. 将自产的货物用于投资
　　B. 将外购的货物用于集体福利
　　C. A 市的甲企业将库存商品移送给本市的分公司乙销售
　　D. 将外购的钢材用于修建办公大楼

【解析】正确答案是 A。"跨县(市)"的内部转移才视同销售,由于甲、乙同属 A 市,所以选项 C 不正确;用于"集体福利、个人消费"的货物必须是"自产或委托加工的",才视同销售,不包括外购的,所以选项 B 不正确。将外购的钢材用于修建办公大楼,属于连续生产增值税产品,移送时不征收增值税,待最终产品销售时按规定征收增值税(即"干老本行"中间移送不征税)。

(2) 视同销售服务、无形资产或者不动产。单位和个体工商户的下列情形,视同提供应税服务。
　　① 向其他单位或者个人无偿提供交通运输业和部分现代服务业服务,但以公益活动为目的或者以社会公众为对象的除外。
　　② 无偿转让无形资产或者不动产,但用于公益事业或者以社会公众为对象的除外。
　　③ 财政部和国家税务总局规定的其他情形。

(3) 混合销售是指一项既涉及货物又涉及服务的销售行为。例如,商场销售空调取得收入 3 000 元,同时上门为客户安装,取得安装费 100 元,这项业务中既有货物(空调)的销售(应纳增值税),又有安装劳务(营业税改征增值税范围)的销售,属于混合销售。

混合销售行为的特点是两项销售同时发生在同一纳税人身上,而且不允许纳税人选择,或同时接受或同时放弃。

【思考 3-17】试分析下列行为是否属于混合销售行为:①电脑公司在销售电脑的同时,为购买电脑的客户提供半价的培训服务。②甲商场开展多种经营,销售商品的同时,在一楼大厅开设了快餐厅从事餐饮服务。

【解析】①属于混合销售。只有买了电脑,才能享受半价的培训服务,二者必须兼得,不能选择其一。②不属于混合销售。顾客可以在快餐服务与商品之间选择,并非必须购买了商品才能吃快餐或必须吃了快餐才能购买商品。

　　① 一般规定。从事货物的生产、批发或零售(包括以其为主,兼营销售服务)的企业、企业性单位及个体经营者的混合销售行为,视同销售货物,征收增值税;其他单位和个人的混合销售行为,视同销售服务缴纳增值税。
　　② 特殊规定。自 2017 年 5 月起,纳税人销售活动板房、机器设备、钢结构件等自产货物的同时提供建筑、安装服务,不属于混合销售,应分别核算货物和建筑服务的销售额,分别适用不同的税率或者征收率,分别缴纳增值税。

【思考 3-18】下列混合销售行为中,应当按销售货物征收增值税的是(　　)。
　　A. 商场销售商品的同时,提供半价的安装服务
　　B. 照相馆提供照相服务的同时,以成本价销售相册
　　C. 建材公司销售建材的同时,为购买建材的顾客提供低廉的室内装修服务

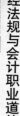

　　D. 餐饮中心提供餐饮服务的同时，销售酒水

【解析】正确答案是 AC。混合行为根据"纳税人"的主业来确定应缴税种，从事货物的生产、批发或零售的纳税人发生的混合销售行为，按销售货物缴纳增值税。其他单位和个人的混合销售行为，视同销售服务缴纳增值税。B 和 D 应按销售服务(税率低)缴纳增值税。

　　(4) 兼营是指纳税人的经营范围既包括销售货物和应税劳务(老增值税范围)，又包括销售服务、无形资产或者不动产(营业税改征增值税范围)。与混合销售行为不同的是，兼营不同时发生在同一购买者身上，也不发生在同一项销售行为中。

　　兼营行为的特点是两项或多项业务可供纳税人选择。例如，汽车厂既生产、销售汽车(应纳增值税)，也开展汽车驾驶培训业务(营业税改征增值税范围)，购买汽车的人不一定非要参加培训，参加培训的人也不一定非要购买该厂生产的汽车，所以，属于兼营行为。

　　纳税人发生兼营行为，应当分别核算适用不同税率或者征收率的销售额，未分别核算销售额的，一律从高适用税率。

【思考3-19】增值税纳税人发生兼营行为的，一律从高适用税率。这一说法正确吗？

【解析】不正确。根据增值税法律规定，纳税人发生兼营行为的，应当分别核算适用不同税率或者征收率的销售额，"未分别核算"销售额的，才从高适用税率。

【思考3-20】某农机厂既生产销售税率9%的农机，又利用本厂设备从事税率为13%的租赁业务，则该农机厂应按13%缴纳税款。这一说法正确吗？

【解析】不正确。能够分别核算农机销售额与租赁额的，分别适用税率；"不能分别核算"销售额，才"从高"适用税率计税。

　　(5) 不征收增值税的项目如下。

　　① 根据国家指令无偿提供的铁路运输服务、航空运输服务，属于用于公益事业的服务。

　　② 存款利息。

　　③ 被保险人获得的保险赔付。

　　④ 房地产主管部门或者其他指定机构、公积金管理中心、开发企业以及物业管理单位代收的住宅专项维修资金。

　　⑤ 在资产重组过程中，通过合并、分立、出售、置换等方式，将全部或者部分实物资产以及与其相关联的债权、负债和劳动力一并转让给其他单位和个人，其中涉及的不动产、土地使用权转让行为。

　　⑥ 纳税人在资产重组过程中，通过合并、分立、出售、置换等方式，将全部或者部分实物资产以及与其相关联的债权、负债和劳动力一并转让给其他单位和个人，不属于增值税的征收范围，其中涉及的货物转让，不征收增值税。

【思考3-21】下列各项中，应征收增值税的是(　　)。

　　A. 被保险人获得的保险赔付
　　B. 航空公司根据国家指令无偿提供用于公益事业的航空运输服务
　　C. 居民存款利息
　　D. 母公司向子公司出售不动产

【解析】正确答案是 D。ABC 属于不征收增值税的项目。

(三) 增值税的纳税人

增值税纳税人是指税法规定负有缴纳增值税义务的单位和个人。在我国境内销售货物或者提供加工、修理修配劳务、进口货物以及销售服务、无形资产或者不动产的单位和个人，为增值税纳税人。按照经营规模的大小和会计核算健全与否等标准，增值税纳税人可分为一般纳税人和小规模纳税人。

【思考3-22】下列单位或个人中，属于增值税纳税人的有(　　)。
A. 房产开发公司　　　　　　B. 食品加工厂
C. 商场　　　　　　　　　　D. 进口设备的企业

【解析】正确答案为ABCD。

1. 一般纳税人

一般纳税人是指年应征增值税销售额(以下简称"年应税销售额"，包括一个公历年度内的全部应税销售额)超过《增值税暂行条例实施细则》或者《营业税改征增值税试点实施办法》规定的小规模纳税人标准的企业和企业性单位(以下简称企业)。一般纳税人的特点是增值税进项税额可以抵扣销项税额。

增值税一般纳税人资格实行登记制，登记事项由增值税纳税人向其主管税务机关办理。

纳税人年应税销售额超过规定标准，且符合政策规定，选择按小规模纳税人纳税的，应当向主管税务机关提交书面说明。

下列纳税人不办理一般纳税人资格登记。
(1) 个体经营者以外的其他个人。
(2) 选择按照小规模纳税人纳税的非企业性单位。
(3) 选择按照小规模纳税人纳税的不经常发生应税行为的企业。

个体户以外的个人，年应税销售额超过规定标准的，不需要向主管税务机关提交书面说明。

除法律另有规定外，纳税人自其选择的一般纳税人资格生效之日起，按照增值税一般纳税人方法计算应纳税额，并按照规定领用增值税专用发票。

除国家税务总局另有规定外，纳税人一经登记为一般纳税人后，不得转为小规模纳税人。

2. 小规模纳税人

小规模纳税人是指年销售额在规定标准以下，并且会计核算不健全，不能按规定报送有关税务资料的增值税纳税人。

增值税小规模纳税人标准为年应征增值税销售额500万元及以下。年应税销售额是指纳税人在连续不超过12个月或四个季度的经营期内累计应征增值税销售额，包括纳税申报销售额、稽查查补销售额、纳税评估调整销售额。

小规模纳税人会计核算健全，能够提供准确税务资料的，可以向主管税务机关申请一般纳税人资格认定，成为一般纳税人。所谓的会计核算健全，是指能够按照国家统一的会计制度规定设置账簿，根据合法、有效凭证核算。

小规模纳税人实行简易征税办法，并且一般不使用增值税专用发票，可以到税务机关代开增值税专用发票。

住宿业、建筑业和鉴证咨询业等行业小规模纳税人试点自行开具增值税专用发票(销售其取得的不动产除外)，税务机关不再为其代开。

【思考 3-23】只要增值税年应纳税销售额达到规定数额的企业，都可以认定为增值税一般纳税人；反之，年应税销售额未达到规定标准的企业，一律不能申请认定为一般纳税人。这一说法正确吗？

【解析】不正确。"会计核算健全"可以依法申请为一般纳税人。

(四)增值税的扣缴义务人

中华人民共和国境外(以下简称境外)的单位或者个人在境内提供应税服务，在境内未设有经营机构的，以其代理人为增值税扣缴义务人；在境内没有代理人的，以接受方为增值税扣缴义务人。

境外单位或者个人在境内提供应税服务，在境内未设有经营机构的，扣缴义务人按照下列公式计算应扣缴税额：

$$应扣缴税额 = 接受方支付的价款 \div (1+税率) \times 税率$$

【思考 3-24】ABC 港口公司接受澳大利亚 Re 公司技术指导，合同总价为人民币 18 万元，当月改造完成，澳大利亚 Re 公司境内无代理机构。ABC 港口公司应扣缴多少税额？

【解析】应扣缴的税额 = $18 \div (1+6\%) \times 6\% = 1.0189$ 万元，即 ABC 港口公司应将 1.0189 万元替澳大利亚 Re 公司交给中国的税务机关。然后，按照合同规定，将剩余款 16.9811 万元支付给澳大利亚 Re 公司。

(五)增值税的税率

1. 基本税率

增值税的基本税率为 13%，适用于绝大多数情况。

2. 低税率

除基本税率以外，下列货物按照低税率征收增值税。

(1) 适用 9%税率的货物：①粮食、食用植物油；②自来水、暖气、冷气、热水、煤气、石油液化气、天然气、沼气、居民用煤炭制品；③图书、报纸、杂志；④饲料、化肥、农药、农机(不包括农机零部件)、农膜；⑤电子出版物；⑥二甲醚；⑦食用盐；⑧国务院规定的其他货物。

【思考 3-25】下列各项中，按 9%的税率征收增值税的有(　　)。
　　A. 个人所得税　　　B. 汽车　　　C. 农机　　　D. 图书

【解析】正确答案是 CD。汽车适用 13%的增值税，个人所得税不属于增值税，属于所得税类。

(2) 一般纳税人提供交通运输、邮政、基础电信、建筑、不动产租赁服务，销售不动产，转让土地使用权，税率为 9%。

(3) 一般纳税人提供增值电信服务、金融服务、现代服务(除有形动产租赁 10%和不动产租赁服务外 9%)和生活服务，销售土地使用权以外的无形资产，税率为 6%。

3. 零税率

(1) 纳税人出口货物，一般适用零税率，国务院另有规定的除外。

(2) 中华人民共和国境内的单位和个人销售的下列服务和无形资产，适用增值税零税率。

① 国际运输服务。

② 航天运输服务。

③ 向境外单位提供的完全发生在境外消费的下列服务：研发服务；合同能源管理服务；设计服务；广播影视节目(作品)的制作和发行服务；软件服务；电路设计及测试服务；业务流程管理服务；离岸服务外包业务；转让技术。

④ 财政部和国家税务总局规定的其他服务。

【思考 3-26】中华人民共和国境内的单位和个人销售的下列服务和无形资产中，适用增值税零税率的有（   ）。

　　A. 在境外载运旅客或者货物　　　　B. 在境内载运旅客或者货物出境

　　C. 航天运输服务　　　　　　　　　D. 初级农产品

【解析】正确答案是 ABC。国际运输、航天运输适用零税率。

4. 征收率

(1) 征收率的一般规定。小规模纳税人采用简易办法征收增值税，征收率为 3%。

(2) 征收率的特殊规定。

① 小规模纳税人转让其取得的不动产，按照 5% 的征收率征收增值税。

② 一般纳税人转让其 2016 年 4 月 30 日前取得的不动产，选择简易计税的，按照 5% 的征收率征收增值税。

③ 小规模纳税人出租其取得的不动产(不含个人出租住房)，按照 5% 的征收率征收增值税。

④ 一般纳税人出租其 2016 年 4 月 30 日前取得的不动产，选择简易计税的，按照 5% 的征收率征收增值税。

(六)增值税一般纳税人应纳税额的计算

我国增值税实行扣税法。一般纳税人凭增值税专用发票及其他合法扣税凭证注明税款进行抵扣。其应纳税额的计算公式为：

$$应纳税额 = 当期销项税额 - 当期进项税额$$
$$= 当期销售额 \times 适用税率 - 当期进项税额$$

如果当期销项税额小于当期进项税额不足抵扣时，则其不足抵扣的部分可以结转到下期继续抵扣。

1. 销售额

增值税以纳税人的销售额为计税依据。

销售额是指纳税人销售货物、提供应税劳务或服务，向购买方收取的全部价款和价外费用，但不包括向购买方收取的增值税税款(销项税额)，代为收取的政府性基金或者行政事业性收费，受托加工应征消费税的消费品所代收代缴的消费税，销售货物的同时代办保险而向购买方收取的保险费，以及向购买方收取的代购买方缴纳的车辆购置税、车辆牌照费。

价外费用是指向购买方收取的手续费、补贴、基金、集资费、返还利润、奖励费、违约金(延期付款利息)、包装费、包装物租金、储备费、优质费、运输装卸费、代收款项、代垫款项以及其他各种性质的价外费用。

纳税人采用销售额和销项税额合并定价的(含税价)，按下列公式计算销售额：

不含税销售额=含税销售额÷(1+税率/征收率)

【思考3-27】下列各项中，应计入增值税应税销售额的有( )。
A. 向购买者收取的包装物租金
B. 向购买者收取的销项税额
C. 因销售货物向购买者收取的手续费
D. 因销售货物向购买者收取的代收款项

【解析】正确答案是ACD。"价外费用"，无论其会计制度如何核算，均应并入销售额计算应纳税额。但不包括向收购买方收取的"销项税"以及代为收取的政府性基金或行政事业性收费。

2. 销项税额

销项税额是指纳税人销售货物、提供应税劳务或服务，按照销售额和规定的税率计算并向购买方收取的增值税额。其计算公式为：

销项税额=销售额×税率

(1) 销售额为"不含税价"。如果是"含税价"，则要先换算成不含税的销售额。

【例题3-1】某电器城向消费者销售电视机，某月销售100台，每台含税销售价为1 160元，增值税税率为13%。该电器城该月的销售额和销项税额分别是多少？

【解析】增值税是一种"价外税"，其计税依据"销售额"不能包括向购买方收取的增值税税额，即销项税。如果是"含税价"，要先换算成不含税的销售额。

不含税的销售额=(100×1 130)÷(1+13%)=100 000(元)

销项税额=100 000×13%=13 000(元)

(2) 是否"含税"的判断。

增值税属于价外税，一般情况下，题目中会明确指出销售额是否含增值税。在未明确指出的情况下，应按以下原则判断：

① 商场的"零售额"是含税价；
② 价外费用和逾期包装物押金一律为含税收入；
③ 增值税专用发票中的销售额不含税，如果开具的是普通发票一般是含税的。一般另外收取的费用均为含税的。

【例题3-2】某企业为增值税一般纳税人，8月份生产批发服装取得不含增值税收入80 000元，另收取购买方违约金1 130元。试计算该企业8月份应税销售额。

【解析】收取的违约金属于"价外费"，为"含税收入"。

8月份应税销售额=80 000+1 130÷(1+13%)= 81 000(元)

销项税额=81 000×13%=10 530(元)

(3) 组成计税价格。纳税人销售货物或者提供应税劳务的价格明显偏低并无正当理由的，或者视同销售行为而无销售额的，由主管税务机关核定其销售额。核定销售额的顺序是：

① 按纳税人最近时期同类货物的平均销售价格确定；
② 按其他纳税人最近时期同类货物的平均销售价格确定；
③ 按组成计税价格确定，其计算公式如下。

$$组成计税价格=成本×(1+成本利润率)$$

若该货物属于征收消费税的范围，其组成计税价格还应加上消费税税额。其计算公式如下。

$$组成计税价格=成本×(1+成本利润率)+消费税税额$$

公式中，成本利润率由国家税务总局规定。

3. 进项税额

它是指纳税人购进货物或接受应税劳务或服务时，所支付或者负担的增值税税额。进项税与销项税是对应的，销售方收取的销项税额，就是购买方应支付的进项税额。

在同一笔买卖中，"销项"与"进项"是相等的，对销售方叫销项，对支付方(购买方)叫进项。

【例题3-3】ABC公司向甲厂销售原材料，取得含税销售额为33 900元。试分析这项交易中增值税的销项税与进项税。已知增值税税率为13%。

【解析】不含税销售额换算如下。

销售额=33 900÷(1+13%)=30 000(元)
税额=30 000×13%=3 900(元)

对ABC公司而言，在这笔买卖中是销售方(收取款项)，所以其收取的3 900元称为销项税；对甲厂而言，在这笔买卖中是购买方(支付款项)，所以其支付的3 900元称为进项税。

由于纳税人的当期进项税额可以抵扣当期销项税额，直接影响纳税人应纳增值税税额的多少，所以税法对准予抵扣的进项税额作了以下严格规定。

(1) 准予从销项税额中抵扣的进项税额。进项税额一般不需要计算，必须取得合法的票据才能按"票"上注明的税额抵扣，一般可抵扣的票据有以下四种。

① 从销售方取得的增值税专用发票上注明的增值税税额。
② 从海关取得的海关进口增值税专用缴款书上注明的增值税税额。
③ 购进农产品，除取得增值税专用发票或者海关进口增值税专用缴款书外，按照农产品收购发票或者销售发票上注明的农产品买价和9%的扣除率计算的进项税额。其进项税额计算公式如下。

$$进项税额=买价×扣除率$$

④ 接受境外单位或者个人提供的应税服务，从税务机关或者境内代理人取得的解缴税款的中华人民共和国税收缴款凭证上注明的增值税税额。

【思考3-28】下列各项中，可以作为增值税抵扣凭证的有(　　)。
　　A. 增值税专用发票　　　　　　B. 增值税普通发票
　　C. 货物运输业增值税专用发票　　D. 农产品收购凭证

【解析】正确答案是 ACD。"进项税"凭"票"抵扣,可以用来抵扣的合法票据有 4 种:增值税专用发票、海关完税凭证、农产品收购凭证或销售发票以及税收缴款凭证(接受境外服务)。增值税"普通发票"不能作为抵扣凭证。

【例题 3-4】某商场本月向消费者零售货物,销售额为 22.6 万元。本月购进甲货物,取得增值税专用发票,进项税额为 1.4 万元,同时,购进乙货物,取得普通发票,增值税税额为 0.8 万元。该商场适用的增值税税率为 13%,则该商场本月应纳增值税税额为多少?

【解析】"零售"属于含税价,要先换算为不含税的价格计算;另外,购进乙货物取得的是"普通发票",不能抵扣。

本月应纳增值税税额=22.6÷(1+13%)×13% − 1.4 = 1.2(万元)。

注意:计算时,先判断"销项"还是"进项";"销项"需要计算,分析是否"含税";"进项"一般不需要计算,分析"是否取得合法票据",直接按合法票据上注明的税额减除即可。

(2) 不得从销项税额中抵扣的进项税额。

① 用于简易计税方法计税项目、非增值税应税项目、免征增值税项目、集体福利或者个人消费的购进货物或应税劳务。

非应税项目是指提供非应税劳务、转让无形资产(土地使用权)、销售不动产和固定资产在建工程等。纳税人新建、改建、修缮或装饰建筑物,无论会计制度如何核算,均属于固定资产在建工程。

② 非正常损失的购进货物,以及相关的加工修理修配劳务和交通运输服务。

③ 非正常损失的在产品、产成品所耗用的购进货物(不包括固定资产)、加工修理修配劳务和交通运输服务。

④ 非正常损失的不动产,以及该不动产所耗用的购进货物、设计服务和建筑服务。

⑤ 非正常损失的不动产在建工程所耗用的购进货物、设计服务和建筑服务。纳税人新建、改建、扩建、修缮、装饰不动产,均属于不动产在建工程。

非正常损失是指因管理不善造成被盗、丢失、霉烂变质的损失,即人祸。若是自然灾害是可以抵扣的。

⑥ 购进的旅客运输服务、贷款服务、餐饮服务、居民日常服务和娱乐服务。

⑦ 纳税人接受贷款服务向贷款方支付的与该笔贷款直接相关的投融资顾问费、手续费、咨询费等费用,其进项税额不得从销项税额中抵扣。

⑧ 财政部和国家税务总局规定的其他情形。

前五项规定的货物的运输费用和销售免税货物的运输费用也不得扣除。

【思考 3-29】下列支付的运费中,不允许计算扣除进项税额的有( )。

　　A. 销售原材料支付的运输费用
　　B. 外购设备支付的运输费用
　　C. 外购集体福利项目的运输费用
　　D. 向农业生产购买农业产品的运输费用

【解析】正确答案为 C。用于集体福利或者个人消费的购进货物或者应税劳务,其进项税额不得抵扣,为购进该项目所支付的运输费用也不能抵扣。

【案例分析3-1】某商场为增值税一般纳税人，10月份发生以下购销业务：①购入服装两批，货款均已支付，第一批货物货款为23.2万元(含税)，未取得增值税专用票，第二批货物取得增值税专用发票上注明的增值税税额为6.12万元；先后购进这两批货物时已分别支付两笔运费2万元和4万元，均取得运输业增值税专用发票。②销售服装一批，取得不含税销售额18万元。③零售各种服装，取得含税销售收入36.16万元，同时将零售价为1.695万元(含税)的服装作为礼品赠送给顾客。(说明：有关票据在本月均通过主管税务机关认证并申报抵扣；月初增值税留抵税额为0元)。根据上述资料，回答以下问题。

(1) 该商场支付运费可抵扣的增值税进项税额为( )万元。
    A. 0   B. 0.36   C. 0.28   D. 0.42
(2) 该商场10月份可抵扣的增值税进项税额为( )万元。
    A. 6.48   B. 6.12   C. 9.52   D. 9.94
(3) 该商场销售服装的增值税销项税额为( )万元。
    A. 5.44   B. 9.424 8   C. 3.06   D. 6.5
(4) 该商场将服装赠送给顾客的增值税销项税额为( )万元。
    A. 0.298   B. 0.195   C. 0.202   D. 0.228
(5) 该商场10月份应纳增值税税额为( )万元。
    A. 0   B. 2.075   C. 2.1   D. 0.215

【解析】(1) 正确答案是B。第一批货物未取得增值税专用票，不能抵扣，其运输费虽然取得专用发票，也不能抵扣。只有第二批货物的运输费可以抵扣。运输业增值税税率为9%，即 $4\times 9\%=0.36$(万元)。(2) 正确答案是A。第二批货物进项6.12万元与可抵扣的运输费用进项0.36万元。(3) 正确答案是D，$18\times 13\%+36.16\div(1+13\%)\times 13\%=6.5$(万元)。(4) 正确答案是B。"含税"要换算，$1.695\div(1+13\%)\times 13\%=0.195$。(5) 正确答案是D。应纳增值税=当期销项税额-当期进项税额=$6.5+0.195-6.48=0.215$(万元)。

(七)增值税小规模纳税人应纳税额的计算

小规模纳税人销售货物、提供应税劳务或者服务，实行按照销售额和征收率计算应纳税额的简易办法，并不得抵扣进项税额。其应纳税额计算公式为：

$$应纳税额=销售额\times 征收率$$

"销售额"为不含增值税的销售额，如果价税合并定价(含税)，按下列公式换算：

$$销售额=含销售额\div(1+征收率)$$

【例题3-5】小规模纳税人企业，本月向消费者零售货物，销售额为82 400元。本月购进甲货物，取得增值税专用发票，进项税额为1 600元。计算该企业本月应纳增值税额。

【解析】小规模纳税人不得抵扣任何进项，计算时不考虑进项。"零售"为含税价，先换算。

本月应纳增值税税额=$82\ 400\div(1+3\%)\times 3\%=2\ 400$(元)

【案例分析3-2】某商业企业属于增值税小规模纳税人，5月份有关购销业务如下：①购进服装100套，进价150元/套，取得普通发票，价款已付；另支付进货运费200元，取得运输单位开具的运输发票；②购入办公设备，取得普通发票，注明价款5 500元；③销售服装80套，售价412元/套，开具普通发票上注明价款32 960元，价款已全部收到。

要求：根据上述材料，回答下列问题。

(1) 下列关于增值税小规模纳税人的说法中，正确的有(　　)。
　　A. 从事货物生产或提供应税劳务的纳税人，以及以从事货物生产或提供应税劳务为主，并兼营货物批发或零售的纳税人，年应税销售额在50万元以下的，属于小规模纳税人
　　B. 从事货物批发或零售的纳税人，年应税销售额在80万元以下的，属于小规模纳税人
　　C. 年应税销售额超过小规模纳税人标准的非企业性单位、不经常发生应税行为的企业，可以选择为小规模纳税人
　　D. 小规模纳税人应纳增值税与购进货物没有关系，购进货物的全部支出都将计入货物的成本

(2) 小规模纳税人增值税的征收率为(　　)。
　　A. 3%　　　　B. 7%　　　　C. 9%　　　　D. 13%

(3) 该企业销售服装应缴纳的增值税税额为(　　)元。
　　A. 960　　　　B. 988.8　　　　C. 966　　　　D. 976

(4) 下列各项说法正确的是(　　)。
　　A. 该企业外购服装可抵扣的进项税额为0元
　　B. 该企业外购服装发生的运费可抵扣的进项税额为14元
　　C. 该企业购入办公用品可抵扣的进项税额为165元
　　D. 该企业可按3%的征收率计算可抵扣的进项税额

【解析】(1) 正确答案是ABCD。"非企业性单位、不经常发生应税行为的企业"可以选择按照小规模纳税人计税；小规模纳税人不得抵扣任何进项。(2) 正确答案是A。小规模纳税人的征收率均为3%。(3) 正确答案是A。"普通发票"为含税销售额，要先换算，即32 960÷(1+3%)×3%=960(元)。(4) 正确答案是A。小规模纳税人不可以抵扣进项，所以，可抵扣的进项为0元。

(八) 增值税的征收管理

1. 纳税义务的发生时间

(1) 采用直接收款方式销售货物，不论货物是否发出，均为收到销售款项或者取得销售款项凭证的当天；先开具发票的，为开具发票的当天。

纳税人提供应税服务的，为收讫销售款项或者取得销售款项凭据的当天；先开具发票的，为开具发票的当天。

收讫销售款项是指纳税人提供应税服务过程中或者完成后收到款项。取得销售款项凭证的当天，是指书面合同确定的付款日期；未签订书面合同或者书面合同未确定付款日期的，为应税服务完成的当天。

(2) 采取托收承付和委托银行收款方式销售货物，为发出货物并办妥托收手续的当天。

(3) 采取赊销和分期收款方式销售货物，为书面合同约定的收款当天，无书面合同或者书面合同没有约定收款日期的，为货物发出的当天。

(4) 采取预收货款方式销售货物，为货物发出的当天；但生产销售生产工期超过 12 个月的大型机械设备、船舶、飞机等货物，为收到预收款或者书面合同约定的收款日期的当天。

纳税人提供有形动产租赁服务采取预收款方式的，其纳税义务发生时间为收到预收款的当天。

(5) 委托其他纳税人代销货物，为收到代销单位的代销清单或者收到全部或者部分货款的当天。未收到代销清单及货款的，为发出代销货物满 180 天的当天。

(6) 销售应税劳务，为提供劳务同时收讫销售款项或者取得销售项的凭据的当天。

(7) 纳税人发生视同销售货物行为，为货物移送的当天。纳税人发生视同提供应税服务行为的，为应税服务完成的当天。

(8) 纳税人进口货物，为报关进口的当天。

(9) 增值税扣缴义务发生时间为纳税人增值税纳税义务发生的当天。

【思考 3-30】下列关于增值税纳税义务发生时间的表述中，正确的有(　　)。
　　A．采取分期付款结算方式的，为货物发出的当天
　　B．采取委托银行收款结算方式的，为货物发出的当天
　　C．采取交款提货结算方式的，为收到货款的当天
　　D．采取预收货款结算方式的，为实际收到货款的当天

【解析】正确答案是 BC。"赊销和分期收款方式"为"合同约定日"，"预收货款结算方式"为"货物发出日"。

2. 纳税期限

增值税的纳税期限分别为 1 日、3 日、5 日、10 日、15 日、1 个月或者 1 个季度，纳税人的具体纳税期限，由主管税务机关根据纳税人应纳税额的大小分别核定；以 1 个季度为纳税期限的规定适用于小规模纳税人以及财政部和国家税务总局规定的其他纳税人；不能按照固定期限纳税的，可以按次纳税。

纳税人以 1 个月或者 1 个季度为 1 个纳税期的，自纳税期满之日起 15 日内申报纳税；以 1 日、3 日、5 日、10 日或者 15 日为 1 个纳税期的，自期满之日起 5 日内预缴税款，于次月 1 日起 15 日内申报纳税并结清上月应纳税款。

纳税人进口货物，应当自海关填发税款缴纳书之日起 15 日内缴纳税款。

3. 纳税地点

(1) 固定业户应当向其机构所在地的主管税务机构申报纳税。固定业户到外县(市)销售货物或者应税劳务，应当向其机构所在地主管税务机关申请开具《外出经营活动税收管理证明》，并向其机构所在地主管税务机关申报纳税。未开具该证明的，应当向销售地或者劳务发生地的主管税务机关申报纳税。

(2) 非固定业户销售货物或者提供应税劳务，应当向销售地或者劳务发生地的主管税务机关申报纳税。

(3) 进口货物向报关地海关申报纳税。

(4) 扣缴义务人应当向其机构所在地或者居住地主管税务机关申报缴纳其扣缴的

税款。

【思考 3-31】 下列有关增值税一般纳税人临时到外省市销售应税货物的陈述中，正确的有(   )。

　　A. 向销售地主管税务机关申报纳税
　　B. 持有外出经营活动税收管理证明，向其机构所在地主管税务机关纳税
　　C. 未持有外出经营活动税收管理证明，应当向销售地主管税务机关纳税
　　D. 未持有外出经营活动税收管理证明，也未向销售地主管税务机关申报纳税的，由销售地主管税务机关补征税款

【解析】 正确答案是 BC。固定业户到外县销售货物，"有证明"的向其"机构所在地"申报纳税；"无证明"的向"销售地"申报纳税；没有向销售地申报纳税的，由"其机构所在地"主管税务机关补征税款。

【案例分析 3-3】 某生产企业为增值税一般纳税人，5月份的有关生产经营业务如下：①销售甲产品，开具普通发票，取得含税销售收入 28.25 万元。②将生产的一批乙产品用于本企业基建工程，该批产品市场不含税销售价 22 万元。③将生产的一批丙产品用于本企业职工福利，该批产品市场不含税销售价 5 万元。④将上月购进的一批 A 材料用于生产甲产品，该批材料不含税购买价 10 万元。⑤购进 B 材料，取得增值税专用发票上注明支付的货款 60 万元、增值税税额 7.8 万元。另外支付购货的运输费用 6 万元，取得普通发票。⑥向农业生产者购进免税农产品一批，取得收购凭证上注明价款 30 万元，支付给运输单位的运费 5 万元，取得运输单位开具的运输业增值税专用发票。本月下旬将购进农产品的 20%用于本企业职工福利。(说明：有关票据本月均通过主管税务机关认证并申报抵扣；5 月初增值税留抵税额为 0。根据上述材料，回答下列问题。

(1) 该企业 5 月份开展的业务中，需要缴纳增值税的有(   )。
　　A. 销售甲产品　　　　　　　　B. 将乙产品用于基建工程
　　C. 将丙产品用于本企业职工福利　D. 将购进 A 材料用于生产甲产品

(2) 该企业 5 月份的增值税销项税额为(   )万元。
　　A. 4.25　　　　B. 7.99　　　　C. 6.76　　　　D. 10.54

(3) 该企业购进 B 材料及支付相关运费可抵扣的进项税额为(   )万元。
　　A. 7.8　　　　　B. 10.62　　　　C. 11.22　　　　D. 10.98

(4) 该企业购进免税农产品及支付相关运费可抵扣的进项税额为(   )万元。
　　A. 3.5　　　　　B. 2.52　　　　C. 4.25　　　　D. 3.4

(5) 该企业 5 月份可结转下月继续抵扣的增值税进项税额为(   )万元。
　　A. 0　　　　　　B. 6.03　　　　C. 5.18　　　　D. 3.56

【解析】(1) 正确答案是 ABC。"自产的"产品用于"基建工程""职工福利"视同销售。由于"A 材料"和"甲产品"均属于增值税征收范畴，等甲产品最终形成销售时，一次性征收增值税。所以，将 A 材料用于生产甲产品，不视同销售。(2) 正确答案是 C。28.25÷(1+13%)×13% + 22×13% + 5×13%=6.76(万元)。(3) 正确答案是 A。运输取得的是"普通票"，不可抵扣进项。(4) 正确答案是 B。20%的外购农产品用于"集体福利、个人消费"，其进项不得抵扣，可以抵扣的进项为全部进项的 80%，即：[30×9%+5×9%]×80%=2.52(万元)。(5) 正确答案是 D。应纳增值税税额=当期销项-当期进项=6.76-7.8-2.52=-3.56(万元)，负数

表明当月不够抵扣，当月不用缴税，即当月应纳缴纳增值税税额为"0"。当月不够抵扣的部分(负数值)，留待下月继续抵扣。

二、消费税

(一)消费税的概念

消费税是对在我国境内从事生产、委托加工和进口应税消费品的单位和个人征收的一种流转税，是对特定的消费品和消费行为在特定的环节征收的一种流转税。

【思考 3-32】下列关于增值税与消费税的关系，表述正确的是(　　)。
　　A. 缴纳消费税的企业，不再缴纳增值税
　　B. 缴纳消费税的企业，必然要缴纳增值税
　　C. 缴纳增值税的企业，不再缴纳消费税
　　D. 缴纳增值税的企业，必然要缴纳消费税

【解析】正确答案是 B。消费税是在征收增值税的基础上，对一些特定的应税消费品"再征收"的一种税。缴纳消费税的纳税人也是增值税的纳税人。

(二)消费税的征税范围

1. 生产应税消费品

生产应税消费品在生产销售环节征税。纳税人将生产的应税消费品换取生产资料、消费资料、投资入股、偿还债务，以及用于继续生产应税消费品以外的其他方面都应缴纳消费税。

2. 委托加工应税消费品

(1) 委托加工的界定。委托加工应税消费品是指委托方提供原料和主要材料，受托方只收取加工费和代垫部分辅助材料加工的应税消费品。由受托方提供原材料或其他情形的一律不能视同加工应税消费品。

(2) 代收代缴消费税的规定。①委托单位加工的应税消费品，除受托方为个人外，由受托方在向委托方交货时代收代缴税款；②委托个人加工的应税消费品，由委托方收回后缴纳消费税。

【思考 3-33】委托加工的应税消费品，一律由受托方在向委托方交货时代收代缴税款。这一说法正确吗？

【解析】不正确。委托"个人"加工的，由"委托方"收回后缴纳。委托"单位"加工的，由"受托方"代收代缴。

(3) 收回后的应税规定。①委托加工的应税消费品，委托方用于连续生产应税消费品的，所纳税款准予按规定抵扣；②直接出售的，不再缴纳消费税。

委托方将收回的应税消费品，以不高于受托方的计税价格出售的，为直接出售，不再缴纳消费税；委托方以高于受托方的计税价格出售的，不属于直接出售，需要按照规定申报缴纳消费税，在计税时准予扣除受托方已代收代缴的消费税。

【思考 3-34】A 烟草公司提供烟叶委托 B 公司加工一批烟丝，在这项委托加工烟丝业

务中,谁是消费税的纳税义务人?商场出售化妆品是否缴纳消费税?

【解析】A 烟草公司是消费税纳税义务人。委托加工的应税产品,以委托加工方为纳税人。商场出售化妆品不缴纳消费税,消费税只在生产环节、委托加工环节或进口环节征收一次,以后的批发、零售环节不再征收。

3. 进口应税消费品

单位和个人进口应税消费品,于报关进口时由海关代征消费税。

4. 批发应税消费品

在卷烟批发环节加征一道从价计征的消费税。纳税人销售给纳税人以外的单位和个人的卷烟于销售时纳税。

5. 零售应税消费品

经国务院批准,自 1995 年 1 月 1 日起,金银首饰消费税由生产销售环节征收改为零售环节征收。

(1) 零售环节征收消费税的金银首饰范围。在零售环节征收消费税的仅限于:金基、银基合金首饰以及金、银和金基、银基合金的镶嵌首饰;不包括镀金(银)、包金(银)首饰,钻石及钻石饰品,铂金首饰。

【思考3-35】下列各项中,应当在零售环节征收消费税的有( )。

A. 铸金首饰　　　　　　　　B. 银基合金镶嵌首饰
C. 包金首饰　　　　　　　　D. 镀金首饰

【解析】正确答案是 AB。零售环节征收消费税的金银首饰不包括"包金、镀金"首饰。

(2) 计税依据如下:①金银首饰消费税计税依据是不含增值税的销售额,即同增值税。②对既销售金银首饰,又销售非金银首饰的生产、经营单位,应将两类商品划分清楚,分别核算销售额。凡划分不清楚或不能分别核算的,在生产环节销售的,一律从高适用税率征收消费税;在零售环节销售的,一律按金银首饰征收消费税。金银首饰与其他产品组成成套消费品销售的,应按销售额全额征收消费税。③金银首饰连同包装物一起销售的,无论包装物是否单独计价,也无论会计上如何核算,均应并入金银首饰的销售额,计征消费税。④带料加工的金银首饰,应按受托方销售的同类金银首饰的销售价格确定计税依据征收消费税。反之,按照组成计税价格计算纳税。⑤纳税人采用以旧换新(含翻新改制)方式销售的金银首饰,应按实际收取的不含增值税的全部价款确定计税依据征收消费税。

【思考3-36】消费税的纳税环节可能有( )。

A. 生产环节　　　　　　　　B. 进口环节
C. 批发环节　　　　　　　　D. 零售环节

【解析】正确答案是 ABCD。消费税纳税环节一般为生产、委托加工和进口,但卷烟加一道"批发"环节,金银首饰改为"零售"环节。

(三)消费税纳税人

消费税纳税人是指在中华人民共和国境内(起运地或者所在地在境内)生产、委托加工和进口《消费税暂行条例》规定的消费品的单位和个人,以及国务院确定的销售《消费税暂行条例》规定的消费品的其他单位和个人。

【思考 3-37】下列关于消费税征收范围的表述中，正确的有(　　)。
　　A. 生产应税消费品的厂家　　　　B. 金银首饰零售商店
　　C. 加工应税消费品的单位和个人　D. 进口应税消费品的公司
【解析】正确答案是 ABD。"加工"应税消费品不缴纳消费税，应当由"委托加工"方缴纳。

(四)消费税的税目与税率

1. 消费税税目

我国消费税的税目共有 15 个，分别是：①烟；②酒及酒精；③化妆品；④贵重首饰及珠宝玉石；⑤鞭炮、焰火；⑥成品油；⑦摩托车；⑧小汽车；⑨游艇；⑩高尔夫球及球具；⑪高档手表；⑫实木地板；⑬木制一次性筷子；⑭电池；⑮涂料。有些税目还包括若干子目。其中，化妆品不包括护肤护发产品；小汽车是指乘用车和中轻型商用车，不包括大型商用车；高档手表是指单价在 1 万元以上的手表。

【思考 3-38】下列各项中，应当缴纳消费税的有(　　)。
　　A. 厂家销售自产高尔夫球具　　　B. 进口葡萄酒
　　C. 建材商场销售实木地板　　　　D. 进口大型商务客车
【解析】正确答案是 AB。除金银首饰外，消费税一般在"生产"环节计征；大型商务车不属于消费税应税产品。判断是否缴纳消费税既要看"产品"是否属于应税范围，还要看"纳税环节"是否正确。

2. 消费税税率

消费税的税率包括比例税率和定额税率两类。根据不同的税目或子目，应税消费品的税率不同。其中，黄酒、啤酒、成品油实行定额税率，卷烟、白酒实行复合税率。

纳税人兼营不同税率的应税消费品，应当分别核算不同税率应税消费品的销售额、销售数量。未分别核算销售额、销售数量的，或者将不同税率的应税消费品组成成套消费品销售的，从高适用税率。

【思考 3-39】根据消费税法律制度的规定，下列应税消费品中，实行从价定率与从量定额相结合的复合计税方法的有(　　)。
　　A. 烟丝　　　B. 卷烟　　　C. 粮食白酒　　　D. 薯类白酒
【解析】正确答案是 BCD。"卷烟、白酒"实行复合计征。

(五)消费税应纳税额

1. 从价定率征收，即根据不同的应税消费品确定不同的比例税率

$$应纳税额 = 应税消费品的销售额 \times 比例税率$$

公式中的"销售额"与计税增值税的销售额基本一致，即包括向购买方收取的全国价款和价外费用，但不包括向购买方收取的增值税(即销项税)和代为收取政府基金、行政事业性收费。

如果销售额采取了价税合并定价方式，即"含税价"，按下列公式换算成不含税销售

额，再计算应缴纳的消费税。

$$不含税销售额=含税销售额÷(1+增值税税率或征收率)$$

【例题 3-6】A 公司为增值税一般纳税人，5 月份，该公司批发自产摩托车 100 辆，取得不含增值税销售额 80 万元；零售自产摩托车 10 辆，取得含增值税销售额 9.04 万元。已知该摩托车适用的消费税税率为 10%，增值税税率为 13%。试计算该公司 5 月份的增值税销项税额及应纳消费税税额。

【解析】增值税与消费税的计税依据均为不含增值税的销售额，因此，要将含税销售额进行换算。

5 月份增值税销项税额 = 80×13% + 9.04÷(1+13%)×13% = 11.44 (万元)
5 月份应纳消费税税额 = 80×10% + 9.04÷(1+13%)×9% = 8.8 (万元)

【思考 3-40】从例题 3-6 中可以发现，在从价计征的情况下，销售自产消费税产品，其增值税销项税额的计算与应纳消费税税额的计算有着一定的关联，请简单总结出二者的关系。

【解析】二者的计税依据一致，即销售额乘以增值税税率为销项税额，同样的，销售额乘以消费税税率为应纳消费税税额。

2. 从量定额征收，即根据不同的应税消费品确定不同的单位税额

按从量定额征收，应纳税额的计算公式如下。

$$应纳税额=应税消费品的销售数量×单位税额$$

实行从量计征的应税消费品，其计税依据是应税消费品的销售数量，自产自用应税消费品的，为应税消费品的移送使用数量。

【例题 3-7】某酒厂 6 月份生产黄酒 150 吨，其中销售科销售黄酒 120 吨，每吨 1 000 元，收取增值税 130 元；该酒厂门市部直接向外零售 40 吨，每吨 1 600 元(含税)；企业发给职工 5 吨。已知黄酒的消费税为 240 元/吨。试计算该酒厂当月应纳消费税税额。

【解析】消费税从量计征时，计税依据为"销售数量"，包括"视同销售"数量。应纳税额=销售数量×单位税额=(120+40+5)×240=39 600(元)。

3. 从价定率和从量定额复合征收，即以两种方法计算的应纳税额之和为该应税消费品的应纳税额。我国目前只对卷烟和白酒采用复合征收方法

按从价定率和从量定额复合征收，应纳税额的计算方式如下。

$$应纳税额=应税消费品的销售额×比例税率+应税消费品的销售数量×单位税额$$

【例题 3-8】某酒厂为增值税一般纳税人。4 月销售粮食白酒 4 000 斤，取得销售收入 13 560 元(含增值税)。已知粮食白酒消费税定额税率为 0.5 元/斤，比例税率为 20%。计算该酒厂 4 月应该缴纳的消费税税额。

【解析】消费税税额=13 560÷(1+13%)×20%+4 000×0.5=4 400(元)

4. 应税消费品已纳税款的扣除

应税消费品若是用外购已缴纳消费税的应税消费品连续生产出来的，在对这些连续生产出来的应税消费品征税时，按当期生产领用数量计算准予扣除的外购应税消费品已缴纳的消费税税款。

【例题 3-9】某企业外购烟丝生产卷烟，支付消费税 5 万元，本月领用所购烟丝的 60% 用于生产加工成卷烟，全部对外销售，销售环节中消费税为 20 万元。试计算该企业当月应纳税的消费税是多少？

【解析】应交消费税税额=20-5×60%=17(万元)。外购已缴纳消费税的应税消费品连续生产的，按"生产领用数量"计税扣除。

5. 自产自用应税消费品应纳税额

(1) 纳税人自产自用应税消费品用于连续生产应税消费品的，不纳税。

(2) 凡用于其他方面的，应按照纳税人生产的同类消费品的销售价格计算纳税。"其他方面"是指用于非应税消费品、在建工程、管理部门、馈赠、赞助、集资、广告、样品、职工福利、奖励等。没有同类消费品销售价格的，按照组成计税价格计算纳税。

① 实行从价定率办法计算纳税的组成计税价格的计算公式如下。

组成计税价格=(成本+利润)÷(1-比例税率)

② 实行复合计税办法计算纳税的组成计税价格的计算公式如下。

组成计税价格=(成本+利润+自产自用数量×定额税率)÷(1-比例税率)

【思考 3-41】纳税人自产自用应税消费品，应当视同销售，缴纳消费税。这一说法正确吗？

【解析】不正确。自产自用"用于其他方面的"，视同销售计税；用于"连续生产"应税消费品的(即仍"做"消费税的事)，不缴纳消费税。例如，从库房领用烟丝生产卷烟时，生产卷烟仍属于应交消费税的产品，所以烟丝出库时不用视同销售缴纳消费税。但是，如果将烟丝送人或用于发放职工福利，即"离开"了消费税领域，此时，烟丝就要缴纳消费税。

6. 委托加工应税消费品应纳税额

委托加工的应税消费品，按照受托方的同类消费品的销售价格计算纳税；无同类消费品销售价格的，按照组成计税价格计算纳税。

实行从价定率办法计算纳税的组成计税价格的计算公式如下。

组成计税价格=(材料成本+加工费)÷(1-比例税率)

实行复合计税办法计算纳税的组成计税价格的计算公式为：

组成计税价格=(材料成本+加工费+委托加工数量×定额税率)÷(1-比例税率)

【例题 3-10】甲日化厂 4 月份委托 A 公司加工一批化妆品，向 A 公司提供原材料，实际成本为 20 000 元，加工费为 5 000 元(不含增值税)，另外还支付了 A 公司代垫的辅助材料费 500 元，A 公司无同类化妆品销售价格。试计算 A 公司应代收代缴的消费税税额。已知化妆品消费税税率为 15%。

【解析】由于"受托方"无同类化妆品销售价格，所以只能用组成计税价格计算消费税税额。

组成计税价格=(20 000+5 000+500)÷(1-15%)= 30 000(元)

A 公司应代收代缴的消费税税额 = 30 000×15% = 4 500(元)

如果 A 公司同类化妆品销售价格为 4 万元，"价格优先"，此时，不用计算组成计税价格,直接用同类销售价格。

代收代缴消费税=40 000×15% = 6 000(元)

7. 进口应税消费品应纳税额

进口应税消费品按照组成计税价格计算纳税。

(1) 实行从价定率办法计算纳税的组成计税价格的计算公式如下。

组成计税价格=(关税完税价格+关税)÷(1-比例税率)

(2) 实行复合计税办法计算纳税的组成计税价格的计算公式如下。

组成计税价格=(关税完税价格+关税+进口数量×定额税率)÷(1-比例税率)

(六)消费税征收管理

1. 纳税义务发生时间(货款结算方式或行为发生时间)

(1) 纳税人销售应税消费品的,按不同的销售结算方式分别为:①采取赊销和分期收款结算方式的,为书面合同约定的收款日期的当天,书面合同没有约定收款日期或者无书面合同的,为发出应税消费品的当天;②采取预收货款结算方式的,为发出应税消费品的当天;③采取托收承付和委托银行收款方式的,为发出应税消费品并办妥托收手续的当天;④采取其他结算方式的,为收讫销售款或者取得销售款凭据的当天。

(2) 纳税人自产自用应税消费品的,为移送使用的当天。

(3) 纳税人委托加工应税消费品的,为纳税人提货的当天。

(4) 纳税人进口应税消费品的,为报关进口的当天。

【思考3-42】下列关于消费税纳税义务发生时间的表述中,正确的有( )。

A. 纳税人采用赊销方式结算,纳税义务发生时间为实际收到货款的当天

B. 采用预收货款方式结算,其纳税义务发生时间为预收货款的当天

C. 采用托收承付结算方式的,其纳税义务发生时间为发出应税消费品并办妥托收手续的当天

D. 纳税人委托加工的应税消费品,其纳税义务发生时间为纳税人提货的当天

【解析】正确答案是CD。"赊销"方式结算,应为"合同约定日";"预收货款"方式结算,应为"发出日"。同增值税纳税义务时间的规定。

2. 消费税纳税期限

消费税纳税期限分别为1日、3日、5日、10日、15日、1个月或者1个季度。纳税人的具体纳税期限,由主管税务机关根据纳税人应纳税额的大小分别核定,不能按照固定期限纳税的,可以按次纳税。

纳税人以1个月或者1个季度为一期纳税的,自期满之日起15日内申报纳税;纳税人以1日、3日、5日、10日、15日为一期的,自期满之日起5日内预缴税款,于次月1日起15日内申报纳税并结清上月应纳税款。进口货物自海关填发税收专用缴款书之日起15日内缴纳。

3. 消费税纳税地点

(1) 纳税人销售的应税消费品，以及自产自用的应税消费品，除国务院财政、税务主管部门另有规定外，应当向纳税人机构所在地或者居住地的主管税务机关申报纳税。

(2) 委托加工的应税消费品，除受托方为个人外，由受托方向其机构所在地或居住地主管税务机关解缴消费税税款；委托个人加工的应税消费品，由委托方向其机构所在地或者居住地主管税务机关申报纳税。

(3) 进口的应税消费品，由进口人或者其代理人向报关地海关申报纳税。

(4) 纳税人到外县(市)销售或者委托外县(市)代销自产应税消费品的，于应税消费品销售后，向机构所在地或居住地主管税务机关申报纳税。

(5) 纳税销售的应税消费品，如因质量等原因，由购买者退回时，经由所在地主管税务机关审核批准后，可退还已征收的消费税税款，但不能自行直接抵减应纳税税款。

【思考3-43】下列关于消费税纳税地点的说法中，正确的有(　　)。
  A. 纳税人进口应纳消费税，由进口人或者其代理人向报关地海关申报纳税
  B. 纳税人销售的应税消费品，以及自产自用的应税消费品，除国家另有规定外，应当向纳税人机构所在主管税务机关申报纳税
  C. 委托其他单位加工应税消费品，由委托方向其机构所在地的主管税务机关申报纳税
  D. 纳税人销售的应税消费品，如因质量等原因被退回，可以直接抵减应纳税税款

【解析】正确答案是AB。委托"单位"加工，由"受托方"向其机构所在地申报纳税；发生退货，"不能直接抵减"，报经税务审核批准后，方可抵减。

【案例分析3-4】某企业主要从事高档化妆品生产业务，兼营高档化妆品批发零售业务，适用消费税税率为5%。3月份该企业发生下列业务：①从国外进口一批A类高档化妆品，关税完税价格为1 650 000元，已缴纳关税900 000元；②委托某工厂加工B类高档化妆品，提供原材料价值158 000元，支付加工费12 000元，该批加工产品已收回(受托方没有B类高档化妆品同类货物价格)；③销售本企业生产的C类高档化妆品，取得销售额580 000元(不含税)；④"三八"妇女节，向全体女职工发放本企业生产的一批C类高档化妆品，该批高档化妆品市场零售价格为8 000元(不含税)。根据上述材料，回答下列问题。

(1) 该企业进口A类化妆品应缴纳的增值税税额为(　　)元。
  A. 480 000　　　B. 139 400　　　C. 178 500　　　D. 124 950
(2) 该企业进口化妆品，应当自海关填发海关进口增值税专用缴款书之日起一定期限内缴纳税款，该期限是(　　)日。
  A. 5　　　　　B. 10　　　　　C. 15　　　　　D. 20
(3) 该企业A类化妆品应缴纳的消费税税额为(　　)元。
  A. 246 000　　　B. 450 000　　　C. 315 000　　　D. 351 428.6
(4) 该企业B类化妆品应缴纳的消费税税额为(　　)元。
  A. 30 000　　　B. 21 000　　　C. 29 142　　　D. 20 400
(5) 该企业C类化妆品应缴纳的消费税税额为(　　)元。
  A. 174 000　　　B. 88 200　　　C. 150 769　　　D. 151 118

【解析】(1) A,(2) C,(3) B,(4) A,(5) B

进口产品按组成计税价计算消费税：

组成计税价格=(1 650 000+100 000)÷(1－15%)=3 000 000(元)

进口环节应缴增值税=3 000 000×13%=390 000(元)

进口环节应缴消费税=3 000 000×15%=450 000(元)

委托加工 B 类高档化妆品，受托方没有 B 类高档化妆品同类货物价格，也按组成计税价计税：组成计税价=(158 000+12 000)÷(1-15%)=200 000(元)，应代收代缴消费税=200 000×15%=30 000(元)。

生产的 C 类化妆品发放给职工，"视同销售"纳税，应缴纳的消费税=(580 000+8 000)×15%=88 200(元)

任务解析

ABC 商场在这笔红酒委托加工业务中，应当缴纳消费税。税法规定，委托单位加工的应税消费品，由受托方在向委托方交货时代收代缴税款。本案中，ABC 商场作为应税消费品委托方，是消费税的纳税义务人，酒厂在向其交货时依法代收代缴消费税，符合法律规定。

任务三　识别所得税类的基本要素

案情回放

小张毕业应聘到李某投资开办的个人独资企业担任会计，该企业当年相关财务资料如下：营业外支出中包括行政罚款 3 万元，合同违约金 4 万元，通过政府向灾区公益性捐赠 5 万元，该企业账面反映会计利润为 20 万元。年终计算所得税时，小张犯愁了，是缴纳企业所得税还是缴纳个人所得税。

工作任务

1. 该个人独资企业应当缴纳企业所得税还是个人所得税？为什么？
2. 仅此项业务，计算所得额时，应调增多少？

理论认知

一、企业所得税

(一)企业所得税的概念

企业所得税是对我国企业和其他组织的生产经营所得和其他所得征收的一种税。企业分为居民企业和非居民企业。

居民企业是指依法在中国境内成立，或者依照外国(地区)法律成立但实际管理机构在中国境内的企业。

非居民企业是指依照外国(地区)法律成立且实际管理机构不在中国境内,但在中国境内设立机构、场所的,或者在中国境内未设立机构、场所,但有来源于中国境内所得的企业。

个人独资企业和合伙企业不适用《企业所得税法》。

【思考 3-44】 根据《企业所得税法》规定,依照外国法律成立的企业,无论其实际管理机构是否在境内,均不属于居民企业。这一说法正确吗?

【解析】 不正确。依照外国法律成立的企业,如果"实际管理机构"(即总部)在中国境内,也是中国的居民企业。

(二)企业所得税的征税对象

企业所得征税对象是指企业的生产经营所得、其他所得和清算所得。

(1) 居民企业应就来源于中国境内、境外的所得作为征税对象。

(2) 非居民企业在中国境内设立机构、场所的,应当就其所设机构、场所取得的来源于中国境内的所得,以及发生在中国境外但与其所设机构、场所有实际联系的所得,缴纳企业所得税。

(三)企业所得税的税率

1. 基本税率

企业所得税的基本税率为 25%。适用于居民企业和在中国境内设有机构、场所且所得与机构、场所有关联的非居民企业。

2. 优惠税率

对符合条件的小型微利企业,减按 20%的税率征收企业所得税;对国家需要重点扶持的高新技术企业,减按 15%的税率征收企业所得税。

(四)企业所得税应纳税所得额

企业所得税应纳税所得额是企业所得税的计税依据。应纳税所得额为企业每一个纳税年度的收入总额减去不征税收入、免税收入、各项扣除,以及弥补以前年度的亏损之后的余额。应纳税所得额有两种计算方法。

其一,直接计算法下的计算公式如下。

应纳税所得额=收入总额-不征税收入额-免税收入额-各项扣除额-准予弥补的以前年度亏损额

其二,间接计算法下的计算公式如下。

应纳税所得额=利润总额±纳税调整项目金额

1. 收入总额

收入总额是指企业以货币形式和非货币形式从各种来源取得的收入,包括销售货物收入,提供劳务收入,转让财产收入,股息、红利等权益性投资收益,利息收入,租金收入,特许权使用费收入,接受捐赠收入,其他收入。

【思考3-45】下列各项中，不属于企业所得税收入总额的有(　　)。
　　A. 股息、红利　　　　　　　　B. 租金收入
　　C. 接受捐赠收入　　　　　　　D. 接收股东投入的资金
【解析】正确答案是D。接收股东投入的资金属于股本，不计入收入当中。

2. 不征税收入

不征税收入是指从性质和根源上不属于企业营利性活动带来的经济利益、不负有纳税义务并不作为应纳税所得额组成部分的收入，如财政拨款、依法收取并纳入财政管理的行政事业性收费、政府性基金，其他不征税收入。

【思考3-46】下列各项中，属于企业所得税不征税收入的是(　　)。
　　A. 转让财产收入　　　　　　　B. 财政拨款收入
　　C. 国债利息收入　　　　　　　D. 符合条件的居民企业之间的股息收入
【解析】正确答案是B。"不征税收入"一般指"财政类"收入或行政事业性收费、政府性基金等。

3. 免税收入

免税收入是指属于企业的应税所得但按照税法规定免予征收企业所得税的收入。免税收入包括国债利息收入，符合条件的居民企业之间的股息、红利收入，在中国境内设立机构、场所的非居民企业从居民企业取得与该机构、场所有实际联系的股息、红利收入，符合条件的非营利性组织的收入等。

【思考3-47】根据《企业所得税法》的规定，下列收入中，属于企业所得税免税收入的是(　　)。
　　A. 财政拨款　　　　　　　　　B. 国债利息
　　C. 物资及现金溢余　　　　　　D. 依法收取并纳入财政管理的政府性基金
【解析】正确答案是B。选项AD属于"不征税收入"，选项C属于"征税收入"。

4. 准予扣除项目

企业实际发生的与取得收入有关的、合理的支出，包括成本、费用、税金、损失和其他支出等，准予在计算应纳税所得额时扣除。

需要注意的是，企业缴纳的企业所得税和可以抵扣的增值税不得在计算应纳税所得额时扣除。企业缴纳的其他税费如消费税、土地增值税、房产税等可以在计算企业所得税所得额时扣除。

【思考3-48】下列企业支出中，可以在计算企业应纳税所得额时扣除的有(　　)。
　　A. 增值税　　　　　　　　　　B. 消费税
　　C. 资产损失　　　　　　　　　D. 销售成本
【解析】正确答案是BCD。企业实际发生的与收入有关的成本、费用、损失、税金等，可以扣除，但"增值税"和"企业所得税"不得扣除。

5. 不得扣除项目

(1) 向投资者支付的股息、红利等权益性投资收益款项。
(2) 企业所得税税款。

(3) 税收滞纳金。
(4) 罚金、罚款和被没收财物的损失。

纳税人的正常生产经营当中因违反国家法律、法规和规章，被行政部门和其他有处罚权的单位处以的罚款，以及被没收财物的损失，不得扣除。但是，纳税人支付的违约金、银行罚息和诉讼费，不属于"行政部门"的罚款，可以在税前扣除。

【思考3-49】下列各项支出中，不得在所得税前扣除的有( )。
  A. 向投资者支付的股息、红利　　B. 各种赞助支出
  C. 各种行政罚款　　　　　　　　D. 合同违约金

【解析】正确答案为ABC。选项D"合同违约金"，以及"诉讼费""银行罚息"等不是行政处罚，可以在税前扣除。

(5) 企业发生的公益性捐赠支出以外的捐赠支出。企业发生的公益性捐赠支出，在年度利润总额12%以内的部分，准予在计算应纳税所得额时扣除。

年度利润总额是指企业依照国家统一会计制度的规定计算的年度会计利润。

公益性捐赠是指企业通过公益性社会团体或者县级以上人民政府及部门，用于《公益事业捐赠法》规定的公益事业的捐赠。纳税人直接向受赠人的捐赠不允许税前扣除。

【思考3-50】下列各项中，在计算应纳税所得额时准予按一定比例扣除的公益性捐赠的有( )。
  A. 纳税人直接向某农村小学的捐赠
  B. 纳税人通过企业向自然灾害地区的捐赠
  C. 纳税人通过市政府向灾区的捐赠
  D. 纳税人通过民政部门向贫困地区的捐赠

【解析】正确答案是CD。允许税前扣除的公益性捐赠是指企业通过公益性社会团体或者县级以上人民政府及其部门的公益性捐赠，即"间接"捐赠。纳税人对受赠的"直接"捐赠税前不予扣除。

【例题3-11】甲企业2017年度利润为100万元，经查有两笔营业外支出，一笔是通过政府捐赠给受灾区16万元；另一笔是直接捐赠给某一义务教育学校10万元。若无其他纳税调整事项，试计算甲企业2017年度应纳税所得额。

【解析】灾区捐赠的限额为：100×12%=12(万元)，实际捐赠16万元，超出的4万元不得税前扣除；直接捐赠的10万元不得税前扣除。

因此，甲企业应纳税所得额=100+4+10=114(万元)。

(6) 赞助支出是指企业发生的与生产经营活动无关的各种非广告性支出。
(7) 未经核准的准备金支出是指不符合国务院财政、税务主管部门规定的各项资产减值准备、风险准备等准备金支出。
(8) 企业之间支付的管理费、企业内营业机构之间支付的租金和特许权使用费，以及非银行企业内营业机构之间支付的利息。
(9) 与取得收入无关的其他支出。

【思考3-51】下列各项中，不得在企业所得税前扣除的有( )。
  A. 向投资者支付股息、红利等权益性投资收益款项　　B. 税收滞纳金
  C. 企业所得税税款　　　　　　　　　　　　　　　　D. 土地增值税税款

【解析】正确答案是ABC。土地增值税可以扣除，税金中只有"企业所得税""增值

税"不可以税前扣除，其他税可以扣除。

6. 职工福利费、工会经费和职工教育经费支出的税前扣除

(1) 企业发生的职工福利费支出，不超过工资薪金总额14%的部分，准予扣除。

(2) 企业拨缴的工会经费，不超过工资薪金总额2%的部分，准予扣除。

(3) 除国务院财政、税务主管部门另有规定外，企业发生的职工教育经费支出，不超过工资薪金总额8%的部分，准予扣除；超过部分，准予在以后纳税年度结转扣除。

【例题3-12】甲公司2017年发生合理的工资支出100万元，发生福利费18万元，教育费6万元，拨付工会经费2万元。试计算在计算甲公司应纳税所得额时，准予扣除的职工福利费、教育经费和工会经费。

【解析】准予扣除的职工福利费最高限额=100×14%=14(万元)，实际发生了18万元，税前只允许扣除14万元，超过的4万元不得扣除。

准予扣除的工会经费最高限额=100×2%=2(万元)，实际拨付了2万元，可以全额扣除。

准予扣除的职工教育经费最高限额=100×8%=8(万元)，实际发生了6万元，未超过最高限额，按实际发生额即6万元扣除。

7. 亏损弥补

纳税人发生年度亏损的，可以用下一纳税年度的所得弥补；下一纳税年度的所得不足弥补的，可以逐年延续弥补，但是延续弥补期最长不得超过5年。

【思考3-52】某企业2015年亏损10万元，2016年亏损20万元，2017年盈利30万元，该企业适用的企业所得税税率为25%，则该企业2017年应纳所得税税额为(　　)万元。

　　A. 7.5　　　　　B. 2.5　　　　　C. 0　　　　　D. 12.5

【解析】正确答案是C。2017年盈利30万元，先用于弥补"5年内"的亏损，弥补后没有所得(30-10-20=0)，应纳所得税为0。

(五)企业所得税征收管理

1. 纳税地点

(1) 居民企业一般以企业登记注册地为纳税地点，但登记注册地在境外的，以企业实际管理机构所在地为纳税地点。

居民企业在中国境内设立的不具有法人资格的分支或营业机构，由该居民企业汇总计算并缴纳企业所得税。

(2) 非居民企业在中国境内设立机构、场所的，以机构、场所所在地为纳税地点，缴纳企业所得税。非居民企业在中国境内设立两个或者两个以上机构、场所的，经税务机关审核批准，可以选择由其主要机构、场所汇总缴纳企业所得税。

在中国境内未设立机构、场所的，或者虽设立机构、场所但取得的所得与其所设机构、场所没有实际联系的非居民企业，以扣缴义务人所在地为纳税地点。

【思考3-53】下列有关居民企业纳税人企业所得税纳税地点的表述中，正确的有(　　)。

　　A. 企业一般以实际经营管理地为纳税地点

　　B. 企业一般以登记注册地为纳税地点

　　C. 登记注册地在境外的，以登记注册地为纳税地点

D. 登记注册地在境外的，以实际管理机构所在地为纳税地点

【解析】正确答案是 BD。居民企业一般以登记注册地为纳税地点，"登记注册地在境外的"，以"实际管理机构所在地"为纳税地点。

2. 纳税期限

企业所得税实行按年(自公历 1 月 1 日起到 12 月 31 日止)计算，分月或分季预缴，年终汇算清缴(年终后 5 个月内进行)，多退少补的征纳方法。

纳税人在一个年度中间开业，或者由于合并、关闭等原因，使该纳税年度的实际经营期不足 12 个月的，应当以其实际经营期为一个纳税年度。

【思考 3-54】某公司 2015 年 3 月 1 日开业，下列关于该公司当年企业所得税纳税期限说法中，正确的有(　　)。

A. 2015 年 3 月 1 日至 4 月 1 日　　B. 2015 年 1 月 1 日至 12 月 31 日
C. 2015 年 3 月 1 日至 12 月 31 日　　D. 2016 年 1 月 1 日至 12 月 31 日

【解析】正确答案是 C。实际经营期"不足 12 个月的"，以"实际经营期"为一个纳税年度。

3. 纳税申报

按月或按季预缴的，应当自月份或季度终了之日起 15 日内，向税务机关报送预缴企业所得税纳税申报表，预缴税款。

年度终了 5 个月内，向税务机关报送年度企业所得税纳税申报表，并汇算清缴，结清应缴应退税款。

【案例分析 3-5】某企业 2017 年度会计报表上的取得产品销售收入为 1 000 万元，利润总额为 100 万元，已累计预缴企业所得税 25 万元。2017 年其他有关情况如下：①营业外收入 50 万元，其中包括购买国债的利息收入 10 万元，国债转让收益 10 万元，股票转让收益 10 万元，接受捐赠收入 10 万元。②管理费用 450 万元，销售费用 300 万元；实际发生合理工资总额 200 万元，发生职工福利费 30 万元，职工教育经费 6 万元，工会经费 2.4 万元。③支付在建办公楼工程款 57 万元，已列入当期费用。④支付诉讼费 2.3 万元，已列入当期费用。⑤营业外支出 300 万元，其中包括违法经营罚款 10 万元。根据上述材料，回答下列问题。

(1) 该企业的下列收入中，在计算 2017 年度企业所得税应纳税所得额时，应计入收入总额的是(　　)。

A. 产品销售收入 1 000 万元　　B. 国债利息收入 10 万元
C. 接受捐赠收入 10 万元　　D. 股票转让收益 10 万元

(2) 该企业 2017 年取得的营业外收入中属于免税收入的是(　　)。

A. 国债利息收入 10 万元　　B. 国债转让收益 10 万元
C. 股票转让收益 10 万元　　D. 接受捐赠收入 10 万元

(3) 下列费用中，准予在计算企业所得税应纳税所得额时扣除的是(　　)。

A. 管理费用 450 万元　　B. 支付在建办公楼工程款 57 万元
C. 支付诉讼费 2.3 万元　　D. 营业外支出 300 万元

(4) 下列支出中，在计算企业所得税应纳税所得额时，准予全额扣除的是( )。
　　A. 职工教育经费 6 万元　　　　　　B. 工会经费 2.4 万元
　　C. 职工福利费 30 万元　　　　　　　D. 工资总额 200 万元
(5) 该企业 2017 年汇算清缴应补缴的企业所得税税额为( )万元。
　　A. 40　　　　B. 15　　　　C. 42.5　　　　D. 17.5

【解析】(1) 正确答案是 ACD。国债利息收入免税。(2) 正确答案是 A。国债利息免税，但是"国债转让"收益不免税。(3) 正确答案是 AC。支付"在建办公楼"工程款属于资本性支出，是"资产性"支出，税前不允许扣除。营业外支出中有 10 万元的"违法经营罚款"不得税前扣除，准予扣除的营业外支出应为 290 万元。"诉讼费""管理费"可以税前扣除。(4) 正确答案是 ABD。职工教育经费准扣最高限额为：200×8%=16(万元)，实际发生 6 万元，可以全额扣除；福利费准予扣除最高限额为：200×14%=28(万元)，这两项实际发生额均超过了最高限额，只能按限额扣除，不能全额扣除。(5) 正确答案是 B。应纳税所得额为 160=100-10(国债利息)+57(在建工程)+10(罚款)+ (30-28)(职工福利费)=159(万元)，则当年应纳企业所得税=159×25%=39.75(万元)，已预缴了 25 万元，所以应补缴额=39.75-25=14.75(万元)。

二、个人所得税

(一)个人所得税的概念

个人所得税是以个人(自然人)取得的各项应税所得为征税对象所征收的一种税。

(二)个人所得税的纳税义务人

个人所得税的纳税义务人包括中国公民、个体工商户、在中国有所得的外籍个人、港澳台同胞，以及个人独资企业和合伙企业。

个人所得税的纳税义务人，以住所和居住时间为标准分为居民纳税义务人和非居民纳税义务人。

1. 居民纳税义务人

居民纳税义务人是指在中国境内有住所，或者无住所但在中国境内居住满 183 天的个人。居民纳税义务人负有无限纳税义务，其从中国境内和境外取得的所得，都要在中国缴纳个人所得税。

2. 非居民纳税义务人

非居民纳税义务人是指在中国境内无住所又不居住，或者无住所且在中国境内居住不满 183 天的个人。非居民纳税义务人承担有限纳税义务，仅就其从中国境内取得的所得，在中国缴纳个人所得税。

【思考 3-55】把个人所得税纳税义务人分为居民和非居民的标准是住所。这一说法正确吗？

【解析】不正确。划分标准有两个：一是"住所"；二是"居住时间"。

【思考 3-56】个人所得税的纳税义务人包括( )。

A. 在中国境内有住所的个人　　B. 个体工商户
C. 在中国境内有所得的境外人员　　D. 个人独资企业

【解析】正确答案是 ABCD。"个人独资企业"和"合伙企业"不计征企业所得税，而计征"个人所得税"。

(三)个人所得税的应税项目和税率

1. 个人所得税的应税项目

现行个人所得税共有 11 个应税项目：①工资、薪金所得；②劳务报酬所得；③稿酬所得；④特许权使用费所得；⑤经营所得；⑥利息、股息、红利所得；⑦财产租赁所得；⑧财产转让所得(是指个人转让有价证券、股权、合伙企业中的财产份额、不动产、土地使用权、机器设备、车船以及其他财产取得的所得)；⑨偶然所得(是指个人得奖、中奖、中彩以及其他偶然性质的所得)。

2. 个人所得税税率

(1) 综合所得。综合所得适用 3%～45%的超额累进税率(见表 3-1)。

表 3-1　个人所得税税率表(一)

(适用：综合所得)

级　数	全年应纳税所得额	税率/%	速算扣除数
1	不超过 36 000 元的	3	0
2	36 00～144 000 元的部分	10	2 520
3	144 000～300 000 元的部分	20	16 920
4	300 000～420 000 元的部分	25	31 920
5	420 000～660 000 元的部分	30	52 920
6	660000～960 000 元的部分	30	85 920
7	960 000 元以上的部分	45	181 920

纳税人取得的工资、薪金所得，减除费用统一按照 5000 元/月执行，并按照表 3-2 计算应纳税额。

表 3-2　个人所得税税率表(二)

(适用：工资、薪金所得)

级　数	全月应纳税所得额	税率/%	速算扣除数
1	不超过 3 000 元的	3	0
2	3 000～12 000 元的部分	10	210
3	12 000～25 000 元的部分	20	1 410
4	25 000～35 000 元的部分	25	2 660
5	35 000～55 000 元的部分	30	4 410

续表

级数	全月应纳税所得额	税率/%	速算扣除数
6	55 000~80 000 元的部分	35	7 160
7	80 000 元以上的部分	45	15 160

(2) 经营所得。经营所得适用 5%~35%的超额累进税率(见表 3-3)。

表 3-3 个人所得税税率表(三)

(适用：个体工商户的生产、经营所得和对企事业单位的承包经营、承租经营所得)

级数	全年应纳税所得额	税率/%	速算扣除数
1	不超过 30 000 元的	5	0
2	30 000~90 000 元的部分	10	750
3	90 000~300 000 元的部分	20	3 750
4	300 000~500 000 元的部分	30	9 750
5	500 000 元以上的部分	35	14 750

(3) 利息、股息、红利所得，财产租赁所得，财产转让所得，偶然所得和其他所得，适用比例税率，税率为 20%。

自 2001 年 1 月 1 日起，对个人出租住房取得的所得暂减按 10%的税率征收个人所得税。

(四)个人所得税应纳税额的计算

1. 居民个人的综合所得

以每一纳税年度的收入额减除费用 6 万元以及专项扣除、专项附加扣除和依法确定的其他扣除后的余额，为应纳税所得额。

综合所得包括：工资薪金所得、劳务报酬所得、稿酬所得、特许权使用费所得 4 项。劳务报酬所得、稿酬所得、特许权使用费所得以收入减除 20%的费用后的余额为收入额。稿酬所得的收入额减按 70%计算。

(1) 专项扣除。专项扣除包括居民个人按照国家规定的范围和标准缴纳的基本养老保险、基本医疗保险、失业保险等社会保险费和住房公积金等。

【例题 3-13】中国某公司职员王某，2018 年 11 月取得工资收入 10 000 元，当地规定基本养老保险比例为 8%，基本医疗保险为 2%，失业保险为 0.5%，住房公积金为 12%。王某缴纳社保核定的工资基数为 8 000 元。计算王某当月应缴纳的个人所得税税额。

【解析】月减除费用：5 000(元)

专项扣除：8 000 × (8%+2%+0.5%+12%)=1 800(元)

扣除项目合计：5 000+1 800=6 800(元)

应纳税所得额=10 000-6 800=3 200 元，查工资、薪金税率表(见表 3-2)，适用税率为 10%，速算扣除数为 210 元，应缴纳的个人所得税计算如下：

个人所得税应纳税额=3 200 × 10%-210=110(元)

(2) 专项附加扣除。专项附加扣除是指个人所得税法规定的子女教育、继续教育、大病医疗、住房贷款利息或者住房租金和赡养老人6项专项附加扣除。

纳税人的子女接受学前教育和学历教育的相关支出，按照每个子女每年12 000元(每月1 000元)的标准定额扣除。

纳税人接受学历继续教育的支出，在学历(学位)继续教育期间按照每年4 800元(每月400元)定额扣除。同一学历(学位)继续教育的扣除期限最长不得超过48个月。

纳税人接受技能人员职业资格继续教育、专业技术人员职业资格继续教育支出，在取得相关证书的年度，按照每年3 600元定额扣除。

大病医疗专项附加扣除。一年纳税年度内，在社会医疗保险管理信息系统记录的由个人负担超过15 000元的医药费用支出部分，为大病医疗支出，可以按照每年60 000元标准限额据实扣除。

住房贷款利息专项附加扣除。纳税人本人或配偶使用商业银行或住房公积金个人住房贷款为本人或其配偶购买住房，发生的首套住房贷款利息支出，在偿还贷款期间(不超过240个月)，可以按照每年12 000元(每月1 000元)定额扣除。

住房租金专项附加扣除。纳税人本人及配偶在纳税人的主要工作城市没有住房，而在主要工作城市租赁住房发生的租金支出，可以按照以下标准定额扣除：①承租的住房位于直辖市、省会城市、计划单列市以及国务院确定的其他城市，扣除标准为每年14 400元(每月1 200元)；②承租的住房位于其他城市的，市辖区户籍人口超过100万人的，扣除标准为每年12 000元(每月1 000元)；③承租的住房位于其他城市的,市辖区户籍人口不超过100万人(含)的，扣除标准为每年9 600元(每月800元)。纳税人不得同时扣除住房贷款利息和租金专项附加扣除。

赡养老人专项附加扣除。纳税人赡养年满60周岁(含)以上父母以及其他法定赡养人的赡养支出,可以按照以下标准定额扣除：纳税人为独生子女的,按照每年24 000元(每月2 000元)的标准定额扣除。纳税人为非独生子女的，应当与其兄弟姐妹分摊每年24 000元的扣除额度，分摊方式包括平均分摊、被赡养人指定分摊或者赡养人约定分摊，具体分摊方式在一个纳税年度内不得变更。采取指定分摊或约定分摊方式的，每一纳税人分摊的扣除额最高不得超过每年12 000元(每月1 000元)，并签订书面分摊协议。

【例题3-14】2019年乙公司职员李某，取得全年工资收入18 0000元，当地规定的社会保险和住房公积金个人缴存比例为：基本养老保险比例为8%，基本医疗保险为2%，失业保险为0.5%，住房公积金为12%。李某缴纳社保核定的工资基数为10 000元。李某正在偿还首套住房贷款及利息；李某为独生子女家庭，其独生子女正在上大二，李某的父母均过60岁；李某夫妻约定由李某扣除子女教育费和住房贷款利息。试计算李某2019年应缴纳的个人所得税税额。

【解析】(1) 全年减除费用=60 000(元)

(2) 专项扣除=10 000×(8%+2%+0.5%+12%)×12=27 000(元)

(3) 专项附加扣除。

子女教育费=12 000(元)

贷款利息=12 000(元)

赡养老人支出=24 000(元)

小计：12 000+12 000+24 000=48 000(元)

(4) 扣除项目合计：60 000+27 000+48 000=135 000(元)

应纳税所得额=180 000-135 000=45 000 元，查综合所得税税率表(见表 3-1)，适用税率为 10%，速算扣除数为 2 520 元，税额计算如下。

个人所得税税额=45 000×10%-2 520=1 980(元)。

(3) 其他扣除。其他扣除包括个人缴付符合国家规定的企业年金、职业年金，个人购买符合国家规定的商业健康保险、税收递延型商业养老保险的支出，以及国务院规定可以扣除的其他项目。

2. 非居民个人的工资薪金所得

非居民个人的工资薪金所得以每月收入额减除费用 5000 元后的余额为应纳税所得额。劳务报酬、稿酬、特许权使用费所得，以每次收入额为应纳税所得额。

3. 经营所得

经营所得以每一纳税年度的收入总额减除成本、费用以及损失后的余额为应纳税所得额。

个体工商户业主、个人独资企业投资者、合伙企业个人合伙人以及从事其他生产经营活动的个人，以其每一纳税年度来源于个体工商户、个人独资企业、合伙企业以及其他生产经营活动的所得，减除费用 6 万元、专项扣除以及依法确定的其他扣除后的余额，为应纳税所得额。

4. 财产租赁所得

每次收入不超过 4 000 元的，减除费用 800 元；超过 4 000 元以上的，减除 20%的费用，其余额为应纳税所得额。

【例题 3-15】2016 年 7 月，王某出租住房取得不含增值税租金收入 3 000 元，房屋租赁过程中缴纳的可以税前扣除的相关税费 120 元，支付出租住房维修费 1 000 元，税率 10%。试计算王某当月出租住房应缴纳的个人所得税税额。

【解析】应纳个人所得税税额=(3 000-120-800-800)×10%=128(元)

5. 财产转让所得

财产转让所得，以转让财产的收入额减除财产原值和合理费用后的余额，为应纳税所得额。财产原值是指购入时的价格与相关税费；合理费用是指出售时支付的有关税费。

【例题 3-16】王某 4 月 1 日将一套居住了 2 年的普通住房出售，原值 12 万元，售价 30 万元，售房中发生费用 1 万元。试计算王某应纳的个人所得税税额。

【解析】应纳个人所得税税额=[30-12-1]×20%=3.4(万元)

6. 利息、股息、红利所得和偶然所得

每次收入全额，不扣除任何费用。

【例题 3-17】王某购买福利彩票支出 500 元，取得中奖收入 15 000 元。试计算其应纳个人所得税税额。

【解析】"利息、股息、红利"以及"偶然所得"不得扣除任何费用，以"收入全额"

为应纳税所得额，王某应纳税额为=15 000×20%=3 000(元)

【思考 3-59】对所得征收个人所得税时，以每次收入额为应纳税所得额的有(　　)。

A. 利息、股息和红利所得　　B. 综合所得
C. 财产租赁所得　　D. 偶然所得

【解析】正确答案是 AD。综合所得以全年收入扣除 6 万元以及专项扣除、专项附加扣除和依法确定的其他扣除后的余额，为应纳税所得额；财产租赁所得采用"定额(800 元)与比例(20%)"相结合的方式计算应纳税所得额。

(五)个人所得税征收管理

1. 免税项目

(1) 省级人民政府、国务院部委和中国人民解放军军以上单位，以及外国组织、国际组织颁发的科学、教育、技术、文化、卫生、体育、环境保护等方面的奖金。

(2) 国债和国家发行的金融债券利息。

(3) 按照国家统一规定发给的补贴、津贴。

(4) 福利费、抚恤金、救济金。

(5) 保险赔款。

(6) 军人的转业费、复员费、退役金。

(7) 单位为个人缴付和个人缴付的住房公积金、基本医疗保险费、基本养老保险费、失业保险费，从纳税义务人的应纳税所得额中扣除。

(8) 国务院规定的其他免税所得。

个人所得税实行纳税义务人自行申报和代扣代缴两种计征办法。

2. 自行申报

自行申报是由纳税人自行在税法规定的纳税期限内，向税务机关申报取得的应税所得项目和数额，如实填写个人所得税纳税申报表，并按照税法规定计算应纳税额，据此缴纳个人所得税的一种方法。

下列人员为自行申报纳税的纳税义务人。

(1) 取得综合所得需要办理汇算清缴的(两处以上取得综合所得，且扣除专项扣除的余额超过 6 万元；取得劳务、稿酬、特许权中一项或多项，且综合所得扣除专项扣除后余额超过 6 万元；纳税年度内预缴税额低于应纳税额的)。

(2) 取得应税所得，没有扣缴义务人的。

(3) 取得应税所得，扣缴义务人未扣缴纳税款的。

(4) 取得境外所得。

(5) 因移居境外注销中国户籍。

(6) 非居民个人在中国境内从两处以上取得工资薪金所得。

(7) 国务院规定的其他情形。

3. 代扣代缴

代扣代缴是指按照税法规定负有扣缴税款义务的单位或个人，在向个人支付应纳税所

得时，应计算应纳税领，从其所得中扣除并缴入国库，同时向税务机关报送扣缴个人所得税报告表。

凡支付个人应纳税所得的企事业单位、社会团体、军队、驻华机构(不含依法享有外交特权和豁免的驻华使领馆、联合国及其国际组织驻华机构)、个体户等单位或者个人，为个人所得税的扣缴义务人。

【思考 3-60】个人取得应纳税所得，没有扣缴义务人的或者扣缴义务人未按规定扣缴税款的，均应自行申报个人所得税。这一说法正确吗？

【解析】正确。除自行申报纳税情形外，个人所得税一律实行代扣代缴。

【实训分析 3-6】
中国公民张某为境内甲公司高级管理人员，2018年11月有关收支情况如下。

(1) 取得基本工资6 000元，全勤奖200元，季度效益奖3 600元，加班补贴500元。

(2) 出租住房取得租金收入5 000元(不含增值税)，房屋租赁过程中缴纳的可以税前扣除的相关税费200元。

(3) 取得商场抽奖收入5 000元；转让一间商铺取得所得50万元。

(4) 取得国债利息6 000元、保险赔款7 000元。

已知：当地规定的社会保险和住房公积金个人缴存比例为：基本养老保险8%、基本医疗保险2%、失业保险0.5%、住房公积金12%；张某缴纳社会保险费核定的工资基数为5 000元。对个人出租住房取得的所得暂减按10%的税率征收个人所得税，每次收入4 000元以上的，减除20%的费用。

要求：根据上述资料，不考虑其他因素，分析回答下列小题。

(1) 张某当月取得的下列收入中，应按"工资、薪金所得"计缴个税的有(　　)。

　　A. 季度效益奖3 600元　　B. 基本工资6 000元
　　C. 全勤奖200元　　D. 加班补贴500元

(2) 下列关于张某按"工资、薪金所得"缴纳个税的计算列式中，正确的是(　　)。

　　A. [6 000+200+3 600+500-5 000-5 000×(8%+2%+0.5%+12%)]×10%-210
　　B. [6 000+200+3 600+500-5 000×(8%+2%+0.5%+12%)]×10%-210
　　C. [6 000+200+3 600+500-5 000]×10%-210
　　D. [6 000+500-5 000-5 000×(8%+2%+0.5%+12%)]×3%

(3) 张某当月出租住房租金收入应缴纳个人所得税税额的计算列式中，正确的是(　　)。

　　A. (5 000-200)×(1-20%)×10%=384(元)
　　B. 5 000×10%=500(元)
　　C. (5 000-200)×10%=480(元)
　　D. 5 000×(1-20%)×10%=400(元)

(4) 张某的下列收入中，免于或暂不征收个人所得税的是(　　)。

　　A. 取得商场抽奖中奖收入5 000元
　　B. 转让商铺取得的所得50万元
　　C. 取得国债利息6 000元
　　D. 保险赔款7 000元

【解析】(1)ABCD。工资、薪金所得是指个人因任职或者受雇而取得的工资、薪金、奖金、年终加薪、劳动分红、津贴、补贴以及与任职或者受雇有关的其他所得。一般"非雇用"关系中取得的所得为劳务所得。在实际中,本单位发放的为"工资、薪金",外单位发放的为"劳务所得"。

(2) A。工资、薪金所得可以按月扣除 5 000 元费用,以及专项扣除、专项附加扣除。

(3) A。财产租赁所得,每次收入超过 4 000 元的,减除费用 20%,且允许减除财产租赁过程中缴纳的税费和修缮费用。

(4) CD。国债利息收入和保险赔款免税。

任务解析

1. 该个人独资企业应当缴纳个人所得税。企业所得税实际"法人"纳税,个人独资企业和合伙企业不具有法人资格,不是企业所得税的纳税人,是个人所得税的纳税人。本案中,应由个人独资企业的投资人李某缴纳个人所得税。

2. 仅此项业务,计算李某当年应纳个人所得税的所得额时,调增项为 5.6 万元,即所得额为 25.6 万元。计算如下:行政罚款 3 万元不得在计算所得额前扣除,调增 3 万元;合同违约金 4 万元可以扣除,不需要调整;公益性捐赠准扣会计利润的 12%,即 20×12%=2.4 万元,多捐的 2.6 万元(5-2.4=2.6)不得在计算所得额时扣除,调增 2.6 万元。调增额合计为 5.6 万元(3+2.6=5.6)。

任务四 识别违反税收征收管理法的行为与后果

案情回放

赵某自 2015 年开设私人诊所以来,为患者看病的同时,还销售医疗器材。因认真负责、医术高超而受到广大患者的认可。到 2016 年 1 月取得了相当可观的收入,但赵某认为自己所从事的医疗服务应该免税,一直未缴纳税款。2016 年 2 月 10 日,赵某接到税务机关要求其补缴税款及税收滞纳金的通知单,赵某不服,便向法院提起诉讼。

工作任务

1. 分析赵某是否应缴纳税款?为什么?
2. 赵某能否向法院提起诉讼?为什么?

理论认知

一、税收征收管理

税收征收管理是税务机关代表国家行使征税权,对纳税人履行纳税义务采用的一种管理、征收和检查行为。税收征收管理包括税务登记、发票管理、纳税申报、税款征收、税务检查和法律责任等环节。

二、税务登记

税务登记是税务机关依据税法规定，对纳税人的生产、经营活动进行登记管理的一项法定制度，也是纳税人依法履行纳税义务的法定手续。税务登记是整个税收征收管理的起点。

(一)税务登记申请人

企业，企业在外地设立的分支机构和从事生产、经营的场所，个体工商户和从事生产、经营的事业单位，都应当办理税务登记(统称从事生产、经营的纳税人)。

前述规定以外的纳税人，除国家机关、个人和无固定生产经营场所的流动性农村小商贩外，也应当办理登记。

负有扣缴税款义务的扣缴义务人(国家机关除外)，应当办理扣缴税款登记。

【思考3-61】下岗职工赵某开办的商品经销部享受一定期限的免税，不用办理税务登记。这一说法正确吗？

【解析】不正确。除国家机关、个人和无固定生产经营场所的流动性农村小商贩外，凡有法律、法规规定的应税收入、应税财产或应税行为的各类纳税人，均应当办理税务登记。

【思考3-62】根据《税收征收管理法》的规定，下列需要办理开业税务登记的纳税人有( )。

A. 领取营业执照从事生产经营活动的纳税人
B. 不从事生产经营活动，法律、法规规定负有纳税义务的单位和个人
C. 只缴纳个人所得税的自然人
D. 企业在外地设立的分支机构

【解析】正确答案是ABD。凡有法律、法规规定的应税收入、应税财产或应税行为的各类纳税人，均应当办理税务登记，"国家机关""个人"和"无固定生产、经营场所"的流动性农村小商贩除外。

(二)税务登记主管机关

县级以上(含县级)国家税务局(分局)、地方税务局(分局)是税务登记的主管机关，负责税务登记的设立登记、变更登记、注销登记以及非正常户处理、报验登记等有关事项。

(三)"多证合一"制度改革

为提升政府行政服务效率，降低市场主体创设的制度性交易成本，激发市场活力和社会创新力，自2015年10月1日起，登记制度改革在全国推行。登记制度改革从"三证合一"推进为"五证合一"，又进一步推进为"多证合一，一照一码"。即在全面实施企业、农民专业合作社工商营业执照、组织机构代码证、税务登记证、社会保险登记证、统计登记证"五证合一，一照一码"登记制度改革和个体工商户工商营业执照、税务登记证"两证整合"的基础上，将涉及企业、个体工商户和农民专业合作社(以下统称企业)登记、备案等有关事项和各类证照进一步整合到营业执照上，实现"多证合一，一照一码"。使"一

照一码"营业执照成为企业唯一"身份证",使统一社会信用代码成为企业唯一身份代码,实现企业"一照一码"走天下。

三、账簿、凭证管理

(一)账簿的设置

纳税人、扣缴义务人应按照有关法律、行政法规和国务院财政、税务主管部门的规定设置账簿,根据合法、有效的凭证记账,进行核算。

(1) 从事生产、经营的纳税人应当自领取营业执照或者发生纳税义务之日起15日内,按照国家有关规定设置账簿。

(2) 生产、经营规模小又确无建账能力的纳税人,可以聘请经批准从事会计代理记账业务的专业机构或者经税务机关认可的财会人员代为建账和办理账务。聘请上述机构或者人员确有实际困难的,经县级以上税务机关批准,可以按照税务机关的规定,建立收支凭证粘贴簿、进货销货登记簿或者使用税控装置。

(3) 扣缴义务人应当自税收法律、行政法规规定的扣缴义务发生之日起10日内,按照所代扣、代收的税种,分别设置代扣代缴、代收代缴税款账簿。

纳税人、扣缴义务会计制度健全,能够通过计算机正确、完整地计算其收入和所得或代扣代缴、代收代缴税款情况的,其计算机输出的完整的书面会计记录,可视同会计账簿。否则,应当建立总账及与纳税或代扣代缴、代收代缴有关的其他账簿。

【思考3-63】纳税人应当在一定期限内,按国家规定设置账簿,该期限是( )。
  A. 10日   B. 15日   C. 7日   D. 30日
【解析】正确答案是B。

【思考3-64】扣缴义务人应当在法定扣缴义务发生之日起( )内,按所代扣、代收的税种,分别设置代扣代缴、代收代缴税款账簿。
  A. 15日   B. 10日   C. 30日   D. 60日
【解析】正确答案是B。

(二)纳税人财务会计制度及其处理办法

(1) 纳税人使用计算机记账的,纳税人建立的会计电算化系统应当符合国家有关规定,并能正确、完整地核算其收入或者所得。

(2) 纳税人、扣缴义务人的财务、会计制度或者财务、会计处理办法与国务院或者国务院财政、税务主管部门有关税收的规定抵触的,依照税收的规定计算应纳税款、代扣代缴和代收代缴税款,即"会计从税"。

(3) 账簿、会计凭证和报表,应当使用中文,民族自治地方可以同时使用当地通用的一种民族文字。外商投资企业和外国企业可以同时使用一种外国文字。

(三)账簿、凭证等涉税资料的保存

从事生产、经营的纳税人、扣缴义务人必须按照国务院财政、税务主管部门规定的保管期限保管账簿、记账凭证、完税凭证及其他有关资料。账簿、记账凭证、报表、完税凭

证、发票、出口凭证以及其他涉税资料应当保存10年；但是法律、行政法规另有规定的除外。

四、发票管理

发票是指在购销商品、提供或者接受服务以及从事其他经营活动中，开具、收取的收付款凭证。

(一)发票的类型及适用范围

1. 发票的类型

全国范围内全面推行"营改增"试点后，发票的类型主要是增值税专用发票和增值税普通发票，还有特定范围继续使用的其他发票。

(1) 增值税专用发票包括增值税专用发票和机动车销售统一发票。

(2) 增值税普通发票包括增值税普通发票、增值税电子普通发票和增值税普通发票(卷票，生活性服务业中常用)。

(3) 其他发票包括农产品收购发票、农产品销售发票、门票、过路(过桥)费发票、定额发票、客运发票和二手车销售统一发票等。

2. 发票的适用范围

(1) 增值税一般纳税人销售货物、提供加工修理修配劳务和发生应税行为，使用增值税发票管理新系统(以下简称新系统)开具增值税专用发票、增值税普通发票、机动车统一销售发票、增值税电子普通发票。

(2) 增值税小规模纳税人销售货物、提供加工修理修配劳务月销售额超过3万元(按季纳税9万元)，或者销售服务、无形资产月销售额超过3万元(按季纳税9万元)，使用新系统开具增值税普通发票、机动车销售统一发票、增值税电子普通发票。

(3) 2017年1月1日起启用增值税普通发票(卷票)，由纳税人自愿选择使用，重点在生活性服务业纳税人中推广。纳税人可依法书面向国税机关要求使用印有本单位名称的增值税普通发票(卷票)。

(4) 门票、过路(过桥)费发票、定额发票、客运发票和二手车销售统一发票继续使用。

(5) 餐饮行业增值税一般纳税人购进农业生产者自产农产品，可以使用国税机关监制的收购发票，按照现行规定计算抵扣进项税额。

【思考3-65】下列各项中，可以使用普通发票的有(　　)。

　　A. 增值税一般纳税人　　　　　B. 事业单位
　　C. 增值税小规模纳税人　　　　D. 个体工商户

【解析】正确答案是ABCD。普通发票的使用人一般没有限制。增值税一般纳税人在不能开具专用发票的情形下(如向消费者销售商品)，可以使用普通发票。

(二)发票的开具及使用

单位、个人在销售商品、提供服务以及从事其他经营活动时，对外发生经营业务收取款项，收款方应向付款方开具发票；特殊情况下(如向农户收购农产品)，由付款方向收款方开具发票。

任何单位和个人应当按照发票管理规定使用发票，不得有下列行为。

(1) 转借、转让、介绍他人转让发票、发票监制章和发票防伪专用品。

(2) 知道或者应当知道是私自印制、伪造、变造、非法取得或废止的发票而受让、开具、存放、携带、邮寄、运输，即明知违法还要参与。

(3) 拆本使用发票。

(4) 扩大发票的使用范围。

(5) 以其他凭证代替发票使用。

单位和个人应建立发票使用登记制度，设置发票登记簿，并定期向税务机关报告。妥善存放和保管发票，不得擅自销毁。已开具的发票存根联和发票登记簿应当保存 5 年。保存期满，报经税务机关查验后销毁。

【思考 3-66】纳税人使用发票，不得有(　　)行为。
　A. 扩大发票的使用范围　　　　B. 拆本使用
　C. 转借、转让发票　　　　　　D. 以其他凭证代替发票使用

【解析】正确答案是 ABCD。

【思考 3-67】下列表述中，正确的有(　　)
　A. 销售货物开具发票时，可按付款方要求变更品名和金额
　B. 经单位财务负责人批准后，可拆本使用发票
　C. 已经开具的发票存根联保存期满后，开具发票的单位可直接销毁
　D. 收购单位人支付了购款项时，由付款方向收购方开具发票

【解析】正确答案是 D。

【思考 3-68】下列说法中，错误的有(　　)。
　A. 母公司为子公司代开发票
　B. 乙公司将未用完的发票转让给了丙公司
　C. 未经税务机关批准，拆本使用发票
　D. 甲公司将未使用的发票借给丁公司使用

【解析】正确答案是 ABCD。发票不得转借、转让、代开。"未经税务机关批准"，不得拆本使用发票。

(三)发票的检查

税务机关在发票管理中有权进行下列检查。

① 检查印制、领购、开具、取得和保管发票的情况。

② 调出发票查验。税务机关需要将已开具的发票调出检查时，应当向被查验的单位和个人开具发票换票证。发票换票证与被调出的发票有同等的效力，纳税人不得拒绝。税务机关需要将空白发票调出检验时，应当开具收据；经查无问题的，应当及时返还。③ 查阅、复制与发票有关的凭证、资料。

③ 向当事各方询问与发票有关的问题和情况。

④ 在查处发票案件时，对与案件有关的情况和资料，可以记录、录音、录像、照相和复制。

税务人员进行检查时，应当出示税务检查证。印制和使用发票的单位和个人，必须接受税务机关依法检查，如实反映情况，不得拒绝、隐瞒。

【思考 3-69】根据《税收征收管理办法》的规定，税务机关在对纳税人进行发票检查中有权采取的措施有(　　)。

A. 调出发票查验
B. 查阅、复制与发票有关的凭证、资料
C. 向当事人各方询问与发票有关的问题和情况
D. 检查领购、开具和保管发票的情况

【解析】正确答案是 ABCD。

五、纳税申报

(一)纳税申报的概念

纳税申报是指纳税人、扣缴义务人按照税法规定的期限和内容向税务机关提交有关纳税事项书面报告的法律行为，是纳税人履行纳税义务、承担法律责任的主要依据，是税务机关税收管理信息的主要来源和税务管理的一项重要制度。

纳税人、扣缴义务人必须按照税法规定的期限申报纳税。纳税人在纳税期内没有应纳税款的，也应当按照规定办理纳税申报；纳税人享受减税、免税待遇的，在减税、免税期间应当按照规定办理纳税申报。

【思考 3-70】纳税人享受减税、免税待遇的，在减税、免税期间内可以不办理纳税申报。这一说法正确吗？

【解析】不正确。无论是否有收入，无论是否减、免税，均应依法按期办理纳税申报。

(二)纳税申报的方式

纳税人办理纳税申报主要采取的方式有：直接申报、邮寄申报、数据电文申报和简易申报等。

1. 直接申报

直接申报又称上门申报，是指纳税人、扣缴义务人自行到税务机关办理纳税申报或者报送代扣代缴、代收代缴报告表，这是一种传统的申报方式。直接申报可以分为直接到办税服务厅申报、到巡回征收点申报和到代征点申报三种。

【思考 3-71】口头纳税申报是直接纳税申报的一种方式。这一说法正确吗？

【解析】不正确。直接申报指上门"申报"，口头无法纳税申报。

2. 邮寄申报

邮寄申报是指经税务机关批准的纳税人、扣缴义务人使用统一规定的纳税申报特快专递专用信封，通过邮政部门办理交寄手续，并向邮政部门索取收据作为申报凭据的方式。邮寄申报以寄出地的邮政局邮戳日期为实际申报日期。

3. 数据电文申报

数据电文申报又称电子申报，是指经税务机关批准的纳税人、扣缴义务人经由电子手段、光学手段或类似手段生成、储存或传递的信息,这些手段包括电子数据交换、电子邮件、电报、电传或传真等。采用数据电文形式进行纳税申报的具体日期,是以纳税人将申报数据发送到税务机关特定系统,该数据电文进入特定系统的时间,视为申报时间。

纳税人采取数据电文申报的,应当按照税务机关规定的期限和要求保存有关(纸质)资料,并定期书面报送主管税务机关。

4. 简易申报

简易申报是指实行定期定额征收的纳税人,经税务机关批准,通过以缴纳税款凭证代替申报或简并征期的一种申报方式。

5. 其他方式

其他方式是指除上述申报方式外的符合主管税务机关要求的其他申报方式,如纳税人、扣缴义务人委托他人代理向税务机关办理纳税申报或报送代扣代缴报告等。

【思考 3-72】关于纳税申报,下列说法中正确的有( )。
    A. 实行定期定额方式缴纳税款的纳税人,经税务机关批准,可以不进行纳税申报,直接按照核定的税款缴纳
    B. 纳税人采取邮寄方式办理纳税申报的,以寄出地的邮政局邮戳日期为实际申报日期
    C. 纳税人当期没有销售货物、提供劳务,没有取得应税所得的,应当在规定的时间进行纳税申报
    D. 纳税人采用数据电文方式申报的,以纳税人发出申报数据的时间为实际申报日期

【解析】正确答案是 ABC。实行定期定额方式缴纳税款的纳税人,经税务机关批准,可以"简易申报";采用数据电文方式申报的,申报时间为该数据电文"进入特定系统"的时间。

六、税款征收

税款征收是税务机关依照税收法律、法规的规定,将纳税人应当缴纳的税款组织入库的一系列活动的总称。

(一)税款征收方式

税款征收方式是指税务机关根据各税种的不同特点和纳税人的具体情况而确定的计算、征收税款的形式和方法,包括确定(征收)方式和缴纳方式。

税款征收方式主要有以下六种。

1. 查账征收

查账征收是指税务机关按照纳税人提供的财务账表所反映的经营情况,依照适用税率计算缴纳税款的方式。

查账征收一般适用于财务会计制度较为健全,能够认真履行纳税人义务的纳税单位。

2. 查定征收

查定征收是指由税务机关根据纳税人的生产设备等情况在正常情况下的生产、销售情

况，对其生产的应税产品查定产量和销售额，然后依照税法规定的税率征收的一种税款征收方式。

查定征收一般适用于生产经营规模较小、产品零星、会计账册不健全，但能控制原材料或进销货的小型厂矿和作坊。

3. 查验征收

查验征收是由税务机关对纳税申报人的应税产品进行查验后征税，并贴上完税证、查验证或盖查验戳，并据以征税的一种税款征收方式。

查验征收一般适用于财务制度不健全，经营不固定，零星分散、流动性大的税源，如城乡集贸市场的临时经营和机场、码头等场外经销商品的税款征收。

【思考3-73】对于账册不健全，但是能够控制原材料或进销货的纳税单位，应采取的征收方式是(　　)。

A. 查账征收　　　　　　　　B. 查定征收
C. 查验征收　　　　　　　　D. 定期定额征收

【解析】正确答案是B。查定征收适用于"账册不健全""能控制"原材料或进销货的小型厂矿和作坊；查验征收适用于"财务制度不健全"的税源。

4. 定期定额征收

定期定额征收是指税务机关依照有关法律、法规，按照一定的程序，核定纳税人在一定经营时期内的应纳税经营及收益额，并以此为计税依据，确定其应纳税额的一种税款征收方式。

定期定额征收方式一般适用于经主管税务机关认定和县级以上税务机关(含县级)批准的生产、经营规模小，达不到《个体工商户建账管理暂行办法》规定设置账簿标准，难以查账征收，不能准确计算计税依据的个体工商户(包括个人独资企业，简称定期定额户)。

代收代缴是指负有收缴税款的法定义务人，对纳税人应纳的税款进行代收代缴的方式。即由与纳税人有经济业务往来的单位和个人向纳税人收取款项时，依照税收的规定收取税款。

代收代缴适用于税收网络覆盖不到或者税源很难控制的领域，如委托单位加工应缴消费税的产品，由受托方代收代缴消费税。

5. 委托代征税款

委托征收是指受托单位按照税务机关核发的代征证书的要求，以税务机关的名义向纳税人征收一些零散税款的一种税款征收方式。

委托代征一般适用于小额、零散税源的征收，如印花税、车船税等。

6. 其他方式

其他方式如采用网络申报、IC卡纳税、邮寄纳税等。

【思考3-74】对于适用于税收网络覆盖不到或者税源很难控制的税款征收方式是(　　)。

A. 代收代缴　　　　　　　　B. 代扣代缴
C. 委托代征　　　　　　　　D. 定期定额征收

【解析】正确答案是 A。代收代缴适用于"网络覆盖不到"的税源征收。代扣代缴适用于"零星分散、不易控制"的税源征收。定期定额适用于"达不到建账标准"的个体工商户。委托代征"凭代征证书"征收。注意区分每一种征收方式的适用范围。

(二)税款征收措施

税款征收措施是指为了保证税款征收的顺利进行,《税收征收管理法》赋予税务机关在税款征收中根据不同情况可以采取相应措施的权力,如加收滞纳金、核定应纳税额、责令提供纳税担保、税收保全措施、税收强制执行措施、阻止出境等。这里重点介绍税收保全措施和税收强制执行措施。

1. 税收保全措施

税收保全措施是指税务机关为确保税款的征收,所采取的限制纳税人处理或转移商品、货物或其他财产的控制管理措施。

税务机关有根据认为从事生产、经营的纳税人有逃避纳税义务行为的,可以在规定的纳税期限之前,责令限期缴纳应纳税款;在限期内发现纳税人有明显的转移、隐匿其应纳税的商品、货物以及其他财产或应纳税收入迹象的,税务机关可以责成纳税人提供纳税担保。如果纳税人不能提供纳税担保,经县级以上税务局(分局)局长批准,税务机关可以采取下列税收保全措施:①书面通知纳税人开户银行或者其他金融机构冻结纳税人的金额相当于应纳税款的存款。②扣押、查封纳税人的价值相当于应纳税款的商品、货物或者其他财产。

个人及其所扶养家属维持生活必需的住房和用品,不在税收保全措施的范围之内。

纳税人在规定的期限内缴纳税款的,税务机关必须立即解除税收保全措施;限期期满仍未缴纳税款的,经县级以上税务局(分局)局长批准,税务机关可以采取强制执行措施。

需要注意的是,税收保全措施仅适用于从事生产、经营的纳税人,对扣缴义务人不适用。

【思考 3-75】甲企业负债累累,为逃避债务,于 2017 年 1 月 18 日开始变卖厂房、设备等,被税务人员发现,为确保 1 月份的税款足额征收,税务人员立即查封了甲企业价值相当于税款的设备。试分析税务人员的做法是否合法?为什么?

【解析】不合法。税务机关有根据认为纳税人逃避纳税义务的,应给"两次"机会,即先责令其限期缴纳税款;若限期内仍不缴纳,再责成其提供纳税担保;不能提供纳税担保的,经"县级"以上税务局局长批准,方可采取保全措施。本案中,税务人员直接采取了保全措施,所以不合法。

2. 税收强制执行措施

对经税务机关责令限期缴纳而逾期仍不缴纳税款的纳税人、扣缴义务人,税务机关可以采取下列强制执行措施:①书面通知其开户银行或者其他金融机构从其存款中扣缴税款;②扣押、查封、依法拍卖或者变卖其价值相当于应纳税款的商品、货物或者其他财产,以拍卖或者变卖所得抵缴税款。

对个人及其扶养家属维持生活所必需的住房和用品,不在强制执行的范围之内。税务机关对单价 5 000 元以下的其他生活用品,不采取强制执行措施。

税收强制执行措施适用于一切纳税人,包括从事生产、经营的纳税人和扣缴义务人。

【思考 3-76】下列各项中，属于税收强制执行措施的有（ ）。
   A．书面通知纳税人开户银行冻结纳税人价值相当于应纳税款的存款
   B．书面通知纳税人开户银行从其存款中扣缴税款
   C．扣押、查封纳税人的价值相当于应纳税款的商品、货物或其他财产
   D．依法拍卖、变卖纳税人的价值相当于应纳税款的商品、货物或其他财产
【解析】正确答案是 BD。选项 AC 属于"保全"措施。

(三)税款的退还、补缴及追征

1. 税款的退还

纳税人超过应纳税额缴纳的税款，税务机关发现后(不受时间限制)应当立即退还；纳税人自结算缴纳税款之日起 3 年内发现的，可以向税务机关要求退还多缴的税款并加算银行同期存款利息。

2. 税款的补缴

因税务机关的责任，使纳税人、扣缴义务人未缴或少缴税款的，税务机关在 3 年内可以要求补缴税款，但是不得加收滞纳金。

3. 税款的追征

因纳税人、扣缴义务人计算错误等失误，未缴或少缴税款的，税务机关在 3 年内可以追征税款和滞纳金。特殊情况下，可延长至 5 年。特殊情况是指未缴或少缴税款在 10 万元以上的。

对于偷税、骗税和抗税的，税务机关追征其未缴或少缴的税款、滞纳金或所骗取的税款，不受此时效限制，可无限期地追征。

七、税务代理

(一)税务代理的概念

税务代理是指代理人接受纳税主体的委托，在法定的代理范围内依法代其办理相关税务事宜的行为。税务代理人在其权限内，以纳税人(含扣缴义务人)的名义代为办理纳税申报，申办、变更、注销税务登记证，申请减免税，设置保管账簿凭证，进行税务行政复议和诉讼等纳税事项的服务活动。

(二)税务代理的特点

1. 中介性

税务代理机构不是税务行政机关，而是征纳双方的中介机构。税务代理机构与国家行政机关、纳税人或扣缴义务人等没有行政隶属关系，既不受税务行政部门的干预，又不受纳税人、扣缴义务人所左右，独立代办税务事宜。

2. 自愿性

税务代理主要是为纳税人提供服务。是否聘请税务代理人，是纳税人的自愿行为。

3. 法定性

税务代理范围是以法律、行政法规和行政规章的形式确定的。因此，税务代理不得超越法律规定的内容从事代理活动。

4. 公正性

税务代理应当站在客观、公正的立场上，以税法为准绳，以服务为宗旨，既为维护纳税人的合法权益服务，又为维护国家税法的尊严服务。因此，公正性是税务代理的固有特性，离开公正性，税务代理就无法存在。

【思考 3-77】下列各项中，属于税务代理特点的有(　　)。
A. 中介性　　　　B. 强制性　　　　C. 法定性　　　　D. 公正性

【解析】正确答案是 ACD。是否使用税务代理，取决于纳税人的意愿。

(三)税务代理的法定业务范围

税务代理的法定业务范围包括：①办理税务登记、变更税务登记和注销税务登记手续；②办理除增值税专用发票外的发票领购手续；③办理纳税申报或扣缴税款报告；④办理缴纳税款和申报退税手续；⑤制作涉税文书；⑥审查纳税情况；⑦建账建制，办理账务；⑧税务咨询、受聘税务顾问；⑨税务行政复议手续；⑩国家税务总局规定的其他业务。

注册税务师必须加入税务代理机构才能从事代理业务。

注册税务师不能违反法律、行政法规的规定行使税务机关的行政职能。对税务机关规定必须由纳税人、扣缴义务人自行办理的税务事宜，中介机构不得代理。例如，增值税专用发票的领购事宜必须由纳税人自行办理。纳税人、扣缴义务人违反税收法律、法规的事宜，注册税务师也不得代理。

【思考 3-78】下列属于税务代理业务范围的有(　　)。
A. 办理纳税申报和扣缴税款报告　　　B. 开展税务咨询、受聘税务顾问
C. 申请税务行政复议　　　　　　　　D. 代为办理增值税专用发票领购

【解析】正确答案是 ABC。增值税专用发票领购由纳税人"自行办理"。

八、税务检查

(一)税务检查的概念

税务检查是税务机关根据税收法律、行政法规的规定，对纳税人、扣缴义务人履行纳税义务、扣缴义务及其他有关税务事项进行审查、核实、监督活动的总称。

税务检查的形式包括重点检查、分类计划检查、集中性检查、临时性检查、专项检查等。

(二)税务检查的范围

(1) 检查纳税人的账簿、记账凭证、报表和有关资料，检查扣缴义务人代扣代缴、代收代缴税款账簿、记账凭证和有关资料。

(2) 到纳税人的生产、经营场所和货物存放地检查纳税人应纳税的商品、货物或者其他财产，检查扣缴义务人与代扣代缴、代收代缴税款有关的经营情况。

(3) 责成纳税人、扣缴义务人提供与纳税或者代扣代缴、代收代缴税款有关的文件、证明材料和有关资料。

(4) 询问纳税人、扣缴义务人与纳税或者代扣代缴、代收代缴税款有关的问题和情况。

(5) 到车站、码头、机场、邮政企业及其分支机构检查纳税人托运、邮寄应纳税商品、货物或者其他财产的有关单据凭证和资料。

(6) 经县级以上税务局(分局)局长批准，凭全国统一格式的检查存款账户许可证明，查询从事生产、经营的纳税人、扣缴义务人在银行或者其他金融机构的存款账户。税务机关在调查税收违法案件时，经设区的市、自治州以上税务局(分局)局长批准，可以查询案件涉嫌人员的储蓄存款。

税务机关在调查税收违法案件时，对与案件有关的情况和资料，可以记录、录音、录像、照相和复制。

税务检查人员应同时出示两个证件，即《税务检查证》和《税务检查通知书》，并为被检查人保密。如果缺少其中任何一个证件，纳税人都有权拒绝检查。

纳税人、扣缴义务人必须接受税务机关依法进行的检查，如实反映情况，提供有关证明资料，不得拒绝、隐瞒。

【思考3-79】根据《税收征收管理法》的规定，税务机关在实施税务检查时，可以采取的措施有(　　)。

A. 检查纳税人会计资料

B. 检查纳税人货物存放地的应纳税商品

C. 检查纳税人托运、邮寄应纳税商品的单据、凭证

D. 经法定程序批准，查询纳税人在银行的存款账户

【解析】正确答案是ABCD。税务机关进行检查时享有查账权、场地检查权、询问权、责成提供资料权和存款账户核查权。

九、税收法律责任

税收法律责任是指税收法律关系的主体因违反税收法律规范所应承担的法律后果。税收法律责任可分为行政责任和刑事责任。

税务违法行政处罚的种类主要有：责令限期改正、罚款、没收财产和违法所得、收缴发票或停止发售发票和停止出口退税权。

税务违法刑事责任主要包括：拘役、有期徒刑、罚金、没收财产等。

《税收征收管理法》第六十三条规定，纳税人伪造、变造、隐匿、擅自销毁账簿、记账凭证，或者在账簿上多列支出，或者不列、少列收入，或者经税务机关通知申报而拒不申报，或者进行虚假的纳税申报，不缴或少缴应纳税款的，是偷税。对纳税人偷税的，由税务机关追缴其不缴或少缴的税款、滞纳金，并处不缴或少缴的税款50%以上5倍以下的罚款。构成犯罪的，依法追究刑事责任。

根据《中华人民共和国刑法》规定，偷税数额在1万元以上，且偷税数额占应纳税额10%以上的，或者因偷税被税务机关给予两次行政处罚又偷税的，处3年以下有期徒刑或者拘役，并处偷税数额1倍以上5倍以下的罚金。

偷税数额在 10 万元以上且占应纳税额 30%以上的,处 3 年以上 7 年以下有期徒刑,并处偷税数额 1 倍以上 5 倍以下罚金。

十、税务行政复议

税务行政复议指当事人(纳税人、扣缴义务人、纳税担保人及其他税务当事人)对税务机关及其工作人员作出的税务具体行政行为不服,依法向上一级税务机关(复议机关)提出申请,复议机关对具体行政行为的合法性、合理性作出裁决。

(一)税务行政复议的种类

税务行政复议分为任意复议和必经复议。

1. 任意复议

任意复议是指当事人对税务机关的处罚决定、强制执行措施或者税收保全措施不服的,既可以依法申请行政复议,也可以依法向人民法院起诉。

但当事人对税务机关的处罚决定逾期不申请行政复议,也不向人民法院起诉,又不履行的,做出处罚决定的税务机关可以采取强制执行措施,或者申请人民法院强制执行。

2. 必经复议

必经复议指必须先复议,对复议决定不服,才能依法向人民法院起诉。

《税收征收管理法》规定,纳税人、扣缴义务人及纳税担保人对税务机关作出的征税行为(包括确认纳税主体、征税对象、征税范围、减税、免税及退税、抵扣税款、适用税率、计税依据、纳税环节、纳税期限、纳税地点以及税款征收方式等具体行政行为和征收税款、加收滞纳金及扣缴义务人、受税务机关委托征收的单位作出的代扣代缴、代收代缴行为)不服的,应当先向复议机关申请行政复议,对行政复议决定不服的,可以再向人民法院提起行政诉讼。

【思考 3-80】根据税务行政复议法律制度的规定,税务机关作出的下列行政行为中,纳税人不服时,可以选择申请税务行政复议或者直接提起诉讼的有(　　)。

A. 加收滞纳金 B. 罚款
C. 没收财物和违法所得 D. 确认适用的税率

【解析】正确答案是 BC。选项 AD 属于"必经复议"。注意区分任意复议和必经复议的范围。

(二)复议机关

复议机关一般为上一级税务机关。

(1) 对各级税务局的具体行政行为不服的,向其上一级税务局申请行政复议。
(2) 对计划单列市"税务局"的具体行政行为不服的,向国家税务总局申请行政复议;
(3) 对税务所(分局)、各级税务局的稽查局做出的具体行政行为不服的,向其所属税务局申请行政复议。
(4) 对国家税务总局做出的具体行政行为不服务的,向国家税务总局(本人)申请行政复议。对行政复议决定不服的,申请人可以向人民法院提起行政诉讼,也可以向国务院申请裁决。国务院的裁决为终局裁决。

【思考3-81】 对国家税务总局做出的具体行政行为不服的，应向国务院申请行政复议。这一说法正确吗？

【解析】 不正确。对国家税务总局做出的具体行政行为不服务的，向"国家税务总局"申请复议。

【案例分析3-7】 某商业企业为增值税一般纳税人，5月发生以下业务：①购买A商品100件，每件不含税单价为1000元，取得增值税专用发票注明价款100 000元，增值税13 000元；②从小规模纳税人企业购进B商品50件，取得普通发票总价款为20 600元；③销售A商品80件，开出增值税专用发票注明价款96 000元，增值税为12 480元，另外收取代垫运费1 130元；④出租其2016年4月30日前取得的店铺，取得租金收入50 000元，支付招租费用3 000元，管理人员工资5 000元。已知该企业适用增值税税率13%，消费税税率10%，出租店铺增值税税率为5%。根据上述资料，回答以下问题。

(1) 下列关于发票的说法中，正确的有（　　）。
　　A. 增值税专用发票只限增值税一般纳税人领购使用
　　B. 普通发票只限小规模纳税人领购使用
　　C. 增值税小规模纳税人不得使用增值税专用发票
　　D. 任何单位和个人不得转借、转让、代开发票，但可以拆本使用发票

(2) 销售A商品80件的业务中销项税额为（　　）元。
　　A. 0　　　　B. 16 320　　　　C. 16 518.9　　　　D. 12 610

(3) 该商业企业当月应缴纳的增值税税额为（　　）元。
　　A. 390　　　　B. 0　　　　C. 680　　　　D. 16 490

(4) 该商业企业当月应缴纳的消费税税额为（　　）元。
　　A. 9 700　　　　B. 9 600　　　　C. 16 490　　　　D. 16 320

(5) 出租商铺应缴纳增值税税额的下列计算中，正确的是（　　）。
　　A. (50 000−5 000)×5%=2 250　　　　B. (50 000−3 000)×5%=2 350
　　C. (50 000−5 000−3 000)×5%=2 100　　　　D. 50 000×5%=2 500

【解析】 (1) 正确答案是AC。增值税一般纳税人在不能开具专用发票的情况下也可以使用普通发票。"未经税务机关批准"，不得拆本使用发票。

(2) 正确答案是D。"另收取代垫运费1 170元"属于价外费用，且为"含税价"，销项税=12 480+1 130÷(1+13%)×13%=12 610(元)。

(3) 正确答案是B。12 610−13 000=−390(元)，当月不够抵，留下月继续抵扣。当月应缴纳的增值税税额为0。

(4) 正确答案是A。从价计税时，消费税的计税依据"销售额"与计算"增值税"的相同，即不含增值税的销售额=96 000×10%+1 130÷(1+13%)×10%=9 700(元)。

(5) 正确答案是D。一般纳税人出租其2016年4月30日前取得的不动产，选择简易计税的，按照5%的征收率征收增值税，简易计税，不得扣除任何费用。

任务解析

1. 赵某应缴纳税款，因为其属于营利性诊所，不属于免税范畴。
2. 赵某不能直接向法院提起诉讼。《税收征收管理法》规定，纳税人与税务机关在纳税上发生争执，必须先申请行政复议，对复议决定不服的，才能向人民法院起诉。

能力拓展

【课外实践】调研企业应缴纳的税种。

【实践要求】学生4～6人一组，到周边企业调研，了解企业生产经营情况以及企业涉及的税种，小组之间交流分享。

强化训练

一、单项选择题

1. 按照税收的征收权限和收入支配权限分类，可以将我国税种分为中央税、地方税和中央地方共享税。下列各项中，属于地方税的是（　　）。
   A. 增值税　　　B. 土地增值税　　　C. 企业所得税　　　D. 消费税
2. 下列各项中，不属于税收特征的有（　　）。
   A. 强制性　　　B. 分配性　　　C. 无偿性　　　D. 固定性
3. 在我国税法构成要素中，划分税种的根本标志是（　　）。
   A. 税率　　　B. 税目　　　C. 征税对象　　　D. 纳税期限
4. 税法的核心要素是（　　）。
   A. 纳税义务人　　　B. 征税对象　　　C. 税率　　　D. 计税依据
5. 下列各项中，按从价从量复合计征消费税的是（　　）。
   A. 电池　　　B. 化妆品　　　C. 白酒　　　D. 珠宝玉石
6. 下列税法构成要素中，衡量纳税义务人税收负担轻重与否的重要标志是（　　）。
   A. 计税依据　　　B. 减税免税　　　C. 税率　　　D. 征税对象
7. 我国税法构成要素中，（　　）是税法中具体规定应当征税的项目，是征税对象的具体化。
   A. 税率　　　B. 税目　　　C. 纳税人　　　D. 征税对象
8. 下列关于小规模纳税人征税规定的表述中，不正确的有（　　）。
   A. 实行简易征税办法
   B. 一律不使用增值税专用发票
   C. 不允许抵扣增值税进项税额
   D. 可以请税务机关代开增值税专用发票
9. 某酒厂为一般纳税人，3月份向一小规模纳税人销售白酒，开具普通发票上注明含税金额为93 600元，同时收取包装物押金2 000元，酒厂应缴纳的销项税额为(　　)元。

　　A. 13 600　　　　B. 13 890.60　　　C. 15 011.32　　　D. 15 301.92

10. 按照对外购固定资产价值的处理方式，可以将增值税划分为不同类型。2009年1月1日起，我国增值税实行(　　)。

　　A. 消费型增值税　　　　　　　　B. 收入型增值税
　　C. 生产型增值税　　　　　　　　D. 实耗型增值税

11. 下列各项中，应征收增值税的有(　　)。

　　A. 商业银行提供直接收费金融服务收取的手续费
　　B. 物业管理单位代收的住宅专项维修资金
　　C. 被保险人获得的保险赔付
　　D. 存款人取得的存款利息

12. 下列适用13%增值税税率的有(　　)。

　　A. 运输业　　　B. 会展业　　　C. 天然气　　　D. 电力公司

13. 甲市的A、B两店为实行统一核算的连锁店。根据增值税法律制度的规定，A店的下列经营活动中，不属于视同销售货物行为的是(　　)。

　　A. 将货物交付给位于乙市的某商场代销
　　B. 销售乙市某商场的代销货物
　　C. 将货物移送B店销售
　　D. 为促销，将本店货物无偿赠送给消费者

14. 根据增值税法律制度的规定，下列各项中，不属于视同销售货物行为的是(　　)。

　　A. 将外购的货物分配给股东　　　B. 将外购的货物用于投资
　　C. 将外购的货物用于集体福利　　D. 将外购的货物无偿赠送他人

15. 根据增值税法律制度的规定，下列各项中，属于按销售货物缴纳增值税的混合销售行为的是(　　)。

　　A. 某建材商店在销售建材的同时又为其他客户提供装饰劳务
　　B. 某汽车制造公司在销售汽车的同时又为该客户提供洗车服务
　　C. 某塑钢门窗销售商店在销售门窗的同时又为其他客户提供安装服务
　　D. 某建筑公司为客户提供建筑劳务的同时又销售建材

16. 下列支付的运费中，不允许计算扣除进项税额的是(　　)。

　　A. 销售原材料支付的运输费用
　　B. 外购设备支付的运输费用
　　C. 外购集体福利项目的运输费用
　　D. 向农业生产购买农业产品的运输费用

17. 某酒厂为增值税一般纳税人，收购免税农产品，买价10万元，则可抵扣的进项税额为(　　)万元。

　　A. 1.15　　　　B. 1.45　　　　C. 0.9　　　　D. 1.7

18. 某小规模纳税人当月零售商品取得收入30 900元，购进商品取得的增值税专用发票上注明的税款260元。则当月应缴纳的增值税为(　　)元。

　　A. 900　　　　B. 560　　　　C. 927　　　　D. 587

19. 某建筑企业1月份提供一项建筑工程劳务，取得劳务价款5 000万元，支付职工工资等支出2 000万元。税率为9%，则该企业当月应缴纳的增值税为(　　)万元。
    A. 120　　　　　　　B. 150　　　　　　　C. 330　　　　　　　D. 450
20. 纳税人转让土地使用权缴纳增值税，其申报纳税地点为(　　)。
    A. 土地受让方所在地　　　　　　　B. 转让合同签订地
    C. 纳税人机构所在地或者居住地　　D. 土地所在地
21. 下列关于消费税纳税环节的表述中，不正确的是(　　)。
    A. 纳税人生产应税消费品对外销售的，在销售时纳税
    B. 纳税人自产自用应税消费品，不用于连续生产应税消费品而用于其他方面的，在移送使用时纳税
    C. 纳税人委托加工应税消费品，收回后直接销售的，在销售时纳税
    D. 纳税人委托加工应税消费品，由受托方向委托方交货时代收代缴税款，但受托方为个人和个体工商户的除外
22. 飞腾公司2017年度实现利润总额为320万元，无其他纳税调整事项。经税务机关核实的2016年度亏损额为300万元。该公司2017年度应缴纳的企业所得税税额为(　　)万元。
    A. 5.6　　　　　　　B. 5　　　　　　　C. 5.4　　　　　　　D. 3.6
23. 符合条件的小型微利企业可减按(　　)征收企业所得税。
    A. 20%　　　　　　B. 15%　　　　　　C. 25%　　　　　　D. 3%
24. 某企业2017年利润总额为20万元，营业外支出中列支了通过公益性社会团体向贫困地区捐款5万元。按税法规定，可以在企业所得税税前扣除的捐赠为(　　)万元。
    A. 5　　　　　　　　B. 2.4　　　　　　　C. 1.5　　　　　　　D. 1
25. 企业所得税税前允许扣除的，企业实际发生的福利费，不得超过实际发放的工资总额的(　　)。
    A. 2%　　　　　　B. 2.5%　　　　　　C. 14%　　　　　　D. 18.5%
26. 某大学于教授受某企业邀请，为该企业中层干部进行管理培训讲座，从企业取得报酬5 000元。该笔报酬在缴纳个人所得税时适用的税目是(　　)。
    A. 工资薪金所得　　　　　　　B. 劳务报酬所得
    C. 稿酬所得　　　　　　　　　D. 偶然所得
27. 下列各项中，属于个人所得税居民纳税人的是(　　)。
    A. 在中国境内无住所，居住也不满183天的个人
    B. 在中国境内无住所且不居住的个人
    C. 在中国境内无住所，而在境内居住超过6个月不满183天的个人
    D. 在中国境内有住所的个人
28. 下列各项中，应征收消费税的是(　　)。
    A. 超市零售白酒　　　　　　　B. 汽车经销公司销售小汽车
    C. 地板厂销售自产实木地板　　D. 百货公司零售高档化妆品
29. 纳税人已开具的发票存根联和发票登记簿，保管期限是(　　)年。
    A. 3　　　　　　　　B. 5　　　　　　　　C. 10　　　　　　　D. 15

30. 纳税人对税务机关做出的下列具体行为不服,可以选择申请行政复议或直接提起诉讼的是( )。
    A. 确认适用税率 B. 收缴发票
    C. 确认计税依据 D. 加收税收滞纳金

二、多项选择题
1. 下列各项中,构成税法的三个最基本要素的有( )。
    A. 征税人 B. 征税对象 C. 纳税义务人 D. 税率
2. 按照主权国家行使税收管辖权的不同,可将税法分为( )。
    A. 国内税法 B. 国际税法 C. 外国税法 D. 通用税法
3. 按照税法法律级次划分,可将税法分为( )。
    A. 税收法律 B. 税收行政法规
    C. 税收规章 D. 税收规范性文件
4. 下列税种中,属于行为税类的有( )。
    A. 印花税 B. 增值税
    C. 车辆购置税 D. 城镇土地使用税
5. 下列属于税收的作用的有( )。
    A. 是国际经济交往中维护国家利益的可靠保证
    B. 国家调控经济运行的重要手段
    C. 税收是国家组织财政收入的主要形式
    D. 具有维护国家政权的作用
6. 下列各项中,属于流转税的有( )。
    A. 增值税 B. 消费税 C. 关税 D. 所得税
7. 按照税法的功能作用的不同,可将税法分为( )。
    A. 税收行政法规 B. 税收实体法 C. 税收程序法 D. 国际税法
8. 下列各项中,属于财产税类的有( )。
    A. 房产税 B. 车船税 C. 车辆购置税 D. 城市建设维护税
9. 计税金额是从价计征应纳税额的计税依据,主要包括( )。
    A. 收入额 B. 收益额 C. 财产额 D. 资金额
10. 税收按征税对象分为( )。
    A. 流转税 B. 行为税 C. 所得税 D. 增值税
11. 下列各项中,属于增值税价外费用的有( )。
    A. 销项税额 B. 违约金 C. 包装物租金 D. 代收款项
12. 下列支付的运费中,不允许计算扣除进项税额的有( )。
    A. 集体福利或个人消费的购进货物或应税劳务
    B. 向农业生产者购买免税农产品
    C. 非正常损失的购进货物及相关的应税劳务
    D. 购买原材料取得的普通发票
13. 增值税纳税人按其经营规模大小,分为( )。

A. 一般纳税人 B. 普通纳税人
C. 特殊纳税人 D. 小规模纳税人

14. 下列增值税一般纳税人取得的发票或凭证中,可据以抵扣进项税额的有(   )。
    A. 外购免税农产品的收购发票
    B. 进口大型设备取得的海关专用缴纳书
    C. 支付运费取得的货物运输业增值税专用发票
    D. 委托加工货物取得的增值税专用发票

15. 根据《增值税暂行条例》的规定,下列各项中,可以作为增值税纳税义务发生时间的是(   )。
    A. 收取销售款项的当天 B. 取得销售款项的当天
    C. 开具发票的当天 D. 报关进口的当天

16. 根据增值税法律制度规定,下列各项中,应缴纳增值税的有(   )。
    A. 将购买的货物用于个人消费 B. 将自产的货物分配给股东
    C. 将自产的货物用于集体福利 D. 将自建的厂房对外转让

17. 下列各项中,不得从销项税额中抵扣进项税额的有(   )。
    A. 购进生产用燃料所支付的增值税税款
    B. 不合格产品耗用材料所支付的增值税税款
    C. 因管理不善被盗材料所支付的增值税税款
    D. 购进职工食堂耗用装修材料所支付的增值税税款

18. 下列关于增值税税率的表述中,正确的有(   )。
    A. 提供有形资产租赁服务,税率为13%
    B. 提供交通运输业服务和邮政业服务,税率为9%
    C. 纳税人出口货物一般适用零税率
    D. 提供营改增除有形动产租赁以外的其他现代服务业,税率为6%

19. 下列各项中,属于增值税应税范围的有(   )。
    A. 某会计师事务所提供鉴证服务 B. 某企业提供生产设备的融资租赁业务
    C. 某广告公司供广告策划 D. 某企业出租厂房

20. 根据增值税法律制度的规定,企业发生的下列行为中,属于视同销售货物的有(   )。
    A. 将购进的货物用于扩建职工食堂
    B. 将本企业生产的货物分配给投资者
    C. 将委托加工的货物用于集体福利
    D. 将购进的货物作为投资提供给其他单位

21. 下列各项应按销售货物征收增值税的混合销售有(   )。
    A. 医院提供医疗并销售药品 B. 邮政提供邮政服务,并销售集邮用品
    C. 商店销售空调并负责安装 D. 汽车修理厂修车并提供洗车服务

22. 下列关于增值税纳税义务发生时间的表述中,不正确的有(   )。
    A. 纳税采用预收货款结算方式销售货物的,为收到预收款的当天
    B. 纳税人自产自用货物的,为移送使用的当天

C. 纳税人进口货物的，为报关进口当天
D. 纳税人采用赊销方式销售货物的，为发出货物的当天

23. 下列属于消费税纳税人的有(　　)。
   A. 金银首饰零售商　　　　　　B. 高档化妆品进口商
   C. 涂料生产商　　　　　　　　D. 鞭炮批发商

24. 根据《消费税暂行条例》的规定，下列各项中，属于消费税征收范围的有(　　)。
   A. 卷烟　　　B. 实木地板　　　C. 火车　　　D. 彩电

25. 某木材公司将一批自产实木地板用于本企业宾馆，其成本为8万元，消费税税率和成本利润率均为5%，则其计税销售额(组价)包括(　　)。
   A. 消费税组价为8.84万元　　　B. 消费税组价为9.26万元，
   C. 增值税组价为7.18万元　　　D. 增值税组价为8.84万元

26. 下列关于消费税税率的说法中，正确的有(　　)。
   A. 根据《消费税暂行条例》规定，我国的消费税税目共有11个
   B. 消费税采用从价定率、从量定率、从价和从量定率复合征收的三种方式
   C. 消费税采用列举法，按照应税消费品分别设置税目，对不同的税目设置不同的税率
   D. 啤酒、黄酒等分别按照单位重量或单位体积确定单位税额

27. 纳税人自产自用的应税消费品用于下列用途时，应缴纳消费税的有(　　)。
   A. 用于职工福利和奖励　　　　B. 用于生产非应税消费品
   C. 用于生产应税消费品　　　　D. 用于馈赠、赞助

28. 根据《消费税暂行条例》的规定，下列各项中，不应征收消费税的有(　　)。
   A. 建材企业生产实木地板销售　　B. 外贸企业进口彩色电视机
   C. 日化企业将自产化妆品用于职工福利　D. 商业企业销售摩托车

29. 下列关于消费税征收范围的表述中，正确的有(　　)。
   A. 纳税人自产自用的应税消费品，用于连续生产应税消费品的，不缴纳消费税
   B. 纳税人将自产自用的应税消费品用于馈赠、赞助的，缴纳消费税
   C. 委托加工的应税消费品，受托方在交货时已代收代缴消费税，委托方收回后直接销售的，再缴纳消费税
   D. 金银首饰在零售环节缴纳消费税

30. 根据《企业所得税法》的规定，下列各项中，属于免税收入的有(　　)。
   A. 国债利息收入
   B. 财政拨款
   C. 符合规定条件的居民企业之间的股息、红利等权益性投资收益
   D. 接受捐赠的收入

31. 根据《企业所得税法》的规定，下列有关企业所得税纳税地点的说法中，正确的有(　　)。
   A. 居民企业以企业登记注册地为纳税地点
   B. 登记注册地在境外的，以实际管理机构所在地为纳税地点
   C. 居民企业在中国境内设立不具有法人资格的营业机构，应当汇总计算并缴纳企

业所得税

D. 在中国境内未设立场所、机构而从中国境内取得所得的非居民企业，以纳税人所在地为准

32. 下列各项中，属于企业不征税收入的有( )。
   A. 财政拨款
   B. 依法收取并纳入财政管理的行政事业性收费
   C. 政府性基金
   D. 符合规定条件的非营利性组织的收入

33. 根据《企业所得税法》的有关规定，下列各项中，在计算企业所得税应纳税所得额时，不得扣除的有( )。
   A. 企业所得税税款
   B. 罚款
   C. 缴纳的税收滞纳金
   D. 纳税人因买卖合同纠纷而支付的诉讼费

34. 下列各项中，不得在企业所得税前扣除的有( )。
   A. 向投资者支付的股息、红利等权益性投资收益款项
   B. 税收滞纳金
   C. 银行罚息
   D. 消费税税金

35. 企业每一纳税年度的收入总额，减除( )后的余额，为应纳税所得额。
   A. 不征税收入
   B. 免税收入
   C. 各项扣除
   D. 允许弥补的以前年度亏损

36. 下列不能作为企业所得税纳税义务人的有( )。
   A. 股份制企业
   B. 合伙企业
   C. 个人独资企业
   D. 外商投资企业

37. 下列应征收消费税的有( )
   A. 甲电池厂生产销售电池
   B. 丁百货公司零售钻石胸针
   C. 丙首饰厂生产销售玉手镯
   D. 乙超市零售啤酒

38. 根据《个人所得税法》的规定，以下各项所得适用超额累进税率形式的有( )。
   A. 工资薪金所得
   B. 经营所得
   C. 财产转让所得
   D. 偶然所得

39. 根据《个人所得税法》的规定，可以将个人所得税的纳税义务人区分为居民纳税义务人和非民纳税义务人，依据的标准有( )。
   A. 境内有无住所
   B. 境内工作时间
   C. 取得收入的工作地
   D. 境内居住时间

40. 下列应缴纳个人所得税的包括( )。
   A. 财产转让所得
   B. 保险赔款所得
   C. 稿酬所得
   D. 财产租赁所得

41. 下列项目中，直接以收入额作为个人所得税应税所得额的有( )。
   A. 股票转让所得
   B. 稿酬
   C. 中奖奖金
   D. 企业债券利息

42. 根据《个人所得税法》的规定，下列应税项目可以按次计算征收个人所得税的有( )。

A. 企事业单位的承包经营、承租经营所得
B. 财产租赁所得
C. 偶然所得
D. 利息、股息、红利所得

43. 下列关于发票的开具要求的表述，错误的有( )。
A. 未发生经营业务不得开具发票　　B. 开具发票时应按号顺序填开
C. 填写发票应当使用中文　　　　　D. 发票开具时限可以根据需要进行调整

44. 下列说法中，正确的有( )。
A. 不得为他人开具与实际经营业务不符的发票
B. 已经开具的发票存根联和发票登记簿应当保存3年
C. 取得发票时，不得要求变更品名和金额
D. 开具发票的单位和个人应当建立发票使用登记制度，设置发票登记簿

45. 下列应当办理开业税务登记的有( )。
A. 工商局　　　　　　　　　　　　B. 个体工商户
C. 某公司在上海的分公司　　　　　D. 企业在外地设立的分支机构

46. 根据我国《税收征收管理法》的规定，纳税人的下列行为中，属于偷税行为的有( )。
A. 擅自销毁账簿、记账凭证，不缴应纳税款的
B. 在账簿上多列支出，少缴应纳税款的
C. 进行虚假的纳税申报，少缴应纳税款的
D. 以暴力、威胁方式拒不缴纳应纳税款的

47. 根据《税收征收管理法》的规定，下列各项中，属于税收保全措施的有( )。
A. 书面通知纳税人开户银行从其存款中直接扣缴税款
B. 拍卖纳税人的价值相当于应纳税款的商品、货物或其他财产
C. 书面通知纳税人开户银行冻结纳税人的金额相当于应纳税款的存款
D. 扣押、查封纳税人的价值相当于应纳税款的商品、货物或者其他财产

48. 下列各项中，属于税务机关税务检查职责范围的有( )
A. 检查纳税人的会计资料
B. 检查纳税人货物存放地的应纳税商品
C. 检查纳税人托运、邮寄应纳税商品的单据、凭证
D. 到车站检查旅客自带物品

49. 纳税申报的方式有( )。
A. 直接申报　　B. 邮寄申报　　C. 数据电文申报　　D. 口头申报

50. 下列关于发票的开具与管理的说法中，正确的有( )。
A. 未发生经营业务，一律不准开具发票
B. 不得自行扩大专业发票的适用范围
C. 未经税务机关批准，不得拆本使用发票
D. 任何单位和个人不得转借、转让、代开发票

项目三　识别违反税法的行为

三、判断题

1. 超率累进税率是指以征税对象数额的相对率划分若干级距，分别规定相应的差别税率。我国的土地增值税就是采用这种税率。（　）
2. 根据《增值税暂行条例》规定，增值税一般纳税人兼营不同增值税税率的货物，未分别核算的，从高适用税率。（　）
3. 增值税专用发票只限于增值税小规模纳税人领购使用。（　）
4. 销售货物属于增值税征收范围，货物是指有形资产如材料、商品、房屋、电力、热力等。（　）
5. 购买或销售免税货物(购进免税农产品除外)所发生的运输费用，不得计算进项税额抵扣。（　）
6. 委托个体经营者加工的应税消费品，由受托方向其机构所在地或居住地主管税务机关申报缴纳消费税。（　）
7. 现行《企业所得税法》规定，企业应当自年度终了之日起3个月内，向税务机关报送年度企业所得税申报表，并汇算清缴税款。（　）
8. 消费税是价外税，增值税是价内税。（　）
9. 凡征收消费税的货物，一定征收增值税；征收增值税的货物，不一定征收消费税。（　）
10. 增值税一般纳税人在不能使用专用发票的时候，也可以使用普通发票。（　）
11. 根据《税收征收管理法》的规定，凡有法律、法规规定的应税收入、应税财产或者应税行为的各类纳税人，均应当按照法律规定办理税务登记。（　）
12. 纳税人在享受减免待遇期间，无须办理纳税申报。（　）
13. 代收代缴是指按照税法规定，法定义务人在向纳税人支付款项时，从支付的款项中直接扣收税款的方式。（　）
14. 纳税人在一个年度中间开业，或者由于合并、关闭等原因，使该纳税年度的实际经营期不足12个月的，应当以其实际经营期为一个纳税年度。（　）
15. 纳税人依法终止纳税义务的，应当自工商行政管理机关办理注销之日起15日内，持有关证件向原税务登记管理机关办理注销税务登记。（　）
16. 当事人对税务机关的处罚决定不服的，可以依法申请行政复议，也可以依法向人民法院起诉。（　）
17. 查验征收适用于产品零星、税源分散、会计账册不健全但能够控制原材料或进销货的纳税人。（　）
18. 纳税人自产自用应税消费品的，应当视同销售，应当按照纳税人生产的同类消费品的销售价格计算纳税，没有同类消费品销售价格的，按照组成计税价格计算纳税。（　）
19. 纳税人提供应税劳务，应当向其机构所在地主管税务机关申报纳税，但建筑业向应税劳务发生地主管税务机关申报纳税。（　）
20. 取得应纳所得没有扣缴义务人时，纳税人应当自行申报个人所得税。（　）

四、不定项选择题

1. 某汽车制造企业为增值税一般纳税人。6月份购进原材料，取得增值税专用发票上注明的货款 2 500 万元、增值税税款 325 万元,销售汽车取得销售收入(含税)9 040 万元,货款已收到;兼营不动产租赁业务取得收入 20 万元;兼营建筑业务取得收入 50 万元。(说明:该企业分别核算汽车销售额、租赁业务和建筑业营业额;有关票据在本月均通过主管税务机关认证并申报抵扣;月初增值税留抵税额为 0;该企业生产的汽车适用消费税税率为 5%,不动产租赁税率为 5%,建筑业税率为 9%)。要求:根据以上材料,回答下列问题。

(1) 该企业 6 月份应缴纳的增值税税额为( )万元。
  A. 475   B. 715   C. 1 166.2   D. 651.8

(2) 该企业 6 月份应缴纳的消费税税额为( )万元。
  A. 341.88   B. 400   C. 353.98   D. 205.13

(3) 该企业开展厂房租赁业务应缴纳的增值税税额为( )万元。
  A. 3.4   B. 0.6   C. 1   D. 4

(4) 该企业开展建筑业务应缴纳的增值税税额为( )万元。
  A. 1.5   B. 4.5   C. 2   D. 3

(5) 下列各项中,关于该企业销售汽车业务的会计处理正确的是( )(单位:万元)。

  A. 借:银行存款　　　　　　　　　　　　　　9 040
　　　贷:主营业务收入　　　　　　　　　　　8 000
　　　　　应交税费——应交增值税(销项税额)　1 040

  B. 借:银行存款　　　　　　　　　　　　　　9 040
　　　贷:主营业务收入　　　　　　　　　　　7 600
　　　　　应交税费——应交增值税(销项税额)　1 040
　　　　　应交税费——应交消费税　　　　　　400

  C. 借:银行存款　　　　　　　　　　　　　　9 040
　　　贷:主营业务收入　　　　　　　　　　　9 040

  D. 借:银行存款　　　　　　　　　　　　　　8 000
　　　贷:主营业务收入　　　　　　　　　　　8 000

2. 甲食品厂为增值税一般纳税人,主要从事食品的生产和销售业务,2 月份有关经济业务如下:①购进生产用原材料取得增值税专用发票注明税额 26 000 元;购进办公设备取得增值税专用发票注明税额 8 500 元;支付包装设计费取得增值税专用发票注明税额 1 200 元;购进用于集体福利的食用油取得增值税专用发票注明税额 2 600 元。②销售袋装食品取得含税价款 696 000 元,另收取合同违约金 58 500 元。③采取分期收款方式销售饮料,含税总价款 116 000 元。合约约定分 3 个月收取货款,本月应收取含税价款 46 400 元。④赠送给儿童福利院瓶装乳制品,该批乳制品生产成本 2 340 元,同类乳制品含税价款 3 480 元。

已知:增值税税率为 13%;成本利润率为 10%;取得的增值税专用发票已通过税务机关认证。要求:根据上述资料,不考虑其他因素,回答下列问题。

(1) 下列甲食品厂当月发生的进项税额中,准予从销项税额中抵扣的是( )
  A. 购进办公设备的进项税额 8500 元
  B. 购进用于集体福利的食用油的进项税额 2600 元
  C. 购进生产用原材料的进项税额 2600 元
  D. 支付包装设计费的进项税额 1200 元

项目三　识别违反税法的行为

(2) 下列甲食品厂当月销售袋装食品增值税销项税额的计算列式中，正确的是(　　)
A. 696 000 ÷ (1+13%) × 13%=96 000(元)
B. (696 000+58 000) × 13%=120 640(元)
C. (696 000+58 000) ÷ (1+13%) × 13%=104 000(元)
D. [696 000+58 000 ÷ (1+13%)] × 13%=119 360(元)

(3) 下列甲食品厂当月销售饮料增值税销项税额的计算列式中，正确的是(　　)。
A. 46 400 × 13%=7 424(元)　　　　B. 46 400 ÷ (1+13%) × 13%=6 400(元)
C. 116 000 ÷ (1+13%) × 13%=16 000(元)　D. 116 000 × 13%=18 560(元)

(4) 下列甲食品厂当月赠送瓶装乳制品增值税销项税额的计算列式中，正确的是(　　)。
A. 2 220 ÷ (1+13%) × 13%=320 元　　B. 3 480 ÷ (1+13%) × 13%=480(元)
C. 2 220 × (1+9%) × 13%=408.32 元　D. 3 480 × 13%=556.8(元)

3. 某日化用品生产企业为增值税一般纳税人，1 月份该企业发生以下经济业务：①外购原材料一批，从供货方取得的增值税专用发票上注明支付货款 180 万元、增值税税额 28.8 万元，款项已付并验收入库；支付相关运费 10 万元，已收到运输单位开具的货物运输业增值税专用发票(税率为 9%)。②外购机器设备一套，从供货方取得的增值税专用发票上注明支付货款 50 万元、增值税税额 8 万元，款项已付并验收入库。③购进一批办公用品，取得普通发票，注明金额 2 320 元，办公用品已经投入使用。④购进一批红酒用于给职工发放福利，取得了增值税专用发票上注明支付货款 6 000 元、增值税税额 780 元。⑤月初将部分订单委托其他企业加工，发出原材料价值 8 000 元，委托加工合同规定加工费 5 000 元(不含税)，加工企业代垫辅助材料 1 000 元，月底尚未收到加工的化妆品和加工企业开具的发票。⑥对外销售化妆品一批，取得销售收入 566.13 万元(含税)。⑦将闲置厂房出租，取得租金收入 10 万元，税率为 5%(说明：有关票据在本月均通过主管税务机关认证并申报抵扣；化妆品的消费税税率为 15%)。要求：根据上述材料，回答下列问题。

(1) 下列关于该企业可抵扣进项税额的说法中，正确的是(　　)。
A. 外购原材料及支付相关运费可抵扣的进项税额为 28.8 万元
B. 外购机器设备可抵扣的进项税额为 0
C. 外购办公用品可抵扣的进项税额为 320 元
D. 外购红酒可抵扣的进项税额为 780 元

(2) 该企业本月发生的委托加工业务可抵扣的进项税额为(　　)元。
A. 850　　　　B. 960　　　　C. 0　　　　D. 2 380

(3) 该企业对外销售化妆品的增值税销项税额为(　　)万元。
A. 65.13　　　B. 85　　　　C. 99.45　　　D. 99.65

(4) 该企业出租闲置厂房应缴纳(　　)。
A. 增值税 1.6 万元　　　　　　B. 消费税 3 万元
C. 增值税 0.5 万元　　　　　　D. 消费税 0.5 万元

(5) 该企业本月应缴纳的消费税为(　　)万元。
A. 100.2　　　　　　　　　　B. 117.234

C. 75.15　　　　　　　　　　　　D. 175.851

4. 甲商店为增值税一般纳税人，主要从事副食品批发、零售业务，11月份发生如下业务：①向枣农收购一批红枣，农产品收购发票上注明买价30 000元，该批红枣一部分用于销售、一部分无偿赠送关联企业、一部分用于职工个人消费；②销售烟酒商品取得含增值税价款406 000元，另外销售食品袋收入2 320元；③将自制的一批糕点作为职工福利，成本是7 020元；④出租店铺取得租金50 000元，支付招租费3 000元，管理人员工资10 000元。已知：出租店铺税率为5%，增值税税率为13%，成本利润率为10%，农产品收购发票通过认证。要求根据上述资料，回答下列问题。

(1) 下列关于甲商店收购红枣增值税进项税额税务处理的表述中，正确的是(　　)。

A. 用于职工个人消费部分的允许抵扣

B. 用于销售部分的农产品的允许抵扣

C. 全部不允许抵扣

D. 用于无偿赠送关联企业部分的允许抵扣

(2) 下列关于甲商店销售烟酒商品增值税销项税额的计算中，正确的是(　　)。

A. [406 000+2 320÷(1+13%)]×13%　　　　B. 406 000÷(1+13%)×13%

C. 406 000×13%　　　　　　　　　　　　D. (406 000+2 320)÷(1+13%)×13%

(3) 下列关于甲商店自制糕点增值税销项税额的计算中，正确的是(　　)。

A. 7 020×(1+10%)÷(1−10%)×13%　　　B. 7 020÷(1+13%)×13%

C. 7 020×(1+10%)×13%　　　　　　　　D. 7 020×13%

(4) 甲商店出租店铺取得的收入，应缴纳的增值税税额是(　　)。

A. (50 000−5 000)×5%　　　　　　　　B. (50 000−3 000)×5%

C. (50 000−5 000−3 000)×5%　　　　　D. 50 000×5%

5. 甲为居民企业，发生如下业务：①产品销售收入800万元，销售边角收入40万元，国债利息收入5万元。②将一批不含增值税售价60万元的产品送人。③实发合理工资、薪金总额100万元，发生职工教育经费1.5万元，职工福利费15万元，工会经费1万元。④支付法院诉讼费3万元，税收滞纳金4万元，合同违约金5万元，银行罚款利息6万元。⑤因管理不善，一批材料被盗，原材料成本10万元，增值税进项税1.6万元，取得保险公司赔款6万元，原材料损失已经税务机关核准。根据上述资料，回答下列问题。

(1) 甲公司收益中计算企业所得税时，应纳入收入总额的是(　　)。

A. 国债利息收入5万元　　　　　　　　B. 产品销售收入800万元

C. 销售边角收入40万元　　　　　　　　D. 用于送人的产品60万元

(2) 下列甲企业的支出中，计算企业所得税予以全部扣除的是(　　)。

A. 工资、薪金总额100万元

B. 职工教育经费1.5万元(扣除限额=100×8%=8万元)

C. 职工福利费15万元(扣除限额=100×14%=14万元)

D. 工会经费1万元(扣除限额=100×2%=2万元)

(3) 甲企业的支出中，计算企业所得税不准扣除的是(　　)。

A. 税收滞纳金4万元　　　　　　　　　B. 银行罚款利息6万元

C. 合同违约金 5 万元　　　　　　D. 支付法院诉讼费 3 万元

(4) 甲公司计算企业所得税应纳税所得额时，准予扣除的原材料损失金额为(　　)元。
　　A. 10-1.6-6=2.4　　　　　　　B. 10-6=4
　　C. 10+1.6=11.6　　　　　　　 D. 10+1.6-6=5.6

(5) 下列各项中，属于不征税收入的有(　　)。
　　A. 财政拨款　　　　　　　　　B. 国债利息
　　C. 租金收入　　　　　　　　　D. 符合条件的居民企业之间的股息

6. 中国公民李某为境内乙公司技术人员，2019 年 6 月有关收支情况如下：①取得基本工资 5 000 元，全勤奖 300 元，季度效益奖 2 400 元，加班补贴 800 元。②出租车库取得租金收入 3 000 元(不含增值税)，房屋租赁过程中缴纳的可以税前扣除的相关税费 200 元。③取得商场随机抽奖所得收入 1 000 元，获得省级颁发的科学技术进步奖 8 000 元。④取得国债利息 3 000 元、保险赔款 4 000 元。

已知：当地规定的社会保险和住房公积金个人缴存比例为，基本养老保险 8%，基本医疗保险 2%，失业保险 0.5%，住房公积金 12%。李某缴纳社会保险费核定的缴费工资基数为 5 000 元。对个人出租车库取得的所得按 20% 的税率征收个人所得税，每次收入 4 000 元以上的，减除 20% 的费用。根据上述资料，回答以下小题。

(1) 李某当月取得的下列收入中，应按照"工资、薪金所得"计缴个人所得税的有(　　)。
　　A. 季度效益奖 2 400 元　　　　B. 基本工资 6 000 元
　　C. 全勤奖 300 元　　　　　　　D. 加班补贴 800 元

(2) 下列关于张某当月按照"工资、薪金所得"缴纳个人所得税税额的计算列式中，正确的是(　　)。
　　A. [5 000+300+2 400+800-5 000-5000×(8%+2%+0.5%+12%)]×10%-210
　　B. [5 000+300+2 400+800-5 000×(8%+2%+0.5%+12%)]×10%-210
　　C. [5 000+800-5 000-5000×(8%+2%+0.5%+12%)]×3%
　　D. (5 000+300+2 400+800-5 000)×10%-210

(3) 李某当月出租车库租金收入应缴纳个人所得税税额的下列计算列式中，正确的是(　　)。
　　A. (3 000-200)×(1-20%)×20%=448(元)
　　B. 3 000×20%=600(元)
　　C. (3 000-800-200)×20%=400(元)
　　D. 3000×(1-20%)×20%=480(元)

(4) 李某的下列收入中，免予或暂不征收个人所得税的是(　　)。
　　A. 商场随机抽奖所得收入 1 000 元
　　B. 省级颁发的科学技术进步奖 8 000 元
　　C. 国债利息 3 000 元
　　D. 保险赔款 4 000 元

项目四 识别违反财政法律制度的行为

【技能目标】

- 区分预算的级次、构成、管理职权。
- 识别政府采购范围、政府采购方式。
- 区分财政直接支付和授权支付方式。

【知识目标】

- 掌握国家预算的级次划分和构成、预算管理的职权、程序及监督。
- 掌握政府采购的执行模式和方式。
- 掌握国库单一账户体系的构成及财政收支的方式。

【职业素质目标】

- 增强财政法律意识，树立财政法制观念。
- 依法行政，依法理财。

学前测试

1. 根据我国的政权结构，可以把我国的预算分为( )。
   A. 6级　　　　　B. 5级　　　　　C. 3级　　　　　D. 4级
2. 我国预算支出按照功能分类，包括( )。
   A. 商品和服务支出
   B. 教育、科学、文化、卫生、体育等事业发展支出
   C. 外交、公共安全、国防支出
   D. 农业、环境保护支出
3. 下列各项中，负责批准各级预算的是( )。
   A. 本级人民代表大会　　　　　B. 本级政府审计部门
   C. 本级政府财政部门　　　　　D. 本级人民代表大会常务委员会
4. 政府采购的方式包括( )。
   A. 公开招标　　B. 邀请招标　　C. 询价　　D. 单一来源采购
5. 下列各项关于预算单位使用零余额账户的情形中，不正确的为( )。
   A. 通过零余额账户向下级单位账户划拨资金用于支付下级单位的日常办公支出
   B. 通过零余额账户借款给下级单位
   C. 通过零余额账户借款给上级单位
   D. 通过零余额账户向上级单位账户划拨资金用于支付上级单位的日常办公支出
6. 邀请招标应作为政府采购的主要方式。这一说法正确吗？
7. 凡使用财政资金的采购项目，均纳入政府采购范围。这一说法正确吗？

参考答案：

1. B　　2. ABCD　　3. A　　4. ABCD　　5. ABC　　6. 不正确　　7. 不正确

任务一　识别违反预算法的行为

案情回放

小王毕业后公招到市财政局预算科工作，向同学询问预算编制相关问题，几位同学答复如下：赵同学说，国家预算经政府批准后，是具有法律效力的基本财政计划，执行中不得变更和调整，编制时一定要结合实际，综合考虑，合理安排预算收入与支出；李同学说，为确保预算的真实性，建议各部门单位由其主管部门负责编制；刘同学说，预算执行中，每年都会发生变化，申请预算调整程序繁琐，建议简化，由财政部门审批即可。

工作任务

上述三位同学的说法是否正确？为什么？

理论认知

一、预算法律制度的构成

预算是指国家预算,它是国家对会计年度内的收入和支出的预先结算,包括中央预算和地方预算。为规范政府收支行为,强化预算约束,加强对预算的管理和监督,建立健全全面规范、公开透明的预算制度,保障经济社会的健康发展,国家制定了预算法律制度。

预算法律制度是指国家经过法定程序制定的,用以调整国家预算关系的法律、行政法规和相关规章制度。我国预算法律制度由《中华人民共和国预算法》(以下简称《预算法》)、《中华人民共和国预算法实施条例》(以下简称《预算法实施条例》)以及有关国家预算管理的其他法规制度构成。

《预算法》是 1994 年 3 月 22 日第八届全国人民代表大会第二次会议通过,1995 年 1 月 1 日起施行,并于 2014 年进行了修订,是我国第一部财政基本法律,是我国国家预算管理工作的根本性法律以及制定其他预算法规的基本依据。

《预算法实施条例》是 1995 年 11 月 2 日国务院第三十七次常务会议通过,1995 年 11 月 22 日起施行,是《预算法》有关规定的具体和细化。

二、国家预算概述

(一)国家预算的概念

国家预算也称政府预算,是政府的基本财政收支计划,即经法定程序批准的国家年度财政收支计划。国家预算是实现财政职能的基本手段,反映国家的施政方针和社会经济政策,规定政府活动的范围和方向。

(二)国家预算的作用

国家预算具有分配、调控和监督职能。其作用主要包括以下三个方面。

1. 财力保证作用

国家预算既是保障国家机器运转的物质条件,又是政府实施各项社会经济政策的有效保证。

2. 调节制约作用

国家预算的收支规模可调节社会总供给和总需求的平衡,预算支出的结构可调节国民经济结构,因而国家预算的编制和执行对国民经济的社会发展都有直接的制约作用。

3. 反映监督作用

通过国家预算的编制和执行,便于掌握国民经济的运行状况、发展趋势以及出现的问题,从而采取对策措施,促进国民经济稳定协调地发展。

【思考 4-1】国家预算的作用是国家预算职能在经济生活中的具体体现,其作用包括( )。

A. 财力保证作用　　　　　B. 调节制约作用
C. 增加财富作用　　　　　D. 反映监督作用

【解析】正确答案是 ABD。国家预算没有"增加财富"的作用。

(三)国家预算级次的划分

1. 国家预算结构的设计依据

根据国家政权结构、行政区域划分和财政管理体制的要求，按照一级政府设立一级预算的原则，我国国家预算共分为五级预算。

2. 五级预算

(1) 中央预算。
(2) 省级(省、自治区、直辖市)预算。
(3) 地市级(设区的市、自治州)预算。
(4) 县市级(县、自治县、不设区的市、市辖区)预算。
(5) 乡镇级(乡、民族乡、镇)预算。

其中，对于不具备设立预算条件的乡、民族乡、镇，经省、自治区、直辖市，政府确定，可以暂不设立预算。

除中央预算外，其余四个级次的预算都称为地方预算。

【思考 4-2】下列各项中，不属于我国国家预算体系的有(　　)。
A. 中央预算
B. 省级(省、自治区、直辖市)预算
C. 县市级(县、自治县、不设区的市、市辖区)预算
D. 县级以上地方政府派出机关预算

【解析】正确答案是 D。"派出机关"不属于单独的预算级次。

(四)国家预算的构成

1. 按照政府级次可分为中央预算和地方预算

(1) 中央预算由中央各部门(含直属单位)的预算组成，包括地方向中央上缴的收入数额和中央对地方返还或者给予补助的数额。

其中，中央各部门是指与财政部直接发生预算缴款、拨款关系的国家机关、军队、政党组织和社会团体。

直属单位是指与财政部直接发生预算缴款、拨款关系的企事业单位，如"中石油""中石化"等企业。

【思考 4-3】下列国家预算中有关中央预算表述正确的有(　　)。
A. 中央预算由中央各部门(含直属单位)的预算组成
B. 中央预算包括地方向中央上缴的收入数额
C. 中央预算包括中央对地方返还或给予补助的数额
D. 中央预算不包括军队和政党组织的预算

【解析】正确答案是 ABC。中央预算包括中央"各部门""直属企事业单位"。"军

队""政党组织"属于"各部门"预算。

(2) 地方预算由各省、自治区、直辖市总预算构成。

地方各级政府预算由政府各部门(含直属单位)的预算组成,包括下级政府向上级政府上缴的收入数额和上级政府对下级政府返还或补助的数额。

2. 按照收支管理范围可分为总预算和部门单位预算

(1) 总预算。地方各级政府总预算由本级政府预算(即本级预算)和汇总的下一级总预算组成。

下一级只有本级预算的,下一级总预算即指下一级政府的本级预算;没有下一级预算的(如乡镇级预算),总预算即指本级预算。

(2) 部门单位预算。各部门预算是由本部门所属各单位预算组成(既包括行政单位预算,又包括其下属的事业单位预算);单位预算是指列入部门预算的国家机关、社会团体和其他单位的收支预算。

部门单位预算是总预算的基础,它由各预算部门和单位编制。财政预算以部门编制预算作为起点。

【思考4-4】下列属于国家预算构成的有(   )。
　　A. 中央预算　　　B. 地方预算　　　C. 总预算　　　D. 部门单位预算

【解析】正确答案是ABCD。选项A、B是从"级次"上划分的,选项C、D是从"收支管理范围"上划分的,均属于国家预算的构成。

三、预算管理的职权

明确划分国家各级权力机关、各级政府、各级财政部门以及各级部门、各单位在预算活动中的职权,是保证依法管理预算的前提条件,也是将各级预算编制、预算审批、预算执行、预算调整和预算决算的各环节纳入法治化、规范化轨道的必要措施。

根据统一领导、分级管理、权责结合的原则,《预算法》明确规定了各级人民代表大会及其常务委员会、各级政府、各级财政部门和各部门、各单位的预算职权。

(一)各级人民代表大会及其常务委员会的预算职权

1. 全国人民代表大会及其常务委员会的预算职权

(1) 全国人民代表大会的预算职权如下:①审查中央和地方预算草案及中央和地方预算执行情况的报告;②批准中央预算和中央预算执行情况的报告;③改变或者撤销全国人民代表大会常务委员会关于预算、决算的不适当的决议。

(2) 全国人民代表大会常务委员会的预算职权如下:①监督中央和地方预算的执行;②审查和批准中央预算的调整方案;③审查和批准中央决算;④撤销国务院制定的同宪法、法律相抵触的关于预算、决算的行政法规、决定和命令;⑤撤销省、自治区、直辖市人民代表大会及其常务委员会制定的同宪法、法律和行政法规相抵触的关于预算、决算的地方性法规和决议。

2. 县级以上地方各级人民代表大会及其常务委员会的预算职权

(1) 县级以上地方各级人民代表大会的预算职权如下：①审查本级总预算草案及本级总预算执行情况的报告；②批准本级预算和本级预算执行情况的报告；③改变或者撤销本级人民代表大会常务委员会关于预算、决算的不适当的决议；④撤销本级政府关于预算、决算的不适当的决定和命令。

(2) 县级以上地方各级人民代表大会常务委员会的预算职权如下：①监督本级总预算的执行；②审查和批准本级预算的调整方案；③审查和批准本级政府决算(以下简称本级决算)；④撤销本级政府和下一级人民代表大会及其常务委员会关于预算、决算的不适当的决定、命令和决议。

3. 乡、民族乡、镇的人民代表大会的预算职权

(1) 设立预算的乡、民族乡、镇的人民代表大会审查和批准本级预算和本级预算执行情况的报告。

(2) 监督本级预算的执行。

(3) 审查和批准本级预算的调整方案。

(4) 审查和批准本级决算。

(5) 撤销本级政府关于预算、决算的不适当的决定和命令。

【思考4-5】下列各项中，属于全国人民代表大会常务委员会的预算管理职权的有(   )。

A. 监督中央和地方预算的执行

B. 审查和批准中央预算草案

C. 撤销国务院制定的同宪法、法律相抵触的关于预算、决算的行政法规、决定和命令

D. 撤销省、自治区、直辖市人民代表大会及其常务委员会制定的同宪法、法律和行政法规相抵触的关于预算、决算的地方性法规和决议

【解析】正确答案是ACD。各级"人大"的职权有"审查权、批准权、变更撤销权"；各级人大"常委"的职权有"监督权、审批权(调整方案)、撤销权(本级政府和下级人大)"。由于"乡镇"不设立人大"常委"会，因而，乡级"人大"职权中还包括了人大常委会行使的监督权等。政府有"两个婆婆"，即"人大"和"常委"，级别高的，一般可撤销级别低的决议等。

(二)各级财政部门的预算职权

1. 国务院财政部门的预算职权

(1) 国务院财政部门具体编制中央预算、决算草案。

(2) 具体组织中央和地方预算的执行。

(3) 提出中央预算预备费动用方案。

(4) 具体编制中央预算的调整方案。

(5) 定期向国务院报告中央和地方预算的执行情况。

2. 地方各级政府财政部门的预算职权

(1) 地方各级政府财政部门具体编制本级预算、决算草案。
(2) 具体组织本级总预算的执行。
(3) 提出本级预算预备费动用方案。
(4) 具体编制本级预算的调整方案。
(5) 定期向本级政府和上一级政府财政部门报告本级总预算的执行情况。

【思考 4-6】根据我国《预算法》的规定，不属于国务院财政部门预算职权的有(   )。
  A. 具体编制中央预算、决算草案　　B. 具体组织中央和地方预算的执行
  C. 审查和批准中央预算的调整方案　　D. 具体编制中央预算的调整方案

【解析】正确答案是 ABD。各级"财政"部门是具体"干活"的，如具体编制、组织执行等。选 C"调整方案"的审批属于人大"常委"会的职权。

(三)各部门、各单位的预算职权

1. 各部门的预算职权

(1) 各部门具体负责编制本部门预算、决算草案。
(2) 组织和监督本部门预算的执行。
(3) 定期向本级政府财政部门报告预算的执行情况。

2. 各单位的预算职权

(1) 各单位负责编制本单位预算、决算草案。
(2) 按照国家规定上缴预算收入。
(3) 安排预算支出。
(4) 接受国家有关部门的监督。

【思考 4-7】下列有关各部门预算管理职权的表述中，不正确的是(   )。
  A. 编制本部门预算、决算草案
  B. 组织和监督本部门预算的执行
  C. 定期向上级政府财政部门报告预算的执行情况
  D. 不定期向本级政府财政部门报告预算的执行情况

【解析】正确答案是 AB。"定期"向"本级"政府财政部门报告。

四、预算收入与预算支出

国家预算由预算收入和预算支出两部分组成。

(一)预算收入

预算收入是指在预算年度内通过一定的形式和程序，有计划地筹措到的归国家支配的资金，是实现国家职能的财力保证。

1. 按来源划分

预算收入按来源划分为税收收入、国有资产收益、专项收入和其他收入。

(1) 税收收入。它是国家预算收入的最主要的部分。

(2) 国有资产收益。例如，依法应当上缴的国有资产投资产生的股息收入、国有资产的有偿转让、出让的收益等。

(3) 专项收入是指根据特定需要由国务院批准或者经国务院授权由财政部批准，设置、征集和纳入预算管理、有专项用途的收入。例如，铁道专项收入、征收排污费专项收入、电力建设基金专项收入等。

(4) 其他收入，包括规费收入、罚没收入等。

2. 按归属划分

预算收入按归属划分为中央预算收入、地方预算收入、中央和地方预算共享收入。

(1) 中央预算收入是指按照分税制财政管理体制，纳入中央预算、地方不参与分享的收入，包括中央本级收入和地方按照规定向中央上缴的收入。

(2) 地方预算收入是指按照分税制财政管理体制，纳入地方预算、中央不参与分享的收入，包括地方本级收入和中央按照规定返还或者补助地方的收入。

(3) 中央和地方预算共享收入是指按照分税制财政管理体制，中央预算和地方预算对同一税种的收入，按照一定划分标准或者比例分享的收入。

【思考 4-8】行政性收费是国家组织财政收入的主要形式。这一说法正确吗？

【解析】不正确。"税收"收入是国家组织财政收入的主要形式。

(二)预算支出

预算支出是指国家对集中的预算收入有计划地分配和使用而安排的支出。

1. 按内容划分

预算支出按内容划分为经济建设支出、事业发展支出、国家管理费用支出、国防支出、各项补贴支出和其他支出。

(1) 经济建设支出。它是预算支出的主要部分。

(2) 事业发展支出。例如，科学、教育、文化局、卫生、体育等事业发展支出。

(3) 国家管理费用支出。它包括国家权力机关、行政机关和司法机关的行政管理费支出等。

(4) 国防支出。它包括国防费、国防科研事业费、民兵建设费等。

(5) 各项补贴支出。它包括粮油补贴、农业生产资料价差补贴等。

(6) 其他支出。它包括对外援助支出、财政贴息支出、国家物资储备支出、少数民族地区补助费等。

2. 按主体划分

预算支出按主体划分为中央预算支出和地方预算支出。

(1) 中央预算支出是指按照分税制财政管理体制，由中央财政承担并列入中央预算的支出。它包括中央本级支出和中央返还或者补助地方的支出。

(2) 地方预算支出是指按照分税制财政管理体制，由地方财政承担并列入地方预算的支出。它包括地方本级支出和地方按照规定上缴中央的支出。

【思考 4-9】 我国《预算法》规定的预算支出形式包括(　　)。
  A. 经济建设支出
  B. 教育、科学、文化、卫生、体育等事业发展支出
  C. 国家管理费用支出
  D. 国防支出

【解析】 正确答案是 ABCD。预算支出包括经济建设、事业发展、国家管理费、国防、各项补贴及其他支出。

五、预算组织程序

预算组织程序包括预算的编制、审批、执行和调整。

(一)预算的编制

预算草案是指各级政府、各部门、各单位编制的未经法定程序审查和批准的预算收支计划。

1. 预算年度

我国国家预算年度采用公历年制,自公历 1 月 1 日至 12 月 31 日止。

2. 预算草案的编制依据

中央预算和地方各级政府预算,应当参考上一年度预算执行情况和本年度收支预测进行编制。

(1) 各级政府编制年度预算草案的依据:①法律、法规;②国民经济和社会发展计划、财政中长期计划以及有关的财政经济政策;③本级政府的预算管理职权和财政管理体制确定的预算收支范围;④上一年度预算执行情况和本年度预算收支变化因素;⑤上级政府对编制本年度预算草案的指示和要求。

(2) 各部门、各单位编制年度预算草案的依据:①法律、法规;②本级政府的指示和要求以及本级政府财政部门的部署;③本部门、本单位的职责、任务和事业发展计划;④本部门、本单位的定员定额标准;⑤本部门、本单位上一年度预算执行情况和本年度预算收支变化因素。

【思考 4-10】 下列各项中,属于各级政府编制年度预算草案依据的有(　　)。
  A. 法律、法规
  B. 本级政府的预算管理职权和财政管理体制确定的预算收支范围
  C. 上一年度预算执行情况和本年度预算收支变化因素
  D. 本部门、本单位的定员定额标准

【解析】 正确答案是 ABC。选项 D 是"部门单位"编制年度预算草案的依据。

3. 预算草案的编制内容

(1) 中央预算的编制内容:①本级预算收入和支出;②上一年度结余用于本年度安排的支出;③返还或者补助地方的支出;④地方上缴的收入。

中央财政本年度举借的国内外债务和还本付息数额应当在本级预算中单独列示。

(2) 地方各级政府预算的编制内容：①本级预算收入和支出；②上一年度结余用于本年度安排的支出；③上级返还或者补助的收入；④返还或者补助下级的支出；⑤上缴上级的支出；⑥下级上缴的收入。

(二)预算的审批

预算的审批是指国家各级权力机关对同级政府所提出的预算草案进行审查和批准的活动。预算草案经审批生效，就成为正式的国家预算，并具有法律约束力，非经法定程序，不得改变。

1. 预算的审查和批准

中央预算由全国人民代表大会审查和批准。
地方各级政府预算由本级人民代表大会审查和批准。

2. 预算备案

预算批准后要依法向国家机关备案。乡、民族乡、镇政府应当及时将经本级人民代表大会批准的本级预算报上一级政府备案。县级以上地方各级政府应当及时将经本级人民代表大会批准的本级预算及下一级政府报送备案的预算汇总，报上一级政府备案。县级以上地方各级政府将下一级政府报送备案的预算汇总后，报本级人民代表大会常务委员会备案。国务院将省、自治区、直辖市政府报送备案的预算汇总后，报全国人民代表大会常务委员会备案。

3. 预算批复

各级政府预算经本级人民代表大会批准后，本级政府财政部门应当及时向本级各部门批复预算(30日内)，各部门应当及时向所属各单位批复预算(15日内)。

【思考4-11】地方各级政府预算由(　　)审查和批准。
　　A. 上级人民政府　　　　B. 本级人民政府
　　C. 本级人民代表大会　　D. 本级人民代表大会常委会
【解析】正确答案是C。预算草案的审批权属于"人大"。

(三)预算的执行

各级预算由本级政府组织执行，具体工作由本级政府财政部门负责。

(四)预算的调整

预算的调整是指经全国人民代表大会批准的中央预算和经地方各级人民代表大会批准的本级预算，在执行中因特殊情况需要增加支出或减少收入，使原批准的收支平衡的预算的总支出超过总收入，或者使原批准的预算中举借债务的数额增加的部分变更。

预算的调整必须严格按法定程序来进行，任何政府或部门不得擅自变动预算。
预算调整方案的审批程序如下：
(1) 中央预算的调整方案必须提请全国人民代表大会常务委员会审查和批准。
(2) 县级以上地方各级政府预算调整方案必须提请本级人民代表大会常务委员会审查

和批准。

(3) 乡、民族乡、镇政府预算的调整方案必须提请本级人民代表大会审查和批准。

【思考4-12】《预算法》规定，中央预算的调整方案必须提请(　　)审查和批准。
　　A. 全国人民代表大会　　　　　　B. 全国人民代表大会常务委员会
　　C. 国务院　　　　　　　　　　　D. 财政部

【解析】正确答案是B。"调整方案"由人大"常务"委员会批准。乡镇不设人大"常务"委员会，由"人大"审查和批准。

六、决算

决算是预算执行的总结，它反映年度国家预算收支的最终结果，是国家经济活动在财政上的集中反映。决算包括决算草案的编制、决算草案的审批和决算的批复。决算包括决算报告和文字说明。

(一)决算草案的编制

决算是指各级政府、各部门、各单位编制的未经法定程序审查和批准的预算收支的年度执行结果。

决算草案由各级政府、各部门、各单位在每一预算年度终了后按国务院规定的时间编制。

编制决算草案，必须符合法律、行政法规，做到收支数额准确、内容完整、报送及时。

(二)决算草案的审批

国务院财政部门编制中央决算草案，报国务院审定后，由国务院提请全国人民代表大会常务委员会审查和批准。

县级以上地方各级政府财政部门编制本级决算草案，报本级政府审定后，由本级政府提请本级人民代表大会常务委员会审查和批准。

乡、民族乡、镇政府编制本级决算草案，提请本级人民代表大会审查和批准。

【思考4-13】下列关于决算草案审批的表述中，正确的有(　　)。
　　A. 由国务院财政部门编制的中央决算草案，经国务院审定后，由国务院提请全国人民代表大会批准
　　B. 由国务院财政部门编制的中央决算草案，由国务院提请全国人民代表大会常务委员会审批
　　C. 由县级以上地方各级政府财政部门编制的本级决算草案，经本级政府审定后，由本级人民代表大会常务委员会审批
　　D. 由乡级政府编制的决算草案，由本级人民代表大会常务委员会审批

【解析】正确答案是BC。决算草案由人大"常务"委员会审批，"乡镇"一级不设常务委员会，因此，由"人大"审批。

(三)决算的批复

各级政府决算经批准后，财政部门应当向本级各部门批复决算(20日内)，各部门应当及

时向所属各单位批复决算(15日内)。

县级以上地方各级人民政府应当自本级人民代表大会常务委员会批准本级政府决算之日起30日内,将本级政府决算及下一级政府上报备案的汇总,报上一级政府备案。

七、预决算的监督

预决算的监督包括:国家权力机关的监督、各级政府的监督、各级政府财政部门的监督和各级政府审计部门的监督。

(一)国家权力机关的监督

全国人民代表大会及其常务委员会对中央和地方预算、决算进行监督。

县级以上地方各级人民代表大会及其常务委员会对本级和下级政府预算、决算进行监督。

乡、民族乡、镇人民代表大会对本级预算、决算进行监督。

(二)各级政府的监督

各级政府监督下级政府的预算执行,下级政府应当定期向上一级政府报告预算执行情况。

(三)各级政府财政部门的监督

各级政府财政部门负责监督检查本级各部门及其所属各单位预算的执行,并向本级政府和上一级政府财政部门报告预算执行情况。

(四)各级政府审计部门的监督

各级政府审计部门对本级各部门、各单位和下级政府的预算执行、决算实行审计监督。

【思考4-14】对本级各部门、各单位和下级政府的预算执行、决算实施审计监督的部门是( )。

A. 各级政府财政部门　　　　　B. 各级政府
C. 各级政府审计部门　　　　　D. 上一级政府财政部门

【解析】正确答案是 C。"财政部门"对"本级各部门"监督;"审计部门"对"本级各部门和下级政府"监督。"各级政府"对"下一级政府"监督。

【案例分析4-1】国家预算是有计划地管理财政收支的工具,预算组织程序包括预算草案的编制、预算审批、预算执行和预算调整。财政部门在预算组织协调和监督工作中依照《预算法》的规定,将预算计划管理方式贯穿于预算资金筹集、分配和使用的始终,并通过预算管理工作内容来实现。要求:根据以上资料,回答下列问题。

(1) 下列关于预算草案的叙述中不正确的有( )。
　　A. 预算草案是指各级政府、各部门、各单位编制的未经法定程序审查和批准的预算收支计划
　　B. 预算草案是指各级政府、各部门、各单位编制的已经法定程序审查和批准的预算收支计划

C. 预算草案专指各级政府财政部门编制的未经法定程序审查和批准的预算收支计划
　　D. 预算草案专指各级政府财政部门编制的已经法定程序审查和批准的预算收支计划
(2) 下列各项中属于各级政府编制年度预算草案的依据的有(　　)。
　　A. 国民经济和社会发展计划、财政中长期计划以及有关的财政经济政策
　　B. 本级政府的预算管理职权和财政管理体制确定的预算收支范围
　　C. 上一年度预算执行情况和本年度预算收支变化因素
　　D. 上级政府对编制本年度预算草案的指示和要求
(3) 下列各项中，属于各部门、各单位编制年度预算草案依据的有(　　)。
　　A. 法律、法规和本级政府的指示和要求以及本级政府财政部门的部署
　　B. 本部门、本单位的职责、任务和事业发展计划
　　C. 本部门、本单位的定员定额标准
　　D. 本部门、本单位上一年度预算执行情况和本年度预算收支变化因素
(4) 根据《预算法》的规定，负责审查和批准中央预算的是(　　)。
　　A. 全国人民代表大会　　　　　B. 全国人民代表大会常务委员会
　　C. 国务院　　　　　　　　　　D. 国务院财政部门
(5) 根据《预算法》的规定，负责具体编制预算调整方案的是(　　)。
　　A. 人民代表大会　　　　　　　B. 全国人民代表大会常务委员会
　　C. 政府税务部门　　　　　　　D. 政府财政部门

【解析】(1)正确答案是BCD。预算草案是指"各级政府、各部门、各单位"编制的、"未经法定程序"审批的财政收支计划。(2)正确答案是ABCD。各级政府编制年度预算草案要考虑国民经济计划、上一年执行情况、上级政府的指示等。(3)正确答案是ABCD。无论是"各级政府"还是"各部门、各单位"，均要考虑"法律、法规""上一年执行情况""政府的指示"等。(4)正确答案是A。"预算审批"属于"人大"职权，"调整方案"属于人大"常务"委员的职权。(5)正确答案是D。"具体编制工作"归"财政部门"。

任务解析

　　上述三位同学的说法不正确。
　　国家预算也叫政府预算，是指经过法定程序批准的国家年度财政收支计划，中央预算由全国人民代表大会审批，地方各级预算由地方各级人民代表大会审批，而不是由政府审批的。因此，赵同学的说法不正确。
　　各部门单位的预算由各部门具体负责编制，并非由其主管部门编制，因此，李同学的说法不正确。
　　预算的调整必须严格按法定程序来进行，任何政府或部门不得擅自变动预算。一般应当由人民代表大会常务委员会审查和批准，乡、民族乡、镇政府预算的调整方案应当提请本级人民代表大会审查和批准，而不是由财政部门审查和批准的。因此，刘同学的说法不正确。

任务二　识别违反政府采购法的行为

案情回放

某市政府官方网站上发布的一篇招标公告中写道:"为了树立国家机关使用正版软件的良好社会形象,市政府决定通过单一来源采购的形式采购微软公司一定数量的软件产品。"引起国产办公软件厂商强烈不满,最终"微软"无奈出局。

工作任务

1. 试分析该政府为什么不能通过单一来源采购形式采购微软公司一定数量的软件产品?
2. 政府采购方式有哪些?

理论认知

一、政府采购法律制度的构成

为了规范政府采购行为,提高政府采购资金的使用效益,维护国家利益和社会公共利益,保护政府采购当事人的合法权益,促进廉政建设,中华人民共和国第九届全国人民代表大会常务委员会第二十八次会议于 2002 年 6 月 29 日通过了《中华人民共和国政府采购法》(以下简称《政府采购法》),自 2003 年 1 月 1 日起开始施行。

我国的政府采购法律制度由《政府采购法》、国务院各部门特别是财政部颁布的一系列部门规章以及地方性法规和政府规章组成。

《政府采购法》是我国政府采购法律制度中效力最高的法律文件,是制定其他规范性文件的依据。

政府采购部门规章主要是指国务院财政部门制定的规章如《政府采购货物和服务招标投标管理办法》《政府采购信息公告管理办法》等。

政府采购地方性规章是指省、自治区、直辖市的人民政府制定的地方规范性文件,如《北京市政府采购办法》等。

二、政府采购的概念与原则

(一)政府采购的概念

政府采购是指各级国家机关、事业单位和团体组织,使用财政性资金采购依法制定的集中采购目录以内的或者采购限额标准以上的货物、工程和服务的行为。

1. 政府采购的主体范围

政府采购的主体是指依靠国家财政资金运作的政府机关、事业单位和社会团体等,不包括个人、私人企业和公司。国有企业不属于政府采购的主体范围。

【思考4-15】下列采购活动中，适用《政府采购法》调整的是( )。
　　A. 某事业单位使用财政性资金采购办公用品
　　B. 某国有企业采购原材料
　　C. 某国有独资公司采购办公用品
　　D. 某合伙企业采购办公用品

【解析】正确答案是A。政府采购的主体不包括企业、个人。

2. 政府采购的资金范围

采购资金的性质是确定采购行为是否属于政府采购的重要依据。政府采购资金为财政性资金，包括财政预算资金和预算外资金，以及与财政资金相配套的单位自筹资金的总和。

3. 政府集中采购目录和政府采购限额标准

(1) 属于中央预算的政府采购项目，其集中采购目录和政府采购限额标准由国务院确定并公布。

(2) 属于地方预算的政府采购项目，其集中采购目录和政府采购限额标准由省、自治区、直辖市人民政府或者其授权的机构确定并公布。

纳入集中采购目录的政府采购项目，应当实行集中采购。

【思考4-16】政府集中采购目录和采购限额标准由( )确定并公布。
　　A. 市级人民政府　　　　　B. 省级以上人民政府财政部门
　　C. 省级以上人民政府　　　D. 国务院

【解析】正确答案是C。由"省级以上人民政府"而非"财政部门"确定并公布。

4. 政府采购的对象范围

政府采购的对象包括货物、工程和服务。

【思考4-17】下列各项中，需要政府采购的有( )。
　　A. 会议　　　B. 办公设备　　　C. 车辆保险　　　D. 修缮工程

【解析】正确答案是ABCD。政府采购的对象包括货物、工程和服务，如保险、保洁、维护、印刷等。

(二)政府采购的原则

政府采购应当遵循公开透明、公平竞争、公正和诚实信用的原则。

1. 公开透明原则

公开透明原则是指政府采购所进行的有关活动必须公开进行，即"阳光下的交易"。公开的内容包括：采购数量、质量、规格、要求等；采购的合同条件、采购过程、采购结果等；采购活动要逐项做好采购记录以备案审查监督；供应商可以对有关活动进行质疑和投诉等。

2. 公平竞争原则

公平竞争原则是指政府采购要通过公平竞争选择最优的供应商，取得最好的采购效果，所有参加竞争的供应商机会均等并受到同等待遇，不得有任何歧视行为。

3. 公正原则

公正原则是指在公开、公平原则上所取得的结果的公正和整个操作程序及过程的公正，主要体现在确定供应商上。

4. 诚实信用原则

诚实信用原则是指政府采购各方都要诚实守信，不得有欺骗背信的行为，以善意的方式行使权力，尊重他人利益和公共利益，忠实地履行约定义务。

三、政府采购的功能与执行模式

(一)政府采购的功能

1. 节约财政支出，提高采购资金的使用效益

实行政府集中采购，一是可以节约采购成本；二是可以在保证产品性能与质量的前提下，压低产品与劳务的价格，取得"团购"效益，以提高资金的使用效益。

2. 强化宏观调控

政府可以通过调整采购规模、采购时间、采购项目等方式来实现特定的宏观调控目标，如面向小微企业采购、优先采购环保设备等。

3. 活跃市场经济

为赢得政府采购订单，供应商积极提高产品质量、降低生产成本、改善售后服务，增强了企业竞争力，为市场经济注入了生机和活力。

4. 推进反腐倡廉

由于政府采购是置于全社会监督之下的，因而规范化的政府采购可以避免"暗箱"操作，可以促进廉政建设，提高政府形象。

5. 保护民族产业

根据我国《政府采购法》的规定，除极少数法定情形外，政府采购应当采购本国货物、工程或服务，即"国货优先"，体现了支持购买国货，保护民族产业的作用。

(二)政府采购的执行模式

政府采购的执行模式有集中采购和分散采购两种。

1. 集中采购

(1) 集中采购是指由政府设立的职能机构统一为其他政府机构提供采购服务的一种采购组织实施形式。

纳入集中采购目录的政府采购项目，应当实行集中采购。集中采购必须委托集中采购机构代理采购，不得自行组织采购。集中采购又分为政府集中采购和部门集中采购。

部门集中采购是指由采购单位主管部门统一负责组织实施的，纳入集中采购目录以内的，属于本部门或本系统有专业技术等特殊要求的项目采购活动。

(2) 集中采购的优缺点。①优点：可以降低采购成本，取得规模效益，保证质量，有利于贯彻落实政府采购有关政策取向，便于管理和监督。②缺点：难以适应紧急情况采购，难以满足用户多样性需求，采购程序复杂，采购周期长。

集中采购一般适用于一些大宗的、通用性的项目，或者是一些社会关注程度较高、影响较大的特定商品、大型工程和重要服务类项目。

【思考 4-18】政府采购必须委托集中采购机构代理。这一说法正确吗？

【解析】不正确。政府采购的执行模式有集中采购和分散采购两种。"纳入"政府集中采购目录的采购项目，应当实行集中采购。

2. 分散采购

(1) 分散采购是指由各预算单位自行开展采购活动的一种采购组织实施形式。

采购单位对未纳入集中采购目录的且在采购限额标准以下的项目，可以自行组织实施采购，也可以委托集中采购机构或者其他具有政府采购代理资格的社会中介机构代理采购。

(2) 分散采购的优缺点。①优点：采购手续简单，有利于满足采购及时性和多样性的需求。②缺点：不能形成规模效益，加大了采购成本，运作不规范，不便于监督管理等。

分散采购的项目往往是一些在采购限额标准以下的、专业化程度较高或者单位有特定需求的项目，一般不具有通用性的特征。

【思考 4-19】有利于取得规模效益、降低采购成本的政府采购模式是( )。

　　A. 集中采购　　B. 分散采购　　C. 代理采购　　D. 中介采购

【解析】正确答案是 A。集中采购具有规模效益优势。

四、政府采购当事人

政府采购当事人是指在政府采购活动中享有权利和承担义务的各类主体，包括采购人、供应商和采购代理机构等。

(一)采购人

1. 采购人的概念

采购人是指依法进行政府采购的国家机关、事业单位和团体组织。

2. 采购人的权利

(1) 自行选择采购代理机构。
(2) 要求采购代理机构遵守委托协议约定。
(3) 审查政府采购供应商资格。
(4) 依法确定中标供应商。
(5) 签订采购合同并参与对供应商履约验收。
(6) 特殊情况下提出特殊要求。
(7) 其他合法权利。

3. 采购人的义务

(1) 遵守政府采购的各项法律、法规和规章制度。
(2) 接受和配合政府采购机构监督管理部门的监督检查，同时还要接受和配合审计机关的审计监督以及监察机关的监督。
(3) 尊重供应商的正当合法权益。
(4) 遵守采购代理机构的工作秩序。
(5) 在规定时间内与中标供应商签订政府采购合同。
(6) 在指定媒体及时向社会发布政府采购信息、招标结果。
(7) 依法答复供应商的询问和质疑。
(8) 妥善保存反映每项采购活动的采购文件。
(9) 其他法定义务。

【思考4-20】下列各项中，属于采购人的权利的有(　　)。
　　A. 依法确定中标供应商
　　B. 审查政府采购供应商资格
　　C. 自行选择采购代理机构
　　D. 限制外地供应商进入本地区政府采购市场
【解析】正确答案是ABC。选项D不属于采购人的权利。

(二)供应商

1. 供应商的概念

供应商是指向采购人提供货物、工程或者服务的法人、其他组织或者自然人。

2. 供应商的条件

供应商参加政府采购活动应具备下列条件。
(1) 具有独立承担民事责任的能力。
(2) 具有良好的商业信誉和健全的财务会计制度。
(3) 具有履行合同所必需的设备和专业技术能力。
(4) 有依法缴纳税收和社会保障资金的良好记录。
(5) 参加政府采购活动前三年内，在经营活动中没有重大违法记录。
(6) 法律、行政法规规定的其他条件。

3. 供应商的权利

(1) 平等地取得政府采购供应商资格。
(2) 平等地获得政府采购信息。
(3) 自主、平等地参加政府采购竞争。
(4) 就政府采购活动事项提出询问、质疑和投诉。
(5) 自主、平等地签订政府采购合同。
(6) 要求采购人或采购代理机构保守其商业秘密。
(7) 监督政府采购依法公开、公正地进行。

(8) 其他合法权利。

4. 供应商的义务

(1) 遵守政府采购的各项法律、法规和规章制度。
(2) 按规定接受供应商资格审查，并在资格审查中客观、真实地反映自身情况。
(3) 在政府采购活动中，满足采购人或采购代理机构的正当要求。
(4) 投标中标后，按规定程序签订政府采购合同并严格履行合同义务。
(5) 其他法定义务。

【思考 4-21】下列各项中，不属于政府采购供应商权利的有(　　)。
　　A. 排斥其他供应商参与竞争
　　B. 平等地获得政府采购信息
　　C. 要求采购人保守其商业秘密
　　D. 平等地获得政府采购供应商资格
【解析】正确答案是 A。政府采购遵循公平、公开、公正原则。

(三)采购代理机构

采购代理机构是指具备一定条件，经政府有关部门批准而依法拥有政府采购代理资格的社会中介机构。

采购代理机构分为集中采购机构和一般采购代理机构两种。

1. 集中采购机构

设区的市、自治州以上人民政府根据本级政府采购项目组织集中采购的需要设立集中采购机构。它不是政府机关，而是非营利性事业法人，如政府采购中心。

2. 一般采购代理机构

一般采购代理机构是指依法成立并具有法人资格，承担政府采购业务代理工作的社会中介机构。

一般采购代理机构的资格由国务院有关部门或省级人民政府有关部门认定。

【思考 4-22】政府采购的当事人包括(　　)。
　　A. 采购人　　　　　　　　B. 供应商
　　C. 政府采购监督管理机构　　D. 采购代理机构
【解析】正确答案是 ABD。政府采购的当事人不包括"监管"机构。

五、政府采购方式

政府采购方式包括：公开招标、邀请招标、竞争性谈判、单一来源采购、询价采购。

1. 公开招标

公开招标是指招标采购单位(采购人或者代理采购机构)依法以招标公告的方式邀请不特定的供应商参加投标的方式，是政府采购的主要方式。

货物服务采购项目达到公开招标数额标准的，必须采用公开招标方式。

采购人不得将应当以公开招标方式采购的货物或者服务化整为零或者以其他任何方式规避公开招标采购。

采用公开招标方式采购的,自招标文件发出之日起至投标人提交投标文件截止之日止,不得少于 20 日。

2. 邀请招标

邀请招标是指由采购人根据供应商或者承包商的资信和业绩,选择一定数目的法人或其他组织(不能少于 3 家),向其发出招标邀请书,邀请其参加投标竞争,从中选定中标供应商的一种采购方式。

符合下列情形之一的货物或者服务,可以依照法律采用邀请招标方式采购。
(1) 具有特殊性,只能从有限范围的供应商处采购的。
(2) 采用公开招标方式的费用占政府采购项目总价值的比例过大的。

邀请招标一般适用于园林设计、雕塑设计、图形设计等。

【思考 4-23】根据《政府采购法》的规定,对于具有特殊性,只能从有限范围的供应商处采购的货物,其适用的政府采购方式是( )。
  A. 公开招标方式   B. 邀请招标方式
  C. 竞争性谈判方式   D. 单一来源方式

【解析】正确答案是 B。"具有特殊性"或"招标费用比例过高"的采购项目,适用"邀请招标"采购方式。

3. 竞争性谈判

竞争性谈判是指要求采购人或者代理机构通过与多家供应商(不少于 3 家)进行谈判,最后从中确定中标供应商的一种采购方式。

符合下列情形之一的货物或者服务,可以依照法律采用竞争性谈判方式采购。
(1) 招标后没有供应商投标或者没有合格标的或者重新招标未能成立的。
(2) 技术复杂或者性质特殊,不能确定详细规格或者具体要求的。
(3) 采用招标所需时间不能满足用户紧急需要的。
(4) 不能事先计算出价格总额的。

【思考 4-24】根据《政府采购法》的有关规定,技术复杂或者性质特殊,不能确定详细规格或者具体要求的货物或者服务,其适用的政府采购方式是( )。
  A. 询价方式   B. 邀请招标方式
  C. 竞争性谈判方式   D. 单一来源方式

【解析】正确答案是 C。对于技术复杂、不能事先算出总价格等"不知道"技术或价格的采购项目,适用"竞争性谈判方式"。

4. 单一来源采购

单一来源采购是指采购人向唯一供应商进行采购的方式。它最主要的特点是没有竞争性。

符合下列情形之一的货物或者服务,可以依法采用单一来源方式采购。
(1) 只能从唯一供应商处采购的。

(2) 发生了不可预见的紧急情况不能从其他供应商处采购的。

(3) 必须保证原有采购项目一致性或者服务配套的要求，需要继续从原供应商处添购，且添购资金总额不超过原合同采购金额10%的。

5. 询价采购

询价方式是指只考虑价格因素，要求采购人向 3 家以上潜在的供应商发出询价单，对一次性报出的价格进行比较，最后按照符合采购需求、质量和服务相等且报价最低的原则，确定成交供应商的方式。

该种采购方式适用于货物规格、标准单一、现货货源充足而且价格变动幅度比较小的采购项目。

【思考 4-25】关于政府采购方式的表述中，属于竞争性谈判方式的是(   )。

A. 采购人或其委托的政府采购代理机构以投标邀请书的方式邀请3家或3家以上特定的供应商参与投标的采购方式

B. 采购人或其委托的政府采购代理机构通过多家供应商就采购事宜进行谈判，经分析比较后从中确定中标供应商的采购方式

C. 采购人或其委托的政府采购代理机构以招标公告的方式邀请不特定的供应商参加投标竞争，从中择优选择中标供应商的采购方式

D. 采购人向三家以上潜在的供应商发出询价单，对各供应商一次性报出的价格进行分析比较，按照符合采购需求、质量和服务相等且报价最低的原则确定中标供应商的采购方式

【解析】正确答案是 B。选项 A 邀请三家以上"特定"的供应商，属于邀请招标方式；选项 C 邀请"不特定"供应商，属于公开招标方式；选项 D 属于"询价"方式。

六、政府采购的监督检查

(一)政府采购监督管理部门的监督

政府采购监督管理部门应当加强对政府采购活动及集中采购机构的监督检查。

监督检查的主要内容有：有关政府采购法律、行政法规和规章的执行情况；采购范围、采购方式和采购程序的执行情况；政府采购人员的职业素质和专业技能。

政府采购管理部门不得设置集中采购机构，不得参与政府采购项目的采购活动。采购代理机构与行政机关不得存在隶属关系或其他利益关系。

(二)集中采购机构的内部监督

集中采购机构应当建立健全内部监督管理制度。采购活动的决策和执行程序应当明确，并相互监督、相互制约。

采购人员应当具有相关职业素质和专业技术，符合专业岗位任职要求。

(三)采购人的内部监督

采购人必须按照《政府采购法》规定的采购方式和采购程序进行采购。

政府采购项目的采购标准和采购结果应当公开。

(四)政府其他有关部门的监督

依照法律、行政法规的规定对政府采购负有行政监督职责的政府部门,应当按照其职责分工,加强对政府采购活动的监督。

(五)政府采购活动的社会监督

任何单位和个人对政府采购活动中的违法行为,有权控告和检举,有关部门、机关依照各自职责及时处理。

【案例分析 4-2】 某事业单位 2017 年年初准备使用财政性资金修缮一幢办公楼,预算金额为 700 万元,采用公开招标方式。经确认,此次采购项目已经达到公开招标的标准。该单位委托 A 公司代理进行公开招标的事宜,A 公司是取得政府采购代理机构资格的中介机构。招标活动中,A 公司确定的符合专业条件的供应商有五家,最终确定中标的供应商为 B 公司。当年 10 月 1 日,办公楼的修缮工程完工验收,实际结算金额与预算相同。由于施工质量极佳,该事业单位准备再将其另外一幢楼房委托 B 公司,按照与第一幢大楼同样的标准进行外墙修缮,该项目的预算金额为 400 万元。要求:根据上述内容,并结合《政府采购法》的规定,回答下列问题。

(1) 下列属于采购代理机构的是(　　)。
    A. 一般采购代理机构　　　　　　B. 集中采购代理机构
    C. 重要采购代理机构　　　　　　D. 分散采购代理机构

(2) 政府采购方式有(　　)。
    A. 公开招标　　　　　　　　　　B. 邀请招标
    C. 竞争性谈判　　　　　　　　　D. 单一来源及询价

(3) 采购人需向(　　)家以上供应商询价。
    A. 1　　　　B. 2　　　　C. 3　　　　D. 4

(4) 政府采购当事人有(　　)。
    A. 采购人　　B. 供应商　　C. 采购代理机构　　D. 其他人员

(5) 关于该事业单位将另外一幢楼房委托 B 公司进行外墙修缮的说法中,正确的有(　　)。
    A. 可以不进行公开招标　　　　　B. 可以采用单一来源采购方式
    C. 应当进行公开招标　　　　　　D. 不可以采用单一来源采购方式

【解析】(1)正确答案是 AB。采购代理机构分为集中采购代理机构(不收费用)和一般采购代理机构。(2)正确答案是 ABCD。政府采购包括上述五种采购方式。(3)正确答案是 C。除单一来源采购方式外,其余政府采购方式均要求供应商在"3 家以上"。(4)正确答案是 ABC。政府采购当事人只有三个,即:采购人、代理机构和供应商。(5)正确答案是 CD。第二笔项目预算资金为 400 万元,超过单一来源规定"10%"的要求,不符合单一来源采购方式适用条件。

◎ 任务解析

1. 单一来源采购是指采购人向唯一供应商进行采购的方式。它最主要的特点是没有竞争性。可以依法采用单一来源方式采购的情形包括：①只能从唯一供应商处采购的；②发生了不可预见的紧急情况不能从其他供应商处采购的；③必须保证原有采购项目一致性或者服务配套的要求，需要继续从原供应商处添购，且添购资金总额不超过原合同采购金额10%的。本案中，该市政府采购的是软件产品，不具备单一来源采购的条件。

2. 政府采购方式包括：公开招标、邀请招标、竞争性谈判、单一来源采购、询价采购。

任务三　识别违反国库集中收付制度的行为

● 案情回放

丙单位是实行国库集中支付的事业单位，经财政部门批准，丙单位的工程款和办公设备实行财政直接支付。①2017年5月，丙单位通过零余额账户支付施工方工程款项100万元；②2017年7月，购买设备价款为80万元，根据预算安排，价款中应采用财政授权支付的金额为50万元，剩余金额30万元由单位自筹支付，丙单位通过零余额账户向基本户转账50万元，再由基本户向供应商转账80万元；③2017年8月，通过零余额账户向下级单位借款40万元；④2017年11月，丙单位通过零余额账户，提取小额现金。

● 工作任务

试分析丙单位上述支付行为是否合法？为什么？

● 理论认知

一、国库集中收付制度的概念

为提高财政性资金的拨付效率和规范化运作程度，加强对收入缴库和支出拨付过程的有效监管，增强财政资金收付过程的透明度，解决财政性资金截留、挤占、挪用等问题，我国于2003年启动了国库集中收付制度的改革。

国库集中收付制度一般也称为国库单一账户制度，包括国库集中支付制度和收入收缴管理制度，是指由财政部门代表政府设置国库单一账户体系，所有的财政性资金均纳入国库单一账户体系收缴、支付和管理的制度。

通过国库单一账户体系，财政收入直接缴入国库或财政专户，财政支出以财政直接支付和财政授权支付的方式，将资金支付给商品或劳务供应者或用款单位，未用的资金保留在国库单一账户上，使预算单位使用资金但见不到资金。未运用的资金均保留在国库单一账户，由财政部门代表政府进行管理运作，降低政府筹资成本。

二、国库单一账户体系

(一)国库单一账户体系的概念

国库单一账户体系是指以财政国库存款账户为核心的各类财政性资金账户的集合。所有财政性资金的收入、支付、存储及资金清算活动均在该账户体系运行。

(二)国库单一账户体系的分类

国库单一账户体系包括：国库单一账户、财政部门零余额账户、预算单位零余额账户、预算外资金财政专户和特设专户。

1. 国库单一账户

国库单一账户是财政部门在中国人民银行开设的，用于记录、核算和反映纳入预算管理的财政收入和支出，并与财政部门在商业银行开设的零余额账户进行清算，实现支付。所有财政资金在支付行为实际发生前均保存在国库单一账户内。

2. 财政部门零余额账户

财政部门零余额账户是指财政部门在商业(代理银行)开设的零余额账户(简称财政零余额)，用于财政直接支付和与国库单一账户支出清算。

【思考 4-26】根据国库集中收入制度的规定，用于财政直接支付和与国库单一账户支出清算的账户是(　　)。

  A. 预算单位的零余额账户　　　B. 财政部门零余额账户
  C. 预算外财政资金专户　　　　D. 特设过渡性专户

【解析】正确答案是 B。"财政部门零余额账户"主要"用于财政直接支付"并与国库单一账户支出清算。

3. 预算单位零余额账户

预算单位零余额账户是指财政部门在商业银行为预算单位开设的零余额账户(简称单位零余额)，用于财政授权支付和与国库单一账户支出清算。

预算单位零余额账户可以办理转账、提取现金等结算业务，可以向本单位按账户管理规定保留的相应账户划拨工会经费、住房公积金及提租补贴，以及经财政部门批准的特殊款项，不得违反规定向本单位其他账户和上级主管单位、所属下级单位划拨资金。

每当发生财政资金支付行为时，先由代理银行将实际应支付的款项垫付给收款人，每日终了后再由代理银行与中国人民银行国库单一账户进行清算，划转代理银行已垫付资金。

【思考 4-27】财政部门零余额账户与预算单位零余额账户有什么区别？

【解析】对预算单位而言，最重要、最常用的就是这两个零余额账户。"财政部门零余额账户"主要用于"财政直接支付"和与国库单一账户支出清算，不可提取现金；"预算单位零余额账户"主要用于"财政授权支付"和与国库单一账户支出清算，可以提取现金。

【思考 4-28】预算单位零余额账户，不能用来(　　)。

  A. 上级单位通过该账户向下级单位借款
  B. 向下级单位划拨资金
  C. 通过该账户划拨工会经费、住房公积金
  D. 向本单位其他账户划拨资金

【解析】正确答案是 ABD。预算单位零余额账户，年末应当归"零"，为防止单位转

移资金，国家规定只能向本单位按账户管理规定保留的相应账户划拨"工会经费""住房公积金"及"提租补贴"等，不得违反规定向本单位其他账户和上级单位、下级单位划拨资金。

4. 预算外资金财政专户

财政部门在商业银行开设预算外资金财政专户，按收入和支出设置分类账。用于记录、核算和反映预算外资金的收入支出活动，并用于预算外资金的日常收支清算。

5. 特设专户

财政部门经国务院和省级人民政府批准或授权开设特殊过渡性专户(即特设专户)，用于记录、核算和反映预算单位的特殊专项支出活动，并用于与国库单一账户清算，如粮食风险基金、社会保障基金、住房基金等。

三、财政收支的方式

(一)财政收入收缴方式

财政收入收缴方式包括直接缴库和集中汇缴两类。

1. 直接缴库

直接缴库是指由缴款单位或缴款人按有关法律、法规规定，直接将应缴收入缴入国库单一账户或预算外资金财政专户。

直接缴库的税收收入，由纳税人或税务代理人提出纳税申报，经征收机关审核无误后，由纳税人通过开户银行将税款缴入国库单一账户。直接缴库的其他收入，比照上述程序缴入国库单一账户或预算外资金财政专户。

2. 集中汇缴

集中汇缴是由征收机关和依法享有征收权限的单位按规定，将所收取的应缴收入汇总直接缴入国库单一账户。属预算外资金的，则直接缴入预算外资金财政专户。

小额零散税收和法律另有规定的应缴收入，由征收机关于收缴收入的当日汇总缴入国库单一账户。非税收入中的现金缴款，比照本程序缴入国库单一账户或预算外资金财政专户。

(二)财政支出支付方式

财政支出支付方式包括财政直接支付和财政授权支付两类。

1. 财政直接支付

财政直接支付是指由财政部门向中国人民银行和代理银行签发支付指令，代理银行根据支付指令通过国库单一账户体系将资金直接支付到收款人(即商品或劳务的供应商等)或用款单位(即具体申请和使用财政性资金的预算单位)账户。

实行财政直接支付的支出包括：工资支出、工程采购支出、物品和服务采购支出。

财政直接支付程序一般为：①预算单位按照批复的部门预算和财政直接支付用款计划，

向财政国库支付执行机构提出支付申请；②财政国库支付执行机构根据批复的部门预算和用款计划及相关要求对支付申请审核无误后，向代理银行发出支付令，并通知中国人民银行国库部门；③代理银行据此通过财政零余额账户，将财政性资金直接支付到收款人或用款单位的账户，并与国库单一账户进行资金清算。

【思考4-29】预算单位适用财政直接支付的财政性资金包括(　　)。
A. 工资　　　　　　　　B. 工程采购支出
C. 物品采购支出　　　　D. 服务采购支出

【解析】正确答案是ABCD。工资、工程、货物和服务等"政府采购"项目，一般采用财政直接支付方式。零星支出、小额提现以及特别紧急的支出，可以采用财政授权支付方式。

2. 财政授权支付

财政授权支付是指预算单位按照财政部门的授权，自行向代理银行签发支付指令，代理银行根据支付指令，在财政部门批准的预算单位用款额度内，通过国库单一账户将资金支付到收款人账户。

实行财政授权支付的支出包括：未纳入财政直接支付的专项支出、公用支出中的零星支出、小额现金的提现以及特别紧急的支出等。

财政授权支付程序一般为：①预算单位按照批复的部门预算和财政授权支付用款计划，向财政国库支付执行机构申请授权支付的月度用款额度；②财政国库支付执行机构将批准后的月度用款额度通知代理银行和预算单位；③预算单位按照财政部门授权，在批准的月度用款额度内，自行开具支付令，交由代理银行通过单位零余额账户将资金支付到收款人账户；④代理银行办理清算事宜，并与国库单一账户清算。

【思考4-30】财政支出支付方式中，由预算单位按照财政部门的授权，自行向代理银行签发支付指令，代理银行根据支付指令，在财政部门批准的预算单位的用款额度内，通过国库单一账户体系将资金支付到收款人账户的方式称为(　　)。
A. 财政直接支付　　　　B. 财政授权支付
C. 财政委托支付　　　　D. 财政集中支付

【解析】正确答案是B。"自行"签发支付指令，属于财政"授权"支付。由"财政部门签发"支付指令属于财政"直接"支付。

【案例分析4-3】乙单位是实行国库集中支付的事业单位，经财政部门批准，乙单位的工资支出和设备购买实行财政直接支付，日常办公零星支付实行财政授权支付。2018年3月，审计机构对乙单位2017年度财政收支情况进行检查，发现以下情况：①2017年4月，乙单位通过零余额账户向上级单位基本户划转资金30万元，用于为上级单位员工购买商业保险；②2017年5月，通过零余额账户向下级单位基本户划拨资金30万元，用于为下级单位支付设备采购款；③2017年10月，乙单位为购买办公用品，通过零余额账户向本单位在商业银行开设的基本户转账20万元，再通过基本户支付办公用品；④2017年12月，乙单位使用财政性资金购买了一台大型设备，通过零余额账户向单位基本户转账100万元，再通过单位基本户向供应商支付设备款。要求：根据以上资料，回答以下问题。

项目四 识别违反财政法律制度的行为

(1) 下列各项属于国库集中支付方式的有(　　)。
　　A. 财政直接支付　　　　　　B. 财政授权支付
　　C. 财政直接缴库　　　　　　D. 财政集中汇缴

(2) 本例中,乙单位的下列各项情形中,不正确的有(　　)。
　　A. 通过零余额账户向上级单位基本户划转资金30万元,用于为上级单位员工购买商业保险
　　B. 通过零余额账户向下级单位基本户划拨资金30万元,用于为下级单位支付设备采购款
　　C. 通过零余额账户向本单位在商业银行开设的基本户转账20万元,再通过基本户支付办公用品
　　D. 通过零余额账户向单位基本户转账100万元,再通过单位基本户向供应商支付设备款

(3) 下列各项关于预算单位使用零余额账户的表述中,正确的有(　　)。
　　A. 通过零余额账户提取现金,用于支付本单位的日常办公零星支出
　　B. 通过零余额账户转账支付按规定应采用财政直接支付方式发放的职工工资
　　C. 通过零余额账户转账支付本单位的日常办公零星支出
　　D. 通过零余额账户向本单位按账户规定保留的相应账户划拨工会经费

(4) 下列银行账户体系中,属于财政授权支付的账户有(　　)。
　　A. 该单位在商业银行开设的基本户
　　B. 财政部门在商业银行为该单位开设的零余额账户
　　C. 财政部门在商业银行开设的预算外资金财政专户
　　D. 财政部门按资金使用性质在商业银行开设的零余额账户

(5) 下列关于该单位实行财政直接支付方式的表述中,正确的有(　　)。
　　A. 该单位进行财政直接支付时,应先按批复的部门预算和资金使用计划向财政国库支付机构执行机构提出支付申请
　　B. 财政直接支付中,代理银行应根据财政部门支付指令通过国库单一账户体系将资金直接支付到该单位账户
　　C. 财政直接支付应由财政部门向中国人民银行和代理银行签发支付指令
　　D. 财政直接支付中,财政部门应根据支付指令通过国库单一账户体系将资金直接支付到该单位账户

【解析】(1)正确答案是AB。财政支付方式分为"直接支付"与"授权支付"两种。(2)正确答案是ABCD。零余额账户只能向本单位"工会经费""住房公积金"及"提租补贴"等按规定保留的相应账户划拨。(3)正确答案是ACD。零余额账户可以用来提取现金、零星开支及特别紧急的支出等。(4)正确答案是B。"预算单位零余额"账户用于"财政授权支付"。(5)正确答案是ABC。财政直接支付的程序为:提出支付申请,报财政国库支付机构审核,财政部门向代理银行和中国人民银行签发支付令,"代理银行"按支付令将款拨到收款人或用款单位的账户。

任务解析

(1) 2017年5月,丙单位通过零余额账户支付施工方工程款项100万元不合法,该工程应当采取财政直接支付方式。

(2) 2017年7月,购买设备价款中应采用财政授权支付的金额为50万元,丙单位通过零余额账户向基本户转账50万元,再由基本户向供应商转账,这种方式不合法。丙单位应将授权支付的50万元通过单位零余额账户直接支付给供应商,单位零余额账户不能向单位基本户转账。

(3) 2017年8月,通过零余额账户向下级单位借款40万元不合法。国库集中收付制度规定,预算单位零余额账户不得违反规定向本单位其他账户和上级主管单位、所属下级单位账户划拨资金。

(4) 2017年11月,丙单位通过零余额账户提取小额现金合法。零余额账户可以用来提取现金、零星开支及特别紧急的支出等。

能力拓展

【课外实践】 收集、整理违反《财政法》的典型案例。

【实践要求】 学生4~6人一组,采取实地调研或网上查寻、文献查寻等方式,收集一例违反《预算法》或《政府采购法》或者国库集中收付制度的典型案例,整理为300字以内的简洁案例,各组之间交流分享。

强化训练

一、单项选择题

1. 乡级政府编制的决策草案,由(　　)审批。
   A. 国务院   B. 县级以上人民政府
   C. 本级人民代表大会   D. 本级人民代表大会常务委员会
2. 根据我国《预算法》的规定,不属于全国人民代表大会常务委员会负责的是(　　)。
   A. 监督中央和地方预算的执行   B. 审查和批准中央预算的调整方案
   C. 审查和批准中央决算   D. 具体组织中央和地方预算的执行
3. 按照分享程度划分,我国的预算收入(　　)。
   A. 仅包括中央预算收入
   B. 仅包括中央预算收入和地方预算收入
   C. 仅包括中央和地方共享收入
   D. 包括中央预算收入、地方预算收入以及中央和地方预算共享收入
4. 根据我国《预算法》的规定,不属于国务院财政部门预算职权的是(　　)。
   A. 具体编制中央预算、决算草案   B. 具体组织中央和地方预算的执行

C. 审查和批准中央预算的调整方案　D. 具体编制中央预算的调整方案

5. 根据我国的政权结构，可以把我国的预算分为(　　)级。
   A. 6　　　　　B. 3　　　　　C. 4　　　　　D. 5

6. 下列关于预算体系组成的表述，错误的是(　　)。
   A. 地方预算由省、自治区、直辖市总预算组成
   B. 部门单位预算是指部门、单位的收支预算
   C. 总预算包括本级预算和本级政府行政隶属的下一级政府的总预算
   D. 预算组成不受限制，可随意编制

7. 下列选项中，不属于我国国家预算体系的是(　　)。
   A. 中央预算
   B. 省级(省、自治区、直辖市)预算
   C. 县市级(县、自治县、不设区的市、市辖区)预算
   D. 县级以上地方政府的派出机关预算

8. 根据《预算法》的规定，下列各项中，负责批准各级预算和预算情况的报告的是(　　)。
   A. 本级人民代表大会　　　　B. 本级人民代表大会常务委员会
   C. 本级政府审计部门　　　　D. 本级政府财政部门

9. 各级预算由(　　)组织执行，具体工作由(　　)负责。
   A. 本级政府财政部门　　　　B. 上级政府财政部门
   C. 本级政府上级财政部门　　D. 上级政府财政部门

10. 对本级各部门、各单位和下级政府的预算执行、决算实施审计监督的部门是(　　)。
    A. 各级政府财政部门　　　　B. 各级政府
    C. 各级政府审计部门　　　　D. 上一级政府财政部门

11. 根据《政府采购法》的规定，采用邀请招标方式的，采购人应当从符合相应资格条件的供应商中随机邀请(　　)家以上的供应商，并以投标邀请书的方式，邀请其参加投标。
    A. 3　　　　　B. 5　　　　　C. 10　　　　　D. 15

12. 根据《政府采购法》的有关规定，招标后没有供应商投标或者没有合格标的或者重新招标未能成立的，其适用的政府采购方式是(　　)。
    A. 询价方式　　　　　　　　B. 邀请招标方式
    C. 公开招标方式　　　　　　D. 竞争性谈判方式

13. 下列选项中，不属于我国政府采购主体的是(　　)。
    A. 国家机关　　　　　　　　B. 事业单位
    C. 从事公共社会活动的团体组织　D. 国有企业

14. 下列选项中，不属于政府采购当事人的是(　　)。
    A. 采购人　　　　　　　　　B. 保证人
    C. 供应商　　　　　　　　　D. 采购代理机构

15. 下列关于政府采购方式的叙述中，属于邀请招标方式的是(　　)。
    A. 采购人及其委托的代理机构以投标邀请书的方式邀请三家或三家以上特定的

供应商

　B. 采购人及其委托的代理机构通过与多家供应商就采购事宜进行谈判

　C. 采购人及其委托的代理机构以招标公告的方式邀请不特定的供应商参加投标竞赛

　D. 采购人向三家以上潜在的供应商发出询价单，对各供应商一次性报出的价格进行分析比较

16. 政府集中采购目录和采购限额标准由(　　)确定并公布。
　A. 省级以上人民政府　　　　B. 县级人民政府
　C. 财政部　　　　　　　　　D. 省级以上人民政府财政部门

17. 下列财政收入收缴方式中，由征收机关(有关法定单位)按有关法律、法规规定，将所收的应缴收入汇总缴入国库单一账户或预算外资金财政专户的方式是(　　)。
　A. 分次汇缴　　B. 直接缴库　　C. 集中汇缴　　D. 汇总缴纳

18. 财政支出支付方式中，由财政部门向中国人民银行和代理银行签发支付指令，代理银行根据支付指令通过国库单一账户体系将资金直接支付到收款人或用款单位账户的方式称为(　　)。
　A. 财政直接支付　　　　　　B. 财政授权支付
　C. 财政委托支付　　　　　　D. 财政集中支付

19. 用于记录、核算和反映纳入预算管理的财政收入和支出的账户是(　　)。
　A. 国库单一账户　　　　　　B. 财政部门零余额账户
　C. 预算外资金账户　　　　　D. 特设账户

20. 下列银行账户中，不构成国库单一账户的是(　　)。
　A. 财政部门按资金使用性质在商业银行开设的账户
　B. 财政部门按资金使用性质在商业银行开设的零余额账户
　C. 财政部门在商业银行为预算单位开设的零余额账户
　D. 财政部门在商业银行开设的预算外资金财政专户

二、多项选择题

1. 下列有关各部门预算管理职权的表述中，不正确的是(　　)。
　A. 编制本部门预算、决算草案
　B. 组织和监督本部门预算的执行
　C. 定期向上级政府财政部门报告预算的执行情况
　D. 不定期向本级政府财政部门报告预算的执行情况

2. 下列关于预算的审批，说法正确的有(　　)。
　A. 中央预算由全国人民代表大会审查和批准
　B. 地方各级政府预算由本级人民代表大会审查和批准
　C. 中央预算和地方各级政府预算均由全国人民代表大会审查和批准
　D. 中央预算和地方各级政府预算均由本级人民代表大会审查和批准

3. 下列选项中，属于各级政府编制年度预算草案的依据的有(　　)。
　A. 法律、法规

B. 国民经济和社会发展计划、财政中长期计划以及有关的财政经济政策
C. 本级政府的预算管理职权和财政管理体制确定的预算收支范围
D. 上一年度预算执行情况和本年度预算收支变化因素

4. 我国《预算法》规定的预算支出形式包括(   )。
   A. 经济建设支出
   B. 教育、科学、文化、卫生、体育等事业发展支出
   C. 国家管理费用支出
   D. 国防支出

5. 下列属于全国人民代表大会的职权的有(   )。
   A. 批准中央预算执行情况的报告
   B. 审查中央预算草案
   C. 审查地方预算草案
   D. 审查地方预算执行情况的报告

6. 下列关于中央预算的表述中，正确的有(   )。
   A. 由中央各部门(含直属单位)的预算组成
   B. 中央预算包括地方向中央上缴的收入数额
   C. 中央预算不包括中央对地方返还或者给予补助的数额
   D. 中央预算不包括企事业单位的预算

7. 下列表述正确的有(   )。
   A. 由国务院财政部门编制的中央决算草案，经国务院审定后，由国务院提请全国人大批准
   B. 由国务院财政部门编制的中央决算草案，由国务院提请全国人大常委会审批
   C. 由县级以上地方各级政府财政部门编制的本级决算草案，经本级政府审定后，由本级人大常委会审批
   D. 由乡级政府编制的决算草案，由本级人大审批

8. 根据我国《预算法》的规定，属于国务院财政部门预算职权的有(   )。
   A. 具体编制中央预算、决算草案
   B. 监督中央和地方预算的执行
   C. 审查和批准中央预算的调整方案
   D. 具体编制中央预算的调整方案

9. 根据我国《预算法》的规定，不属于全国人民代表大会常务委员会负责的是(   )。
   A. 具体编制中央预算、决算草案
   B. 监督中央和地方预算的执行
   C. 审查和批准中央预决算
   D. 具体组织中央和地方预算的执行

10. 根据我国《预算法》的规定，不属于国务院财政部门预算职权的有(   )。
    A. 决定中央预算预备费的动用
    B. 监督中央和地方预算的执行
    C. 审查和批准中央预算的调整方案
    D. 具体编制中央预算的调整方案

11. 下列有关各单位预算管理职权的表述中，正确的有(   )。
    A. 编制本单位预算、决算草案
    B. 按照国家规定上缴预算收入
    C. 安排预算支出
    D. 定期向本级政府财政部门报告预算的执行情况

12. 根据《政府采购法》的规定，关于供应商资格的说法中，正确的有(   )。
    A. 具有独立承担民事责任的能力

B. 具有良好的商业信誉和健全的财务会计制度
C. 具有履行合同所必需的设备和专业技术能力
D. 有依法缴纳税收和社会保障资金的良好记录

13. 根据《政府采购法》的规定，政府采购采用的方式包括(　　)等。
　　A. 公开招标　　　B. 邀请招标　　　C. 竞争性谈判　　　D. 单一来源

14. 根据《政府采购法》的规定，下列情形中，采购人可以采用竞争性谈判方式采购的有(　　)。
　　A. 采用招标方式所需时间不能满足用户紧急需要的
　　B. 不能事先计算出价格总额的
　　C. 采用公开招标方式的费用占政府采购项目总价值的比例过大的
　　D. 技术复杂或者性质特殊，不能确定详细规格或者具体要求的

15. 下列选项中，可以作为政府采购当事人中采购人的有(　　)。
　　A. 中华人民共和国商务部　　　B. 县政府
　　C. 中国红十字会　　　　　　　D. 个人独资企业甲

16. 下列关于实行集中采购的优点，说法正确的有(　　)。
　　A. 采购周期较短　　　B. 降低采购成本
　　C. 保证采购质量　　　D. 采购程序简单

17. 下列关于实行分散采购的优点，说法错误的有(　　)。
　　A. 自主性强　　　　　B. 降低采购成本
　　C. 利于国家宏观调控　D. 满足采购及时性和多样性

18. 下列各项中，属于政府采购对象范围的有(　　)。
　　A. 办公设备　　　B. 修缮工程　　　C. 车辆维修　　　D. 会议

19. 下列各项中，属于采购代理机构义务的有(　　)。
　　A. 依法开展代理采购活动并提供良好服务
　　B. 依法发布采购信息
　　C. 接受和配合审计监督以及监察机关监察
　　D. 遵守采购代理机构的工作秩序

20. 下列各项中，属于政府采购供应商权利的有(　　)。
　　A. 对政府采购活动事项提出询问、质疑和投诉
　　B. 要求采购人或采购代理机构保守其商业秘密
　　C. 监督政府采购依法公开、公正进行
　　D. 平等地获得政府采购信息

21. 下列账户中，属于国库单一账户体系的有(　　)。
　　A. 预算外资金专户　　　B. 特设专户
　　C. 国库单一账户　　　　D. 财政部门零余额账户

22. 财政资金支出按照不同的支付主体分别实行财政直接支付和财政授权支付。实行财政直接支付的支出包括(　　)。
　　A. 工资支出　　　　　　　B. 工程采购支出
　　C. 物品和服务采购支出　　D. 零星支出

23. 预算单位零余额账户，不能用来（　　）。
    A. 上级单位通过该账户向下级单位借款
    B. 向下级单位划拨资金
    C. 通过该账户划拨工会经费、住房公积金
    D. 向本单位其他账户划拨资金
24. 零余额账户可以用于（　　）。
    A. 提取现金　　　　　　　　　B. 支付购买大型设备的资金
    C. 用于零星支出　　　　　　　D. 支付特别紧急的支出
25. 下列关于国库单一账户体系的说法中，正确的有（　　）。
    A. 财政部门在中国人民银行开设国库单一账户，用于与财政部门在商业银行开设的零余额账户进行清算
    B. 财政部门按资金使用性质在商业银行开设零余额账户，用于直接支付和与国库单一账户支出清算
    C. 财政部门在商业银行为预算单位开设零余额账户，用于财政授权支付和清算
    D. 财政部门在商业银行开设预算外资金财政专户，用于预算外资金的日常收支清算

三、判断题

1. 我国实行一级政府一级预算。（　　）
2. 政府集中采购目录和采购限额标准由县级以上人民政府确定并公布。（　　）
3. 采购人不得将应当以公开招标方式采购的货物或者服务化整为零来规避公开招标采购。（　　）
4. 邀请招标应作为政府采购的主要采购方式。（　　）
5. 无论乡、民族乡、镇是否有设立预算的条件，都一定要设立预算。（　　）
6. 国务院财政部门编制中央决算草案，报国务院审定后，由国务院提请全国政协常委会审查和批准。（　　）
7. 我国的预算分为中央预算和地方预算，而中央预算是由各地方预算组成的。（　　）
8. 国库集中收付制度是指以国库单一账户体系为基础，将所有财政性资产都纳入国库单一账户体系管理，收入直接缴入国库和财政专户，支出通过国库单一账户体系支付到商品和劳务供应者或用款单位的一项国库管理制度。（　　）
9. 各级政府预算经本级人大批准后，应当直接向相应的国家机关备案。（　　）
10. 采购人使用国际组织和外国政府贷款进行的政府采购必须适用《政府采购法》。（　　）
11. 政府采购限额标准，属于中央预算的政府采购项目，由财政部确定并公布；属于地方预算的政府采购项目，由各省、自治区、直辖市人民政府财政部门或其授权的机构确定并公布。（　　）
12. 政府采购中，采购人采购纳入集中采购目录的政府采购项目中，应当实行集中采购。
13. 政府采购中，采购人具有要求采购代理机构遵守委托协议的权利。（　　）
14. 县级以上地方各级人民代表大会及其常务委员会不具有对下级政府预算、决算进行

监督的权利。　　　　　　　　　　　　　　　　　　　　　　　　　　　　(　　)

15. 政府采购监督管理部门，经上级财政部门批准，可以设置集中采购机构。(　　)

四、不定项选择题

1. 在一次关于国家预算的研讨会上，参会代表分别作出如下发言。甲：国家预算是指经法定程序批准的、国家在一定期间内预定的财政收支计划，是国家进行财政分配的依据和宏观调控的重要手段。国家预算在经济生活中主要起到财力保证、调节制约、统计和反映监督的作用。乙：我国的国家预算实行一级政权一级财政的多级次预算。丙：我国社会主义国家预算是具有法律效力的基本财政计划，是国家为了实现政治经济任务，有计划地集中和分配财政收入的重要工具，是国家经济政策的反映。丁：我国的预算收入主要采取无偿划拨的形式，是社会主义经济的内部积累；我国的预算支出，主要用于经济建设和文化、教育、科学、卫生以及社会福利事业等。戊：部门单位预算是由本部门所属各单位预算组成，各单位预算草案由其主管部门负责编制。己：部门单位预算应具体由各预算部门和单位编制，是总预算的基础。庚：我国国家预算级次结构是依据国家政权结构、经济发展区域规划、行政区域划分和财政管理体制设计的。根据以上资料，回答如下问题。

(1) 甲代表关于国家预算在经济生活中的作用的发言中，正确的是(　　)。

　　A. 财力保证作用　　　　　　　　B. 调节制约作用
　　C. 平衡收支作用　　　　　　　　D. 反映监督作用

(2) 结合乙代表的发言，下列有关我国现行预算实行级次的表述中，正确的是(　　)。

　　A. 三级预算　　B. 四级预算　　C. 五级预算　　D. 六级预算

(3) 下列代表的发言中，不正确的是(　　)。

　　A. 甲：国家预算是指经法定程序批准的、国家在一定期间内预定的财政收支计划
　　B. 丙：我国社会主义国家预算是具有法律效力的基本财政收支计划
　　C. 丁：我国的预算收入主要采取无偿划拨形式，是社会经济的内部积累
　　D. 丁：我国的预算支出主要用于经济建设、文化、教育、科学、卫生以及社会福利事业等

(4) 下列代表关于"部门单位预算"的发言中，不正确的是(　　)。

　　A. 戊：部门单位预算由本部门所属各单位预算组成
　　B. 戊：各单位预算草案由其主管部门负责编制
　　C. 己：部门单位预算由各预算部门和单位编制
　　D. 己：部门单位预算是总预算的基础

(5) 结合庚代表的发言，下列各项中，属于我国国家预算级次结构设计依据的是(　　)。

　　A. 国家政权结构　　　　　　　　B. 经济发展区域规划
　　C. 行政区域划分　　　　　　　　D. 财政管理体制

2. 甲市某财政重大项目预算在执行过程中，因核心采购设备原材料价格急剧上涨，导致项目采购预算不足。该项目财务负责人刘某认为，应当申请预算调整，方可确保项目如期完工。该项目总负责人张某认为，项目预算调整是正常的活动，只要报请财政部门审批即可。请根据以上资料，回答如下问题。

(1) 下列关于甲市预算调整原因的叙述中，正确的是(　　)。

A. 原批准的预算在执行中因特殊情况需要增加支出
B. 原批准的预算在执行中因特殊情况需要减少收入
C. 原批准的收支平衡的预算的总支出超过总收入
D. 原批准的预算中举借债务的数额增加的部分变更

(2) 下列各项中，属于甲市政府提出预算调整申请应当编制的是(   )。
A. 决算方案
B. 预算调整方案
C. 预算执行情况报告
D. 预算批复报告

(3) 根据《预算法》的规定，负责具体编制预算调整方案的是(   )。
A. 甲市人民代表大会
B. 甲市人民代表大会常务委员会
C. 甲市政府税务部门
D. 甲市政府财政部门

(4) 下列各项中，负责审查和批准甲市政府预算调整方案的是(   )。
A. 甲市人民代表大会
B. 甲市人民代表大会常务委员会
C. 甲市政府审计部门
D. 甲市政府财政部门

(5) 下列各项中，属于预算组织程序的是(   )。
A. 预算的编制
B. 预算的审批
C. 预算的执行
D. 预算的调整

3. 甲事业单位(以下简称甲单位)拟对其办公设备(未纳入集中采购目录)进行政府采购。其中，A设备是不具备竞争条件的物品，只能从乙供应商处取得采购货物；根据B设备的采购条件，甲单位选择采用邀请招标方式予以采购；根据C设备的采购条件，甲单位选择采用竞争性谈判方式予以采购；根据D设备的采购条件，甲单位选择采用单一来源方式予以采购。根据以上资料，回答如下问题。

(1) 以下采购方式中，可以作为甲单位政府采购方式的是(   )。
A. 公开招标   B. 邀请招标   C. 竞争性谈判   D. 询价

(2) 对于甲单位拟政府采购的A设备，应当采用的采购方式是(   )。
A. 公开招标   B. 邀请招标   C. 竞争性谈判   D. 单一来源采购

(3) 以下情形中，甲单位对B设备可以采用邀请招标方式采购的是(   )。
A. B设备具有特殊性，只能从有限范围的供应商处采购
B. B设备采用公开招标方式的费用占政府采购项目总价值的比例过大
C. 发生了不可预见的紧急情况，B设备不能从其他供应商处采购
D. B设备只能从唯一供应商处采购

(4) 以下情形中，甲单位对C设备可以采用竞争性谈判方式采购的是(   )。
A. C设备招标后没有供应商投标或者没有合格标的或者重新招标未能成立
B. C设备技术复杂或者性质特殊，不能确定详细规格或者具体要求
C. C设备采用招标所需时间不能满足甲单位紧急需要
D. 不能事先计算出C设备价格总额

(5) 以下情形中，甲单位对D设备可以采用单一来源方式采购的是(   )。
A. D设备只能从唯一供应商处采购
B. D设备具有特殊性，只能从有限范围的供应商处采购
C. 发生了不可预见的紧急情况

D. D设备不能从其他供应商处采购，D设备必须保证原有采购项目一致性或者服务配套的要求，需要继续从原供应商处添购，且添购资金总额不超过原合同采购金额的10%

4. 丙单位是实行国库集中支付的事业单位，经财政部门批准，丙单位的工程款和办公设备实行财政直接支付。①2017年3月，丙单位将其代收的纳入预算管理的行政事业性收费存入本单位在商业银行开设的基本户；②2017年5月，丙单位将部分行政事业性收费缴入国库，剩余部分直接用于购买办公设备；③2017年6月，丙单位通过零余额账户借款20万元给下级单位；④2017年8月，购买设备价款为80万元，根据预算安排，价款中应采用财政授权支付的金额为50万元，剩余金额30万元单位自筹支付，丙单位通过零余额账户向基本户转账50万元，再由基本户向供应商转账80万元；⑤2017年7月至8月，丙单位对办公楼进行内部装修，按照规定应采用财政直接支付方式支付工程款，丙单位通过零余额账户支付施工方工程款项150万元；⑥2017年11月，丙单位通过零余额账户支付日常办公用品零星支出2万元。根据以上情况，回答以下问题。

(1) 根据国库集中收付制度的有关规定，下列关于行政事业性收费管理的表述中，正确的是( )。
   A. 预算单位代收的纳入预算管理行政事业性收费，按规定的时限全额缴库
   B. 预算单位代收的纳入预算管理行政事业性收费，可以根据单位的需要部分缴库
   C. 预算单位代收的纳入预算管理行政事业性收费，可以无限期存放在单位的基本户
   D. 预算单位代收的纳入预算管理行政事业性收费，可以存放在单位基本户，直接用于支付单位的日常开支

(2) 下列关于预算单位使用零余额账户的情形中，不正确的是( )。
   A. 通过零余额账户向下级单位账户划拨资金，用于支付下级单位的日常办公支出
   B. 通过零余额账户借款给下级单位
   C. 通过零余额账户借款给上级单位
   D. 通过零余额账户向上级单位账户划拨资金，用于支付上级单位的日常办公支出

(3) 下列关于丙单位实行财政直接支付方式的表述中，正确的是( )。
   A. 财政直接支付中，财政部门应根据支付指令通过国库单一账户体系将资金直接支付到丙单位的账户
   B. 丙单位进行财政直接支付时，应首先按照批复的部门预算和资金使用计划向财政国库支付执行机构提出支付申请
   C. 财政直接支付中，代理银行应根据财政部门支付指令通过国库单一账户体系将资金直接支付到丙单位的账户
   D. 财政直接支付中，应由中国人民银行向代理银行签发支付指令

(4) 下列国库单一账户体系中的银行账户中，属于财政直接支付和与国库单一账户清算应使用的账户是( )。
   A. 财政部门在中国人民银行开设的国库单一账户
   B. 财政部门按资金使用性质在商业银行开设的零余额账户
   C. 财政部门在商业银行为预算单位开设的零余额账户
   D. 财政部门在商业银行开设的预算外资金财政专户

(5) 下列关于丙单位使用零余额账户的情形中，正确的是(　　)。
　　A. 通过零余额账户借款给下级单位
　　B. 通过零余额账户支付办公楼装修工程款
　　C. 通过零余额账户向本单位基本户划拨资金 50 万元，再通过基本户支付设备采购款 80 万元
　　D. 通过零余额账户支付日常办公用品零星支出

项目五 识别违反会计职业道德的行为

【技能目标】

- 识别法律与道德的关系。
- 复述会计职业道德规范的基本要求。
- 识别违反会计职业道德的行为。

【知识目标】

- 掌握会计职业道德规范的主要内容。
- 熟悉会计职业道德的含义以及加强会计职业道德教育的途径。

【职业素质目标】

- 诚实守信，操守为重。
- 坚持准则，不做假账。

学前测试

1. 会计法律制度所规定的行为规范是会计职业道德的（　　）要求。
   A. 最高　　　B. 最低　　　C. 一般　　　D. 基本
2. 作为会计职业道德教育的核心内容，并贯穿于会计职业道德教育始终的是（　　）。
   A. 会计职业道德观念教育　　　B. 会计职业道德规范教育
   C. 会计职业道德警示教育　　　D. 其他相关教育
3. 张某为某单位的会计人员，工作努力，积极提合理化建议，这体现了张某具有（　　）的职业道德。
   A. 爱岗敬业　　B. 客观公正　　C. 提高技能　　D. 参与管理
4. 会计职业道德与会计法律的主要区别有（　　）。
   A. 性质不同　　　　　　　　　B. 作用范围不同
   C. 表现形式不同　　　　　　　D. 实施保障机制不同
5. 坚持准则指的就是要坚持会计准则。这一说法正确吗？
6. 会计人员违反会计职业道德的，由所在单位处罚。这一说法正确吗？

参考答案：

1. B　　2. B　　3. ACD　　4. ABCD　　5. 不正确　　6. 不正确

任务一　解释会计职业道德的功能与作用

案情回放

课前在预习会计职业道德过程中，小张、小陆、小冯三位同学交流各自对会计职业道德的看法。小张认为："会计职业道德就是会计法律制度"；小陆认为："二者不一样，违反会计职业道德不会受到制裁，而违反会计法则要受到法律制裁"；小冯认为："所有行业的职业道德都是强调诚实守信、爱岗敬业、无私奉献等，会计行业与其他行业的职业道德应该是一样的"；……三人各持己见，谁也说服不了谁。

工作任务

三人的观点是否正确？为什么？

理论认知

一、职业道德的概念、特征与作用

道德是由一定社会的经济基础所决定的，以善恶为评价标准，以法律为保障并依靠社会舆论和人们内心信念来维系的、调整人们之间以及个人与社会之间关系的行为规范的总和。

项目五　识别违反会计职业道德的行为

人类社会生活可分为三大领域，即公共生活、家庭生活和职业生活。与之相适应，道德也分为社会公德、家庭美德和职业道德。例如，社会公德倡导文明礼貌、助人为乐、爱护公物、保护环境、遵纪守法，家庭美德倡导尊老爱幼、男女平等、夫妻和睦、勤俭持家、邻里团结，职业道德倡导爱岗敬业、诚实守信、办事公道、服务群众、奉献社会。不同的职业有着不同的道德要求，形成了不同的职业道德规范。

(一)职业道德的概念

职业道德是指在一定职业活动中应遵循的、体现一定职业特征的、调整一定职业关系的职业行为准则和规范。

(二)职业道德的特征

职业道德是道德在职业实践中的具体体现，除了具有道德的一般特征之外，还具有以下特征。

1. 职业性(行业性)

职业道德的内容反映着特定职业活动对从业人员行为的道德要求，不具有全社会普遍的适用性。一定的职业道德规范只适用于一定的职业活动领域。例如，医生的职业道德是救死扶伤、治病救人、实行人道主义，教师的职业道德是为人师表、教书育人，等等。

2. 实践性

职业道德规范是根据职业实践经验概括出来的，具有较强的针对性、实践性，容易形成条文。它一般用行业公约、工作守则、操作规程等具体的规章制度形式，来教育、约束本行业的从业人员。

3. 继承性

职业道德与职业活动紧密结合，虽然社会经济在不断发展，但职业的相对稳定性对其行为的道德要求也相对稳定，在不同的发展阶段被不断地继承和发扬。例如，教师诲人不倦、医生救死扶伤等。

4. 多样性

职业道德与具体的职业活动密不可分，有多少种职业，就有多少种对应的职业道德规范。

【思考 5-1】会计人员应当遵守的道德规范有(　　)。
  A. 会计职业道德　　　　　　B. 社会公德
  C. 其他行业职业道德　　　　D. 家庭美德

【解析】正确答案是 ABD。会计人员作为社会的一分子，离不开公共生活、家庭生活和职业生活，必然要遵循相应的道德要求，即社会公德、家庭美德以及会计职业道德。职业道德具有"职业性"，因此选项 C 不对。

(三)职业道德的作用

1. 促进职业活动的有序进行

职业道德的基本职能是调节职能。一方面可以调节从业人员内部的关系,即运用职业道德规范约束职业内部人员的行为,促进职业内部人员的团结与合作;另一方面,职业道德又可以调节从业人员和服务对象之间的关系,促进职业活动的有序进行。

2. 对社会道德风尚会产生积极的影响

职业道德是社会道德的重要组成部分。一方面涉及每个从业者对待职业、对待工作的态度,它是从业人员生活态度、价值观念在实践工作中的体现;另一方面,职业道德也是一个职业集体,甚至一个行业全体人员的行为表现。每个行业都具备优良的职业道德,有利于整个社会塑造高尚的道德良心和道德情感。

二、会计职业道德的概念与特征

(一)会计职业道德的概念

会计职业道德是指在会计职业活动中应当遵循的、体现会计职业特征的、调整会计职业关系的职业行为准则和规范。

会计职业道德是调整会计职业活动中各种利益关系的手段,会计职业道德具有相对的稳定性和广泛的社会性。

【思考 5-2】会计职业道德的调整对象有(　　)。
A. 调整会计职业关系
B. 调整会计职业中的经济利益关系
C. 调整会计职业内部从业人员之间的关系
D. 调整与会计活动有关的所有关系

【解析】正确答案是 ABC。会计职业道德是调整会计职业活动中各种利益关系的手段,包括单位与单位、单位与国家、单位与职工、单位内部各部门等的经济关系,这些经济关系的实质是经济利益关系。

(二)会计职业道德的特征

会计作为社会经济活动中的一种特殊职业,除具有职业道德的一般特征外,还具有一定的强制性和较多关注社会公众利益的特征。

1. 具有一定的强制性

法律具有强制性,而道德一般不具有强制性。但是,由于会计职业涉及众多相关者的利益,要求其提供的信息必须真实、完整,因此,会计职业道德和其他道德不一样,许多内容都直接纳入会计法律制度,如不得做假账等。

2. 较多关注社会公众利益

会计职业的一个显著特征是会计职业活动与社会公众利益密切联系。当经济主体利益与国家利益和社会公众利益出现矛盾时，要求会计人员把社会公众利益放在第一位。

【思考 5-3】下列关于会计职业道德的表述中，正确的有(　　)。
　　A. 会计职业道德具有相对的稳定性和广泛的社会性
　　B. 会计职业道德具有一定的强制性和较多关注社会公众利益的特征
　　C. 会计职业道德是指在会计职业活动中应当遵循的、体现会计职业特征的、调整会计职业关系的职业行为准则和规范
　　D. 会计职业道德是调整会计职业活动中各种利益关系的手段

【解析】正确答案是 ABCD。以上选项概括了会计职业道德的含义与特征。

三、会计职业道德的功能与作用

(一)会计职业道德的功能

1. 指导功能

会计职业道德是会计人员共同遵守的行为准则和规范，属于社会意识形态范畴。它对会计人员的行为动机提出的相应要求，能正确引导、规劝和约束其树立良好的职业观念，遵循职业道德要求，从而达到规范会计行为的目的。

2. 评价功能

道德是公正的"法官"，根据会计职业道德标准可以对会计人员的行为进行客观评判和认定。会计人员若遵守会计职业道德规范，就会为自己赢得声誉；反之，就会承受来自社会负面的评价和批评，形成巨大的社会压力，进而约束其行为。

3. 教化功能

会计职业道德对会计人员具有教育和感化的功能。会计职业道德不仅明确了会计人员会计行为方面的要求，还明确了会计人员自身素质方面的要求，如提高技能、参与管理、强化服务等。现实生活中，会计人员违背道德规范，常常会受到良心的拷问，内心深处会产生一种羞愧、自责和内疚感，这就是教化功能的表现。

【思考 5-4】会计职业道德的基本功能包括(　　)。
　　A. 指导功能　　　　　　B. 评价功能
　　C. 教化功能　　　　　　D. 惩戒功能

【解析】正确答案是 ABC。会计职业道德的基本功能有三个：指导、评价、教化。

(二)会计职业道德的作用

1. 是规范会计行为的基础

会计职业道德引导、规劝、约束会计人员树立正确的职业观念，遵循职业道德，规范会计行为。

2. 是实现会计目标的重要保证

会计人员只有严格遵守会计职业道德规范，才能及时提供相关的、可靠的会计信息，

真实反映企业管理层受托责任的履行情况,有助于财务会计报告使用者作出正确的经济决策。

3. 是对会计法律制度的重要补充

会计法律制度是会计职业的最低要求,只能对会计人员不得违法的行为作出规定,不宜对会计人员爱岗敬业、提高技能、强化服务等非强制性素质要求提出更高标准。而会计职业道德规范则从道德良心和道德情感角度对会计从业人员提出了更高的要求,以弥补法律制度的不足。

4. 是提高会计人员职业素养的内在要求

社会的进步和发展,对会计职业者的素质要求越来越高,会计职业道德是会计人员素质的重要体现。

四、会计职业道德与会计法律制度的关系

(一)会计职业道德与会计法律制度的联系

会计职业道德和会计法律制度有着共同的目标、相同的调整对象,承担着同样的职责,二者联系密切。

1. 在作用上相互补充、相互协调

会计法律制度是会计职业道德的最低要求,规范了会计从业人员最基本的行为。但是,有些非强制性的要求无法或不宜由会计法律制度进行规范,如提高技能、服务社会等,这就需要通过会计职业道德要求来规范。

2. 在内容上相互借鉴、相互吸收

最初的会计职业道德规范就是对会计职业行为约定俗成的基本要求,后来制定的会计法律制度借鉴并吸收了这些基本要求,便形成了会计法律制度。会计法律制度包含计职业道德规范的内容,如不得做假账。同时,会计职业道德规范中也包含会计法制度的某些条款,如诚实守信等。

(二)会计职业道德与会计法律制度的区别

1. 两者的性质不同

会计法律制度通过国家机器强制执行,具有很强的他律性。会计职业道德依靠会计从业人员的自觉性,自愿地执行,并依靠社会舆论和良心来实现,具有很强的"自律性"。

2. 两者的作用范围不同

会计法律制度侧重于调整会计人员的外在行为和结果的合法化,具有较强的客观性。会计职业道德不仅要求调整会计人员的外在行为,还要求调整会计人员内在的精神世界,具有较强的主观性。

3. 两者的表现形式不同

会计法律制度的表现形式是具体的、明确的、正式形成文字的成文条例。而会计职业

道德的表现形式既有明确的成文规定,也有不成文的只存在于会计人员内心的意识和信念。

4. 两者的实施保障机制不同

会计法律制度是国家强制力保障实施的。而会计职业道德既有国家法律的要求,又需要会计人员的自觉遵守和舆论谴责来实现。

5. 两者的评价标准不同

会计法律是以会计人员享有的权利和义务为标准来判定其行为是否违法,而会计职业道德则是以善恶为标准来判定其行为是否违背道德规范。

【思考5-5】下列关于会计职业道德和会计法律制度二者关系的观点中,正确的有( )。
  A. 两者在实施过程中相互作用、相互补充
  B. 会计法律制度是会计职业道德的最低要求
  C. 违反会计法律制度一定违反会计职业道德
  D. 违反会计职业道德也一定违反会计法律制度

【解析】正确答案是ABC。会计法律制度是会计职业道德的"最低"要求。因此,违反会计法律制度一定违反会计职业道德。但是,违背会计职业道德,不一定违反会计法律制度。

五、会计职业道德教育

一个人的道德品质并非是与生俱来的,而是通过后天的教育和修养形成的。会计职业道德教育是一种教育性道德影响活动,它通过一定的教育方式和方法,把会计职业道德观念灌输到会计人员的头脑中,逐渐培养其职业道德情感。

(一)会计职业道德教育的形式

会计职业道德教育的形式有接受教育和自我修养两种形式。

1. 接受教育

接受教育也称外在教育,即通过接受学校或培训单位等对会计人员进行以职业责任、职业义务为核心内容的正面教导,来规范其职业行为,维护国家和社会公众利益的教育。

接受教育的途径包括两个方面,一方面是岗位职业道德教育,如会计专业学历教育中的职业道德教育、考取会计专业技术资格中的职业道德教育等。另一方面是岗位职业道德继续教育,即会计从业人员在工作的同时,每年参加会计继续教育,会计职业道德教育贯穿继续教育的始终。

2. 自我修养

自我修养即内在教育,是指会计人员在会计职业活动中,按照会计职业道德的基本要求,在自身道德品质方面进行的自我教育、自我改造、自我锻炼、自我提高,从而达到一定的职业道德境界。

自我修养的过程实际上是将会计职业道德原则和规范转化为会计人员的内在品质,将会计职业实践中对职业道德的意识情感和信念上升为职业道德习惯,进而上升为职业本能,

实现由他律走向自律的过程。

会计职业道德修养的基本环节包括：会计职业道德认知、会计职业道德情感、会计职业道德信念和养成良好的会计职业道德行为等。

(二)会计职业道德教育的内容

1. 会计职业道德观念教育

会计职业道德观念教育是会计职业道德教育的基础，通过普及会计职业道德基础知识，广泛宣传会计职业道德基本常识，增强会计人员的职业义务感和职业荣誉感，使广大会计人员懂得什么是会计职业道德，它对社会经济秩序、会计信息质量有何重要影响；懂得一旦违反会计职业道德，除了受到良心和道义上的谴责外，还会受到行业的惩戒和处罚。

2. 会计职业道德规范教育

会计职业道德规范教育是会计职业道德教育的核心，主要是对会计人员开展以会计职业道德规范为内容的教育。会计职业道德规范的主要内容是爱岗敬业、诚实守信、廉洁自律、客观公正、坚持准则、提高技能、参与管理和强化服务等。

3. 会计职业道德警示教育

会计职业道德警示教育是指通过开展对违法会计行为典型案例的讨论，给会计人员以启发和警示。通过开展案例分析与讨论，提高会计人员的法律意识、会计职业道德观念以及会计人员辨别是非的能力。

4. 其他与会计职业道德相关的教育

其他与会计职业道德相关的教育主要有形势教育、法制教育、政策教育、品德教育等，使会计人员了解国家的政治经济发展形势，把握会计工作和理论发展趋势，以增强职业责任感和社会责任感。

【思考 5-6】下列说法中，不属于会计职业道德教育内容的有(　　)。
  A. 会计职业道德规范教育　　　B. 会计职业道德警示教育
  C. 会计专业学历教育　　　　　D. 会计职业道德观念教育

【解析】正确答案是 ABD。选项 C 属于会计职业道德教育的途径之一，不是道德教育的内容。

(三)会计职业道德教育的途径

1. 接受教育的途径

1) 岗前职业道德教育

岗前职业道德教育是指对将要从事会计职业的人员进行的道德教育。它包括会计专业学历教育中的职业道德教育和考取会计专业技术资格中的职业道德教育。教育的侧重点应放在职业观念、职业情感及职业规范等方面。

(1) 会计专业学历教育中的职业道德教育。这是会计人员岗前道德教育的"主要场所"，在会计职业道德教育中具有基础性地位。

(2) 考取会计专业技术资格中的职业道德教育。会计职业道德内容已列入助理会计师专业技术资格考试必考内容。凡报考助理会计专业技术资格考试的人员，必然要接受会计职业道德教育。

2) 岗位职业道德继续教育

岗位职业道德继续教育是对已进入会计职业的会计人员进行的继续教育。会计人员继续教育是强化会计职业道德教育的有效形式，并贯穿整个会计人员继续教育的始终。

2. 自我修养的途径

1) 慎独慎欲

会计职业道德的最高境界是做到慎独。慎独即一个人在单独处事、无人监督的情况下，也自觉地按照道德准则去办事。慎欲即用正当的手段获得物质利益。会计人员做到慎欲，即要把国家、社会公众和集体利益放在首位，在追求自身利益的时候，不损害国家和他人利益。

2) 慎省慎微

慎省即认真自省，通过自我反思、自我解剖、自我总结，检查自己的言行是否有不对的地方，敢于做到是非观、价值观、知行观的自我斗争，不断地自我升华、自我超越。慎微即在微处、小处自律，从微处、小处着眼，积小善成大德。

3) 自警自励

自警即随时警醒、告诫自己，警钟长鸣，防止各种不良思想对自己的侵袭。自励即要以崇高的会计职业道德理想、信念激励自己，教育自己。

【思考5-7】下列属于会计职业道德修养方法的有(　　)。

　　A. 慎独慎欲　　　　　　　　B. 自警自励
　　C. 互相监督指导　　　　　　D. 慎省慎微

【解析】正确答案是 ABD。会计职业道德修养是"自我修炼"的过程，存在"他律"的约束，因此选项 C 错误。

六、会计职业道德建设的组织与实施

会计职业道德建设是一项复杂的系统工程，要抓好会计职业道德建设，关键在于加强和改善会计职业道德建设的组织和领导，并使其得到切实贯彻与实施。

(一)财政部门的组织推动

各级财政部门应当负起组织和推动本地区会计职业道德建设的责任，把会计职业道德建设与会计法制建设紧密结合起来。会计职业道德建设是会计管理工作的重要组成部分。

(二)会计行业的自律

会计职业组织起着联系会员与政府的桥梁作用，应充分发挥会计职业组织的作用，改革和完善会计职业组织的自律机制，有效发挥自律机制在会计职业道德建设中的促进作用。

(三)企事业单位的内部监督

单位要切实抓好会计职业道德建设,重视内部控制制度建设,形成内部约束机制,防范舞弊和经营风险,支持并督促会计人员遵循会计职业道德,依法开展会计工作。

(四)社会各界的监督与配合

加强会计职业道德建设,既是提高广大会计人员素质的一项基础性工作,又是一项复杂的社会系统工程;不仅是某一个单位、某一个部门的任务,也是各地区、各部门、各单位的共同责任。

广泛开展会计职业道德的宣传教育,加强舆论监督,在全社会会计人员中倡导诚信为荣、失信为耻的职业道德意识,引导会计人员加强职业修养。

【思考5-8】下列各项中,应当对会计职业道德建设的组织和实施健全制度和机制,齐抓共管,保证会计职业道德建设的各项任务和要求落到实处的有( )。

A. 各级财政部门　　　　　B. 会计职业团体
C. 社会各界　　　　　　　D. 企业事业单位

【解析】正确答案是 ABCD。会计职业道德建设是社会系统工程,需要各级财政部门的组织推动、会计职业组织的自律、企事业单位的内部监督、社会各界的监督与配合。

七、会计职业道德的检查与奖惩

(一)财政部门的监督检查

1. 会计职业道德建设与会计专业技术资格考评、聘用相结合

《会计基础工作规范》中规定:"财政部门、业务主管部门和各单位应当定期检查会计人员遵守职业道德情况,并作为会计人员晋升、晋级、聘任专业职务、表彰奖励的重要考核依据。"报考各级会计专业技术资格的会计人员,均要求坚持原则,具备良好的职业道德品质,会计专业技术资格考试管理机构在组织报名时,应对参加报名的会计人员职业道德情况进行检查。对有不遵循会计职业道德记录的,应取消其报名资格。各单位在聘用会计人员专业技术职务时,除必须具备同级专业技术资格外,也应考察其遵守会计职业道德的情况。

【思考5-9】会计人员遵守会计职业道德情况是会计人员晋升、晋级、聘任专业职务、表彰奖励的主要考核依据。这一说法正确吗?

【解析】不正确。"重要"考核依据而非"主要"考核依据。

2. 会计职业道德建设与会计法执法检查相结合

财政部门作为《会计法》的执法主体,可以依法对单位执行会计法律、法规情况及会计信息质量情况进行检查。通过检查可以发现各单位是否存在违反会计法律、法规的行为。同时,也可以检查出各单位的会计人员执行会计职业道德的情况。

会计人员存在违法行为,不但要承担相应的行政处罚或刑事处罚,同时,还要接受相应的职业道德惩戒。例如,在会计行业范围内通报批评;责令其参加一定学时的继续教育

课程；暂停从事会计工作；在行业内部的刊物上予以曝光等相应的道德制裁。

3. 会计职业道德建设与会计人员表彰奖励制度相结合

《会计法》规定："对认真执行本法，忠于职守，坚持原则，做出显著成绩的会计人员，给予精神的或者物质的奖励。"各级财政部门在表彰奖励会计人员时，不仅要考察工作业绩，还应当考察会计职业道德遵守情况。

【思考 5-10】 对认真执行本法，忠于职守，坚持原则，做出显著成绩的会计人员，给予精神的或者物质的奖励。这一说法正确吗？

【解析】 正确。对做出显著成绩的会计人员，给予"精神的"或"物质的"奖励。

(二)会计行业组织的自律管理与约束

会计行业自律是会计职业组织对整个会计职业的会计行为进行自我约束、自我控制的过程。会计行业组织应当以诚实建设为主线，建立健全会计行业自律管理制度，督促会计人员依法开展会计工作，树立良好的行业风气，促进行业的发展。

建立健全会计人员行业自律管理制度，是政府对会计人员进行宏观管理的必要补充。

(三)激励机制的建立

对会计人员遵守职业道德情况进行考核和奖惩，建立和完善激励机制，对违反会计职业道德的行为进行惩戒，对自觉遵守会计职业道德的优秀会计工作人员进行表彰。

【思考 5-11】 对违背会计职业道德的行为，由所在单位处罚。这一说法正确吗？

【解析】不正确。对会计工作有管理权的部门均可以惩戒。对违背会计职业道德的行为，财政部门、会计职业组织和单位都有惩戒权。

任务解析

三人的观点都不正确。

会计职业道德和会计法律制度虽然有着共同的目标、相同的调整对象、承担着同样的职责，但是二者在性质上、作用范围上、表现形式上、实施保障机制上以及评价标准上存在着明显不同。会计法律制度是会计职业道德的最低要求，只能对会计人员不得违法的行为作出规定，不宜对会计人员爱岗敬业、提高技能、强化服务等"非强制性"素质要求提出更高标准。而会计职业道德规范则从道德良心和道德情感角度对会计从业人员提出了更高的要求，以弥补法律制度的不足。

会计职业道德具有强制性，会计人员违反职业道德，财政部门、会计职业组织和单位都有惩戒权。例如，在会计行业范围内通报批评，责令其参加一定学时的继续教育课程，暂停从事会计工作，在行业内部的刊物上予以曝光等相应的道德制裁。

会计职业道德不同于其他行业的职业道德。由于会计职业涉及众多相关者的利益，要求其提供的信息必须真实、完整，因此，会计职业道德具有一定的强制性和较多关注社会公众利益的特征。

任务二 解释会计职业道德规范的主要内容

案情回放

阿强是刚毕业的会计专业大学生，应聘到某企业做出纳员。一天，厂长要求他将收到的下脚料销售款 8 000 元另行存放，不记账簿。阿强疑惑，于是请教会计主管王某。王某说："《会计法》规定，单位负责人对本单位会计信息的真实性、完整性负责，作为会计人员应该服从领导，只要领导签字，他让做啥就做啥吧！"

工作任务

1. 你若是阿强会怎么做？
2. 如果阿强听了领导的话，则会违背哪些会计职业道德规范要求？

理论认知

会计职业道德是职业道德在会计职业中的具体体现，是会计从业人员在职业活动中应遵循的行为准则。我国会计职业道德规范的主要内容包括爱岗敬业、诚实守信、廉洁自律、客观公正、坚持准则、提高技能、参与管理和强化服务八个方面。

一、爱岗敬业

(一)爱岗敬业的含义

爱岗敬业是指忠于职守的事业精神，这是会计职业道德的基础。

爱岗就是会计人员热爱本职工作，安心本职工作，并为做好本职工作尽心尽力、尽心尽责。

敬业是指人们对其所从事的会计职业或行业的正确认识和恭敬态度，并用这种严肃恭敬的态度，认真地对待本职工作，以强烈的事业心、责任感，从事会计工作。

爱岗和敬业互为前提，相互支持，相辅相成。爱岗是敬业的基石，敬业是爱岗的升华。

(二)爱岗敬业的基本要求

1. 正确认识会计职业，树立职业荣誉感

会计人员应当充分认识本职工作在社会经济活动中的地位和作用，认识本职工作的社会意义和道德价值，树立职业荣誉感和自豪感，这是做到爱岗敬业的前提和基本要求。

2. 热爱会计工作，敬重会计职业

会计人员要树立"干一行爱一行"的思想，只有热爱会计职业，才会有职业乐趣，也才会刻苦钻研会计业务技能，全身心地投入到会计事业之中。有了对本职工作的热爱，就会激发出一种敬业精神，自觉自愿地执行职业道德的各种规范。

3. 安心工作，任劳任怨

会计人员要安心工作，不计较个人得失，无怨无悔。

4. 严肃认真，一丝不苟

会计人员要养成严肃认真、一丝不苟的工作作风和工作态度，要严肃认真地对待每一项工作，不出任何差错，尽自己最大努力做好本职工作。

5. 忠于职守，尽职尽责

忠于职守就是忠实履行自身的岗位职责。它要求会计人员在任何复杂的情况下，抵制各种诱惑，履行会计岗位职责。尽职尽责表现为会计人员对自己承担的责任和义务所表现出来的一种责任感和义务感。具体表现为社会或他人对会计人员规定的责任，以及会计人员对社会或他人所负的道义的责任。

【思考 5-12】下列各项中，属于爱岗敬业基本要求的有(　　)。
A. 热爱会计工作，敬重会计职业　　B. 安心本职工作，任劳任怨
C. 忠于职守，尽职尽责　　D. 严肃认真，一丝不苟
【解析】正确答案是 ABCD。

二、诚实守信

(一)诚实守信的含义

诚实是指言行思想一致，不弄虚作假、不欺上瞒下，做老实人，说老实话，办老实事。守信就是遵守自己所作出的承诺，讲信用，重信用，信守诺言，保守秘密。

诚实守信是做人的基本准则，也是会计职业道德的精髓。

(二)诚实守信的基本要求

1. 做老实人，说老实话，办老实事，不搞虚假

会计人员应当言行一致、实事求是、正确核算，不为个人或企业利益，伪造账目、弄虚作假，损害国家和社会公众利益。

2. 保密守信，不为利益所诱惑

会计人员因职业特点经常接触到单位和客户的一些秘密。会计人员依法保守秘密，这也是诚实守信的具体体现。

3. 执业谨慎，信誉至上

要求会计人员在工作中应保持谨慎态度，对客户和社会公众尽职尽责。

【思考 5-13】下列各项中，属于诚实守信基本要求的有(　　)。
A. 做老实人，说老实话，办老实事　　B. 忠于职守，尽职尽责
C. 保守商业秘密，不为利益所诱　　D. 执业谨慎，信誉至上
【解析】正确答案是 ACD。选项 B 是"爱岗敬业"的基本要求之一。

三、廉洁自律

(一)廉洁自律的含义

廉洁就是不贪污钱财，不收受贿赂，保持清白。自律是指自律主体按照一定的标准，自己约束自己、自己控制自己的言行和思想的过程。

廉洁自律是会计职业道德的前提，也是会计职业道德的内在要求(灵魂)。

(二)廉洁自律的基本要求

1. 树立正确的人生观和价值观

树立正确的人生观和价值观，自觉抵制享乐主义、个人主义、拜金主义等错误的思想，这是在会计工作中做到廉洁自律的思想基础。

2. 公私分明，不贪不占

公私分明是指严格划分公私界限，公是公，私是私。不贪不占是指会计人员不贪、不占、不收礼、不同流合污。公私分明，就能够廉洁奉公，一尘不染，做到"常在河边走，就是不湿鞋"。

3. 遵纪守法，一身正气

遵纪守法是每个公民应尽的义务。会计人员不仅要遵纪守法，不违法乱纪、以权谋私，做到廉洁自律；而且要敢于、善于运用法律所赋予的权利，尽职尽责，勇于承担职业责任，履行职业义务，保证廉洁自律。

【思考5-14】下列各项中，符合廉洁自律要求的有( )。
  A. 树立正确的人生观和价值观   B. 遵纪守法、尽职尽责
  C. 执业谨慎，信誉至上   D. 公私分明，不贪不占

【分析】正确答案是ABD。选项C"执业谨慎，信誉至上"是"诚实守信"的要求。

【思考5-15】小赵是甲公司的会计，其朋友开了一家工厂(简称乙厂)。一天，其朋友请求她把甲公司的投标书借过一用，小赵十分为难，但不好拒绝，于是悄悄地将投标书复印一份交给了其朋友。小赵的行为违背了( )的会计职业道德规范。
  A. 坚持准则   B. 诚实守信   C. 廉洁自律   D. 客观公正

【分析】正确答案是BC。泄密原因可能有两种，一是"公私不分"，公家的事与私人的事混为一谈；二是收取了钱财。无论哪种原因，均触犯了"廉洁自律"的要求。一般"泄密"同时就违背了"诚实守信"和"廉洁自律"两个会计职业道德规范。

四、客观公正

(一)客观公正的含义

客观是指按事物的本来面目去反映，不掺杂个人的主观意愿，也不为他人意见所左右。公正就是平等、公平、正直，没有偏失。

客观公正是会计职业道德所追求的理想目标。

对于会计职业活动而言，客观主要包括两层含义：一是真实性，即以实际发生的经济活动为依据，对会计事项进行确认、计量、记录和报告；二是可靠性，即会计核算要准确、记录要可靠、凭证要合法。

公正就是要求各企事业单位管理层和会计人员不仅应当具备诚实的品质，而且在履行会计职能时，摒弃单位、个人私利，公平公正、不偏不倚地对待相关利益各方。

(二)客观公正的基本要求

1. 依法办事

依法办事是会计工作保证客观公正的前提，要求会计人员在工作过程中，必须遵守各种法律、法规、准则和制度，依照法律规定进行核算，开展会计工作。

2. 实事求是

实事求是要求会计人员从实际对象出发，按照事物的实际情况办事，在需要进行职业判断时，应保持客观公正的态度，实事求是，不偏不倚。

3. 如实反映

如实反映要求会计人员客观反映事物的本来面貌，不夸大、不缩小、不隐瞒，如实反映和披露单位经济业务事项。

【思考 5-16】下列各项中，体现会计职业道德中客观公正要求的有(　　)。
　　A. 依法办事　　　　　　B. 如实反映
　　C. 实事求是　　　　　　D. 忠于职守

【解析】正确答案是 ABC。选项 D "忠于职守"是"爱岗敬业"的要求。

五、坚持准则

(一)坚持准则的含义

坚持准则是指会计人员在处理业务过程中，要严格按照会计法律制度办事，不为主观或他人意志所左右。

坚持准则是会计职业道德的核心。

这里的"准则"不仅是指会计准则，而且包括会计法律、法规、国家统一的会计准则制度以及与会计工作相关的法律制度，如票据法、税法等。

(二)坚持准则的基本要求

1. 熟悉准则

会计人员应了解和掌握《会计法》和国家统一的会计制度及与会计相关的法律制度、单位内部的会计制度和其他相关制度，这是遵循准则、坚持准则的前提。只有熟悉准则，才能按准则办事。

2. 遵循准则

遵循准则即执行准则。会计人员在会计核算和监督时要自觉地严格遵守各项准则、自律在先，同时，也要求他人遵守准则，坚决抵制违法行为。

3. 敢于同违法行为作斗争

会计人员应认真执行国家统一的会计制度，依法履行会计监督职责，发生道德冲突时，应坚持准则，对国家和社会公众负责，敢于同违反会计法律、法规和财务制度的现象作斗争，确保会计信息的真实性和完整性。

【思考5-17】某公司资金周转困难，须向银行贷款，公司总经理找来会计赵某说："现在公司资金紧张，急需向银行贷款，提供给银行的会计报表技术处理一下。"赵某于是编制了一份"漂亮"的会计报表，获得了银行的贷款。老赵的行为违反的职业道德有( )。

A. 坚持准则 B. 诚实守信
C. 廉洁自律 D. 客观公正

【解析】正确答案是ABD。违反坚持准则行为的典型表现是"领导说啥就做啥"。一般来说，"涉及虚假"会计资料的，同时违背"坚持准则""诚实守信""客观公正"三个道德规范的要求。

六、提高技能

(一)提高技能的含义

提高技能是指会计人员通过学习、培训和实践等途径，持续提高会计职业技能，以达到和维持足够的专业胜任能力的活动。作为一名会计工作者必须不断地提高其职业技能，这既是会计人员的义务，也是在职业活动中做到客观公正、坚持准则的基础，是参与管理的前提。

会计职业技能主要包括：会计理论操作水平、会计实务操作能力、职业判断能力、自动更新知识能力、提供会计信息的能力、沟通交流能力以及职业经验等。

(二)提高技能的基本要求

1. 具有不断提高会计专业技能的意识和愿望

会计人员要与时俱进，就要具有不断提高专业技能的愿望和要求，才能不断进取，主动求知。

2. 具有勤学苦练的精神和科学的学习方法

会计人员不仅要苦练业务基本功，还要具有预测、分析、决策等能力，由于会计理论不断创新发展，会计人员还要不断学习与探索。同时，会计实践性很强，会计业务的操作能力需要在工作中锻炼培养，会计人员应掌握科学的学习方法，注重理论学习的同时，更要重视在实践工作中的学习，在实践中提高会计职业技能。

【思考5-18】下列各项中，属于会计职业技能的有( )。

A. 提供会计信息能力 B. 会计实务操作能力
C. 职业判断能力 D. 沟通交流能力

【解析】正确答案是ABCD。会计职业技能不仅包括会计业务技能，还包括沟通交流、职业判断等职业素质。

七、参与管理

(一)参与管理的含义

参与管理是指间接参加管理活动,为管理者当参谋,为管理活动服务。

会计人员在做好会计本职工作的基础上,参与本单位的经营活动或业务活动,利用会计工作的优势,为本单位的经营活动或业务活动出谋划策,发挥参谋服务作用。

【思考 5-19】会计职业道德规范中要求会计人员要参与管理,即会计人员应当为管理者当参谋,替领导决策。这一说法正确吗?

【解析】不正确。"参与管理"要求会计人员"间接"参与管理活动,当好管理者的参谋。

(二)参与管理的基本要求

1. 努力钻研业务,熟悉财经法规和相关制度,提高业务技能,为参与管理打下坚实的基础

娴熟的业务、精湛的技能,是会计人员参与管理的前提。会计人员只有努力钻研业务,不断提高业务技能,深刻领会财经法规和相关制度,才能有效地参与管理,为改善经营管理、提高经济效益服务。

2. 熟悉服务对象的经营活动和业务流程,使管理活动更具针对性和有效性

会计人员只有全面熟悉本单位的经营活动和业务流程,才能提出有针对性的建议,才可能为领导所采纳,提高参与管理工作的有效性。

【思考 5-20】下列各项中,符合会计职业道德参与管理行为的有(　　)。
　　A. 对公司财务会计报告进行综合分析并提交风险预警报告
　　B. 参加公司重大投资项目的可行性研究和投资效益论证
　　C. 分析坏账形成原因,提出加强授信管理、加快货款回收的建议
　　D. 为领导完成业绩目标,提出虚增收入的建议

【解析】正确答案是 ABC。"参与管理"要求会计人员依法为领导"出谋划策",提出不违背财经法规、对企业有利的建议。选项 D 违反《会计法》规定。

八、强化服务

(一)强化服务的含义

强化服务就是要求会计人员具有文明的服务态度、强烈的服务意识和优良的服务质量。强化服务是职业道德的归宿点。强化服务的关键是提高服务质量。

(二)强化服务的基本要求

1. 强化服务意识

会计人员要树立强烈的服务意识,不论是为单位服务,还是为社会公众服务,都要摆

正自己的位置。要在内心深处树立服务意识，为管理者服务、为所有者服务、为社会公众服务、为人民服务。

2. 提高服务质量

质量上乘，并非无原则地满足服务主体的需要，而是在坚持原则、坚持会计准则的基础上尽量满足用户或服务主体的需要。

【思考 5-21】刘某是某代理记账公司提供专业服务的会计人员，为了遵循会计职业道德强化服务的要求，刘某为客户提供的下列服务中，正确的有(　　)。

A. 向委托单位提出改进内部控制的建议和意见
B. 利用专业知识向委托单位提出税收筹划的建议
C. 在委托单位举办财会知识培训班，宣讲会计法律制度，帮助树立依法理财观念
D. 为帮助委托单位负责人完成业绩考核任务，提出将银行借款利息挂账处理的建议

【解析】正确答案是 ABC。"强化服务"是会计道德规范的最高境界，不仅为管理者服务，还要为投资者、社会公众等所有服务对象服务。但是，所提供的服务必须"符合财经法规"的要求，选项 D 属于违法事项。

【思考 5-22】会计职业道德的八个规范，在地位上有什么不同？

【解析】"爱岗敬业"——"基础"；"诚实守信"——"精髓"；"廉洁自律"——"前提(灵魂)"；"客观公正"——"理想目标(内在要求)"；"坚持准则"——"核心"；"提高技能"——"客观公正、坚持准则的基础，参与管理的前提"；"参与管理"——"为管理者当好助手和参谋"；强化服务——"归宿"。

【案例分析 5-1】1 月 5 日，甲公司董事长要求本单位出纳员李某将收到的下脚料销售款 12000 元另行存放不入账。李某没有按照厂长的要求执行，而是按规定作为零星收入入账，致使厂长很不高兴。会计机构负责人王某批评李某说："作为会计人员应该服从领导安排，领导让做啥就做啥"。4 月份，董事长召开办公会，以李某不适合会计工作为由，将李某调出会计部门。根据上述情况，回答下列问题。

(1) 李某的行为坚持了会计职业道德的要求有(　　)。
　　A. 客观公正　　B. 诚实守信　　C. 坚持准则　　D. 廉洁自律
(2) 对王某的行为，下列说法正确的有(　　)。
　　A. 王某作为会计人员，应当承担相应责任
　　B. 会计人员在处理业务过程中，要严格按照会计法律制度办事，不为主观或他人意志所左右，王某的说法符合会计职业道德规范的要求
　　C. 市场经济是利益经济，在发生道德冲突时应该坚持单位利益至上
　　D. 王某不是直接责任人，不应当承担相应责任
(3) 对该董事长的行为，下列说法正确的有(　　)。
　　A. 对受打击报复的会计人员，应当恢复其名誉和原有职务、级别
　　B. 董事长的行为构成了对李某的打击报复
　　C. 董事长有人事权，可以自由决定李某的职务
　　D. 尚不构成犯罪，应进行民事赔偿
(4) 会计职业道德坚持准则的基本要求有(　　)。

A. 坚持准则　　　　　　　　　　B. 熟悉准则
　　C. 保持独立性　　　　　　　　　D. 敢于同违法行为作斗争
(5) 王某的上述行为违背了会计职业道德中的(　　)。
　　A. 坚持准则　　B. 客观公正　　C. 廉洁自律　　D. 诚实守信

【解析】(1)正确答案是ABC。李某如实反映经济业务实际情况，遵循了"坚持准则""客观公正""诚实守信"的道德规范要求。(2)正确答案是 A。王某说"领导让做啥就做啥"，不符合会计职业道德规范要求。发生道德冲突时，社会公众利益至上。(3)正确答案是AB。董事长虽然有人事权，但"打击报复"依法履行职责的会计人员属于违法行为。对受打击报复的人员应恢复其名誉和原有职务、级别，《会计法》的违法责任中没有民事赔偿。(4)正确答案是 ABD。保持独立性不是坚持准则的要求。(5)正确答案是 ABD。"领导说啥就做啥"是违反"坚持准则"的典型表现，必然涉及违规和虚假，因此，也同时违背"客观公正"和"诚实守信"的道德规范要求。

【案例分析5-2】 2018年5月，某市财政机关在对甲公司执行会计法律制度和会计人员遵守会计职业道德情况进行检查中发现如下问题：①甲公司主管会计吴某在编制2017年度财务会计报告时，按照公司董事长示意，将年度财务会计报告进行技术处理，虚构业绩，把公司会计报表从亏损做成盈利。②会计人员钱某不安心做本职工作，不求进取，应付了事。③出纳王某在一次经办会计业务中收受客户礼品，没有坚决按照国家法律、规章严格审查各项财务收支，放松了会计监督的职责。根据上述资料，回答以下问题。

(1) 从会计职业道德的内容分析，吴某弄虚作假的行为违反了(　　)的基本要求。
　　A. 爱岗敬业　　B. 诚实守信　　C. 廉洁自律　　D. 参与管理
(2) 从会计职业道德的内容分析，钱某不安心做本职工作，不求进取，应付了事的行为违反了(　　)的基本要求。
　　A. 爱岗敬业　　B. 诚实守信　　C. 廉洁自律　　D. 参与管理
(3) 从会计职业道德的内容分析，王某收受客户礼品的行为违反了(　　)的基本要求。
　　A. 爱岗敬业　　B. 诚实守信　　C. 廉洁自律　　D. 参与管理
(4) 如果吴某的行为已违反《会计法》中"不得提供虚假的财务会计报告"的规定，尚不构成犯罪的，由县级以上人民政府财政部门(　　)。
　　A. 予以通报
　　B. 对直接负责的主管人员和其他直接责任人员，可以处3 000元以上5万元以下的罚款
　　C. 对单位并处5 000元以上10万元以下的罚款
　　D. 对会计人员，情节严重的，5年内不得从事会计工作
(5) 如果吴某的行为已违反《会计法》，同时也违反会计职业道德，不仅应受到相应的行政处罚和刑事处罚，同时还必须接受相应的道德制裁。道德制裁包括(　　)。
　　A. 通报批评　　　　　　　　　　B. 指令参加一定学时的继续教育课程
　　C. 5年内不得从事会计工作　　　D. 在行业内部的公开刊物上曝光

【解析】(1)正确答案是 B。吴某虚构业务，弄虚作假，违背"诚实守信"基本要求。(2)正确答案是 A。钱某不安心工作，应付了事，违背了"爱岗敬业"的基本要求。(3)正确答案是 C。王某收受客户礼品违背了"廉洁自律"的基本要求。(4)正确答案是 ABCD。根

据《会计法》规定，尚不构成犯罪的，予以通报，给单位5 000元以上至10万元以下的罚款，给个人3 000元以上至5万元以下的罚款，对会计人员，情节严重的，5年内不得从事会计工作。(5)正确答案是ABD。"5年内不得从事会计工作"属于财政部门的行政处罚。

任务解析

若我是阿强，会坚持准则，按规定将销售款登记入账。如果阿强听了领导的话，他至少违背了"坚持准则""诚实守信""客观公正"三个会计职业道德规范的要求，还会受到《会计法》的制裁。

能力拓展

【课外实践】收集、整理一例近三年的违反会计职业道德的案例。

【实践要求】学生4~6人一组，通过实地调研或网络查询或文献查询等方式，收集一例近三年来的违反会计职业道德的典型案例，整理为300字以内，小组之间分享交流。

强化训练

一、单项选择题

1. 下列关于会计职业道德和会计法律制度两者区别的论述中，正确的是(　　)。
   A. 会计法律制度具有很强的他律性，会计职业道德具有很强的自律性
   B. 会计法律制度调整会计人员的外在行为，会计职业道德只调整会计人员的内心精神世界
   C. 会计法律制度有成文规定，会计职业道德无具体的表现形式
   D. 违反会计法律制度可能会受到法律制裁，违反会计职业道德只会受到道德谴责
2. 对会计职业道德进行自律管理与约束的机构是(　　)。
   A. 财政部门　　　　　　　　　B. 会计职业组织
   C. 工商行政管理部门　　　　　D. 其他组织
3. 会计职业道德的最高境界是(　　)。
   A. 从自律走向他律　　　　　　B. 从他律走向自律
   C. 他律与自律相辅相成　　　　D. 他律
4. 下列各项中，作为会计职业道德教育的核心内容，并贯穿于会计职业道德教育始终的是(　　)。
   A. 会计职业道德观念教育　　　B. 会计职业道德规范教育
   C. 会计职业道德警示教育　　　D. 其他与会计职业道德相关的教育
5. "常在河边走，就是不湿鞋"，这句话体现的会计职业道德规范的内容是(　　)。
   A. 参与管理　　B. 廉洁自律　　C. 提高技能　　D. 强化服务
6. 下列各项中，不属于会计职业道德教育内容的是(　　)。

A. 警示教育　　　　　　　　B. 专业理论教育
C. 观念教育　　　　　　　　D. 规范教育

7. 2017年11月，甲公司亏损已成定局，刚上任的总经理孙某责成总会计师王某对会计报表做技术处理。王某以自己"娴熟"的财务技术与会计人员一同对公司账务进行了处理，由亏损变为盈利。下列关于王某的行为说法正确的是(　　)。
　　A. 王某的行为违反了参与管理、强化服务的会计职业道德要求
　　B. 王某的行为违反了坚持准则的会计职业道德要求
　　C. 王某的行为违反了廉洁自律的会计职业道德要求
　　D. 王某的行为是正确的，是会计人员执业时予以提倡的

8. "坚持好制度胜于做好事，制度大于天，人情薄如烟"，这句话体现的会计职业道德的内容要求是(　　)。
　　A. 参与管理　　B. 提高技能　　C. 坚持准则　　D. 强化服务

9. (　　)是做人的基本准则，是人们在古往今来的交往中产生的最根本的道德规范，也是会计职业道德的精髓。
　　A. 爱岗敬业　　B. 诚实守信　　C. 坚持准则　　D. 奉献社会

10. 会计工作的特点决定，(　　)是会计职业道德的前提。
　　A. 提高技能　　B. 坚持准则　　C. 客观公正　　D. 廉洁自律

11. 某公司的会计人员于某大学毕业后被分配到单位财务部门从事出纳工作，随着时间的推移，于某慢慢地对出纳工作产生了厌烦情绪，上班无精打采，工作中差错不断，业务考核在部门里位列倒数第一。单位要求会计人员提出"加强成本核算，提高经济效益"的合理化建议，他认为那是领导们的事情，与己无关。于某在该公司的言行违背的会计职业道德规范中不包括(　　)。
　　A. 爱岗敬业　　B. 提高技能　　C. 参与管理　　D. 诚实守信

12. 中国现代会计学之父潘序伦先生倡导："信以立志，信以守身，信以处事，信以待人，毋忘'立信'，当必有成"这句话体现的会计职业道德的内容是(　　)。
　　A. 坚持准则　　B. 客观公正　　C. 诚实守信　　D. 廉洁自律

13. 会计人员在工作中"懒""惰""拖"的不良习惯和作风，是会计人员违背会计职业道德规范中(　　)的具体体现。
　　A. 爱岗敬业　　B. 诚实守信　　C. 办事公道　　D. 客观公正

14. 会计职业道德是指在会计职业活动中应当遵循的、体现(　　)特征的和调整会计职业关系的职业行为准则和规范。
　　A. 会计工作　　B. 会计职业　　C. 会计活动　　D. 会计人员

15. 下列各项关于会计职业道德与会计法律制度关系的论述中，错误的是(　　)。
　　A. 两者在实施过程中相互作用、相互补充
　　B. 违反会计法律制度，一定违反会计职业道德
　　C. 会计法律制度是会计职业道德的最低要求
　　D. 违反会计职业道德，一定违反会计法律制度

16. 现实生活中，道德准则和法律准则是(　　)。
　　A. 相互联系的　　B. 相互排斥的　　C. 相互制约的　　D. 相互对立的

17. 会计法律制度所规定的行为规范是会计职业道德的( )要求。
    A. 最高　　　　B. 最低　　　　C. 一般　　　　D. 基本
18. 会计职业道德教育的形式是( )。
    A. 接受教育和自我教育　　　　B. 正规学历教育和单位培训
    C. 岗位轮换和技能培训　　　　D. 岗位转换和自我学习
19. "做老实人、说老实话、办老实事"是会计职业道德的( )要求。
    A. 客观公正　　B. 廉洁自律　　C. 爱岗敬业　　D. 诚实守信
20. 会计职业道德评价的基本标准是( )。
    A. 生产力　　　B. 善与恶　　　C. 客观公正　　D. 权利与义务

二、多项选择题

1. 财政部门对会计职业道德监督检查的途径有( )。
    A. 会计法执法检查与会计职业道德检查相结合
    B. 会计职业道德建设与会计人员表彰奖励制度相结合
    C. 会计专业技术资格考评与会计职业道德检查相结合
    D. 会计专业技术资格聘用与会计职业道德检查相结合
2. 下列属于会计职业道德修养方法的有( )。
    A. 慎独慎欲　　B. 慎省慎微　　C. 提倡发表个人意见　　D. 自警自励
3. 岗前职业道德教育途径包括( )。
    A. 会计专业学历教育　　　　B. 形势教育
    C. 法制教育　　　　　　　　D. 获取会计专业技术资格的职业道德教育
4. 会计职业道德规范中的强化服务对会计人员的要求有( )。
    A. 强化服务意识　　　　　　B. 提高服务质量
    C. 保持应有的谨慎性　　　　D. 具有勤学苦练的精神
5. 会计职业道德的内容之一，就是要坚持准则。这里的"准则"包括( )。
    A. 会计法律　　B. 会计法规　　C. 会计制度　　D. 会计准则
6. 张某为某单位的会计人员，平时工作努力、钻研业务、积极提供合理化建议。这体现了张某具有( )的职业道德。
    A. 爱岗敬业　　B. 客观公正　　C. 提高技能　　D. 参与管理
7. 某单位领导要求出纳员石某将收到的下脚料销售款1万元另行存放不入账。石某坚持准则按规定入账。财务科科长王某知道后说："会计人员应当服从领导安排，领导让做啥就做啥"。财务科科长王某的说法违背了( )。
    A. 客观公正　　B. 坚持准则　　C. 爱岗敬业　　D. 强化服务
8. 会计职业道德与会计法律制度的区别反映为( )。
    A. 性质不同　　　　　　　　B. 作用范围不同
    C. 表现形式不同　　　　　　D. 实施保障机制不同
9. 某公司的会计人员李某的丈夫是一家私有电子企业总经理，在其丈夫的多次请求下，李某将在工作中接触到的公司新产品研发计划及相关会计资料复印件提供给其丈夫，给公司造成了一定的损失，但尚未构成犯罪。李某违背了( )的会计职业道德。

A. 客观公正　　　B. 诚实守信　　　C. 廉洁自律　　　D. 强化服务
10. 下列各项中,属于会计职业道德中客观公正基本要求的有(　　)。
A. 如实反映　　　B. 依法办事　　　C. 实事求是　　　D. 忠于职守
11. 下列各项中,体现会计职业道德爱岗敬业基本要求的有(　　)。
A. 工作一丝不苟　　　　　　　B. 热爱会计工作
C. 工作忠于职守　　　　　　　D. 工作公私分明
12. 下列各项中,属于社会公德内容的有(　　)。
A. 爱岗敬业　　　B. 文明礼貌　　　C. 助人为乐　　　D. 保护环境
13. 会计职业道德与会计法律制度存在很大区别,下列表述错误的有(　　)。
A. 会计职业道德不仅要求调整会计人员的外在行为,还要求调整会计人员内在的精神世界
B. 会计职业道德主要依靠会计人员的自觉性
C. 会计法律制度既有成文的规定,也有不成文的规范
D. 会计职业道德侧重于调整会计人员的外在行为和结果的合法化
14. 下列各项中,体现会计职业道德特征的有(　　)。
A. 会计人员自身必须廉洁　　　B. 具有一定的强制性
C. 具有一定的他律性　　　　　D. 较多关注公众利益
15. 下列各项中,符合会计职业道德规范中参与管理要求的有(　　)。
A. 对企业财务报告进行综合分析,并提交风险预警报告
B. 参加公司重大投资项目的可行性研究分析
C. 分析坏账形成的原因,提出加强授信管理、加快贷款回收的建议
D. 分析现金流量状况,查找存在的问题,提出改进措施
16. 下列属于会计职业道德规范教育核心内容的有(　　)。
A. 爱岗敬业,客观公正　　　　B. 诚实守信,提高技能
C. 廉洁自律,参与管理　　　　D. 坚持准则,强化服务
17. 财政部门在开展下列工作时,可将会计人员的职业道德情况纳入考核内容的有(　　)。
A. 会计专业技术资格的考评　　B. 会计法执法检查
C. 会计人员评优表彰　　　　　D. 会计专业技术资格的聘用
18. 单位会计人员泄露本单位的商业秘密,将可能导致的后果有(　　)。
A. 损害会计人员自身信誉　　　B. 会计人员将承担法律责任
C. 损害单位的经济利益　　　　D. 损害会计行业声誉
19. 下列各项中,符合会计职业道德规范中强化服务要求的有(　　)。
A. 出纳人员对前来报销差旅费的人员耐心解释凭证粘贴的要求
B. 会计人员耐心地向生产车间工人宣讲会计基础知识,推动了班组核算制度的顺利开展
C. 稽核人员认真检查凭证内容与格式,并就规范领导审批程序提出建议
D. 会计师和会计机构负责人认真组织财务分析和财务控制,提出推行全面预算管理、促进增收节支、提高经济效益的建议

20. 会计职业道德具有( )功能。
    A. 规范 B. 指导 C. 评价 D. 教化
21. 下列各项中,属于会计职业道德修养环节的有( )。
    A. 道德认知 B. 道德价值 C. 道德情感 D. 道德行为
22. 李某是某上市公司的财务经理,在收受某证券从业人员的"信息费"后,向其提前透露了本公司年度财务数据。李某违背了( )的会计职业道德要求。
    A. 诚实守信 B. 客观公正 C. 坚持准则 D. 廉洁自律
23. 下列各项中,要对会计职业道德建设的组织和实施健全制度和机制,各项任务和要求落到实处的有( )。
    A. 各级财政部门 B. 会计职业团体
    C. 机关 D. 企事业单位
24. 下列关于会计职业道德调整对象的表述中,正确的有( )。
    A. 调整会计职业关系
    B. 调整会计职业中的经济利益关系
    C. 调整会计职业内部从业人员之间的关系
    D. 调整与会计活动有关的所有关系
25. 下列属于廉洁自律基本要求的有( )。
    A. 树立正确的人生观、价值观 B. 严肃认真,一丝不苟
    C. 公私分明,不贪不占 D. 尽心尽力,尽职尽责

三、判断题

1. 会计人员违反会计职业道德,情节严重的,由工商部门责令其5年内不得从事会计工作。( )
2. 对认真执行《会计法》,忠于职守、坚持原则、做出显著成绩的会计人员,应给予精神的或者物质的奖励。( )
3. 会计法律制度是促进会计职业道德规范形成和遵守的制度保障。( )
4. 会计人员不钻研业务,不加强新知识的学习,造成工作上的差错,缺乏胜任工作的能力。这是一种既违反会计职业道德,又违反会计法律制度的行为。( )
5. 坚持准则指的就是坚持会计准则。( )
6. 诚实守信是会计人员在职业活动中做到客观公正、坚持准则的基础,是参与管理的前提。( )
7. 会计职业道德与会计法律制度具有相同的调整对象,但目标不同。( )
8. 培养高尚的会计职业道德情感是会计职业道德修养的环节之一。( )
9. 在会计工作中一定要提供上乘的服务质量,不管服务主体提出什么样的要求,会计人员都要尽量满足服务主体的需要。( )
10. 会计人员违反会计职业道德的,由所在单位进行处罚。( )

四、不定项选择题

1. 6月10日，某有限责任公司会计小王，核对支付款项时，发现一笔工程佣金超过公司规定标准，但考虑到董事长已作支付批示，便同意拨付该笔款项；6月25日，董事会要求财务部针对上半年公司的运行情况，提出公司下半年改进管理的建议，小王认为，会计就是记账、算账、报账，公司管理应当是管理层的职责，不应该让财务部参与；小王男朋友在一家私营企业任厂长，7月10日，在其男朋友的多次请求下，小王将在工作中接触到的公司产品研发计划及其相关资料复印件提供给其男朋友，给公司带来一定的损失。公司认为王某不宜继续担任会计工作。根据上述资料，回答以下问题。

(1) 关于小王将工作中接触到的公司产品研发计划及其相关资料复印件提供给其男朋友的行为，下列说法中正确的是(　　)。
　　A. 小王违反了廉洁自律的要求　　B. 小王违反了爱岗敬业的要求
　　C. 小王违反了诚实守信的要求　　D. 小王违反了参与管理的要求

(2) 下列有权对小王违反会计职业道德的行为进行处理的单位有(　　)。
　　A. 小王所在单位　　　　　　　　B. 财政部门
　　C. 审计部门　　　　　　　　　　D. 会计职业组织

(3) 关于小王同意支付超标工程佣金，下列说法中不正确的是(　　)。
　　A. 小王违反了廉洁自律的要求　　B. 小王违反了强化服务的要求
　　C. 小王违反了诚实守信的要求　　D. 小王违反了坚持准则的要求

(4) 关于小王认为公司管理应当是管理层的职责，财务部不应当参与，下列说法中不正确的是(　　)。
　　A. 小王违反了爱岗敬业的要求　　B. 小王违反了诚实守信的要求
　　C. 小王违反了参与管理的要求　　D. 小王违反了提高技能的要求

(5) 小王应当加强会计职业道德修养，下列不属于会计职业道德修养环节的是(　　)。
　　A. 道德认知　　B. 道德价值　　C. 道德情感　　D. 道德行为

2. 2018年2月，某市财政局派出检查组对某国有外贸企业2017年度的会计工作进行检查，发现存在以下情况：①2017年2月，该企业财务处处长安排其侄女在财务处任出纳，并负责保管会计档案。②发现一张发票"金额"栏的数字有更改痕迹，发票出具单位在"金额"栏更改处加盖了其单位印章。经查阅相关合同、单据，确认其更改后的金额数字是正确的。③2017年12月，企业出口产品滞销，业绩滑坡，企业法定代表人要求财务处处长对该年度的财务数据进行处理，以确保企业实现"盈利"。企业财务处处长遵照办理，该企业的行为尚不构成犯罪。根据资料，分析回答以下问题。

(1) 根据《会计基础工作规范》的规定，该处长的侄女可以在本单位从事的工作是(　　)。
　　A. 债权债务核算　　　　　　　　B. 出纳
　　C. 稽核　　　　　　　　　　　　D. 对外财务会计报告编制

(2) 由出纳人员兼做会计档案保管工作违反了(　　)。
　　A. 会计外部监督制度的规定　　　B. 会计岗位责任制度的规定
　　C. 会计机构内部牵制制度的规定　D. 会计机构内部稽核制度的规定

(3) 企业对事项②中发票的错误，正确的处理办法是（　　）。
    A. 退回原出具单位，并由原出具单位重新开具发票
    B. 退回原出具单位，应由原出具单位画线更正并加盖公章
    C. 接受单位直接更正，并要求原出具单位说明情况同时加盖单位公章
    D. 接受单位直接更正，并说明情况同时加盖单位公章
(4) 对事项③中企业"处理"财务数据的行为，对其直接负责的主管人员和其他直接负责人员可以处以（　　）的罚款。
    A. 1万元
    B. 2 000元以上5万元以下
    C. 3 000元以上5万元以下
    D. 5万元以下
(5) 对事项③中企业财务处处长的行为，下列说法正确的是（　　）。
    A. 违反了爱岗敬业的要求
    B. 违反了诚实守信的要求
    C. 违反了坚持准则的要求
    D. 违反了提高技能的要求

3. 问题一：会计人员看人办事，即"官大办得快，官小办得慢、无官拖着办"。问题二：会计人员"站得住的顶不住，顶得住的站不住"。领导怎么说就怎么做，只要领导高兴，"原则"就变成了"圆则"。问题三：会计人员整天与钱物打交道，"常在河边走，哪有不湿鞋的"，只要坚持不犯罪这根底线就行。问题四：会计职业道德培训后，小王认为会计职业道德全部内容归纳起来就是，一要廉洁自律，二要强化服务。根据上述问题，回答下列问题。

(1) 针对问题一，会计人员看人办事，违背会计职业道德规范的（　　）要求。
    A. 爱岗敬业　　B. 诚实守信　　C. 廉洁自律　　D. 强化服务
(2) 针对问题二，会计人员违背会计职业道德规范的（　　）要求。
    A. 坚持准则　　B. 强化管理　　C. 廉洁自律　　D. 提高技能
(3) 针对问题三，会计人员违背会计职业道德规范的（　　）要求。
    A. 爱岗敬业　　B. 诚实守信　　C. 廉洁自律　　D. 强化服务
(4) 针对问题四，会计职业道德规范的内容包括爱岗敬业、诚实守信、廉洁自律、强化服务以及（　　）。
    A. 坚持准则　　B. 参与管理　　C. 提高技能　　D. 客观公正
(5) 会计职业道德教育的内容包括（　　）。
    A. 会计职业道德观念教育
    B. 会计职业道德规范教育
    C. 会计职业道德警示教育
    D. 其他与会计职业道德相关的教育

4. 某公司是一家国有大型企业，2017年亏损已成定局，公司总经理电话请示出差在外的董事长。董事长指示对财务会计报告进行技术处理。总经理要求总会计师按董事长的意见办，总会计师对当年的会计报告进行了技术处理，虚拟了若干笔无交易的销售收入，从而使公司报表变亏为盈，经诚信会计师事务所审计后对外报出。2018年3月，财政部门在《会计法》执法检查中发现该公司存在重大作假行为，拟依法对该公司董事长、总经理、总会计师等相关人员作出行政处罚，并下达了《处罚告知书》。有关当事人辩解如下：公司董事长称：我前段时间出差在外，对公司情况不太了解，虽然在财务会计报告上签名并盖章，但只是履行会计手续，我不能负任何责任。公司总经理称：我是搞技术出身的，对会计我是"门外汉"，我虽然在财务会计报告上签名并盖章，那也是履行程序的，我不应

承担责任。公司总会计师称：公司对外报出的财务会计报告是经过诚信会计师事务所审计的，他们出具了无保留意见的审计报告，诚信会计师事务所应对公司财务会计报告的真实性、完整性负责，承担由此带来的一切责任。根据上述资料，回答以下问题。

(1) 对董事长的观点，下列说法中正确的有(   )。
    A. 公司这一次造假行为是由董事长授意指使的，其应当承担法律责任
    B. 董事长不是直接造假的人，不应承担法律责任
    C. 董事长不承担责任的理由不成立
    D. 董事长对本单位的会计工作和会计资料的真实性、完整性负责，这一规定不因其当时是否在场而改变

(2) 对总经理的观点，下列说法中正确的有(   )。
    A. 总经理作为主管会计工作的负责人，在财务会计报告上签字并盖章，应承担相应的法律责任
    B. 公司总经理不承担责任的理由成立
    C. 总经理不能以不懂会计为由推脱责任
    D. 事实上，公司总经理并未参与造假

(3) 对总会计师的观点，下列说法中正确的有(   )。
    A. 委托人委托会计师事务所进行审计的，应当如实提供会计资料，并对会计资料的真实性、完整性承担会计责任
    B. 会计师事务所受托进行审计，按照客观、公正、相对独立的原则出具审计报告，并对审计报告的客观、公正、真实性承担审计责任
    C. 公司总会计师不承担责任的理由成立
    D. 公司总会计师不承担责任的理由不成立

(4) 总会计师按领导意图，虚拟业务进行会计核算，违反的会计职业道德要求有(   )。
    A. 诚实守信   B. 坚持准则   C. 客观公正   D. 提高技能

(5) 会计职业道德建设的力量包括(   )。
    A. 财政部门的组织推动   B. 会计职业组织的行业自律
    C. 单位负责人的切实落实   D. 社会各界齐抓共管

附录一 综合测试题(一)

一、单项选择题(本类题共 20 小题,每小题 1 分,共 20 分。每小题备选答案中,只有一个符合题意的正确答案。多选、错选、不选均不得分。)

1. 下列各项中,不属于企业内部控制方法的有( )。
   A. 授权审批控制　　　　　　　　B. 会计系统控制
   C. 绩效考评控制　　　　　　　　D. 信息内部公开

2. 下列各项中,不属于县级人民代表大会预算职权的是( )。
   A. 审查和批准本级预算执行报告　B. 审查和批准本级预算
   C. 撤销本级政府关于预算的不适当的决定　D. 审查和批准本级决算

3. 下列各项中,有关对被检查单位和相关人员违反《会计法》行为给予行政处罚的国家行政管理机关是( )。
   A. 审计部门　　　　　　　　　　B. 财政部门
   C. 工商行政管理部门　　　　　　D. 审计部门

4. 根据《注册会计师法》的规定,负责组织实施全国会计师事务所的执业质量检查,并对违反《注册会计师法》的行为实施行政处罚的国家行政机关是( )。
   A. 财政部　　　　　　　　　　　B. 证券监督委员会
   C. 注册会计师协会　　　　　　　D. 审计署

5. 作为记账凭证编制依据的原始凭证应当是( )。
   A. 未经审核但真实的　　　　　　B. 真实但不完整的
   C. 审核无误的　　　　　　　　　D. 主管批准的

6. 根据总会计师条例,担任总会计师应当满足的从业资质要求是( )。
   A. 在取得会计师任职资格后,主管一个单位或者单位内一个重要方面的财务工作时间不少于 2 年
   B. 在取得会计师任职资格后,主管一个单位或者单位内一个重要方面的财务工作时间不少于 3 年
   C. 在取得会计师任职资格后,主管一个单位或者单位内一个重要方面的财务工作时间不少于 4 年
   D. 在取得会计师任职资格后,主管一个单位或者单位内一个重要方面的财务工作时间不少于 5 年

7. 下列各项中,不作为会计档案保管的资料是( )。
   A. 记账凭证　　　B. 工资表册　　　C. 会计账簿　　　D. 劳务合同

8. 会计机构和会计人员发现账实不符,正确的做法是( )。
   A. 向当地财政部门报告,由财政部门处理
   B. 提交单位负责人处理
   C. 自行处理

D. 根据国家统一的会计制度规定，有权自行处理的，应及时处理；无权处理的，应向单位负责人报告，请求查明原因，作出处理

9. 政府集中采购目录和政府采购限额标准由( )确定并公布。
   A. 县级以上人民政府的财政部门 B. 县级以上人民政府
   C. 省级以上人民政府的财政部门 D. 省级以上人民政府

10. 财政部门对注册会计师事务所设立的管理属于( )。
    A. 会计市场准入管理 B. 会计市场退出管理
    C. 会计市场运行管理 D. 会计市场过程的监管管理

11. 下列各项中，需要全国人民代表大会及其常务委员会制定的是( )。
    A. 会计法律 B. 地方性会计法规
    C. 会计行政法规 D. 国家统一的会计制度

12. 根据国库集中收付制度的规定，用于财政授权支付的账户是( )。
    A. 预算外财政资金专户 B. 特设专户
    C. 财政部门零余额账户 D. 预算单位零余额账户

13. 税务机关有权检查纳税人的账簿、记账凭证、报表和有关资料，开展检查的依据是( )。
    A. 《税收征收管理法》 B. 《会计基础工作规范》
    C. 《会计档案管理办法》 D. 《企业会计准则》

14. 《企业财务报告条例》属于( )。
    A. 会计法律 B. 会计行政法规
    C. 会计部门规章 D. 会计规范性文件

15. 下列不属于会计岗位的是( )。
    A. 出纳 B. 总账会计
    C. 药品库房记账员 D. 会计主管人员

16. 下列各项中，无权组织实施本行政区域内会计师事务所执业质量检查的国家行政机关是( )。
    A. 省级人民政府财政部门 B. 自治区人民政府财政部门
    C. 直辖市人民政府财政部门 D. 县级人民政府财政部门

17. 下列各项中，既是做到客观公正、坚持准则的基础，也是参与管理的前提的会计职业道德规范是( )。
    A. 客观公正 B. 爱岗敬业 C. 强化服务 D. 提高技能

18. 《企业财务会计报告条例》的颁布时间是( )。
    A. 1986年7月 B. 1990年12月 C. 2000年6月 D. 2001年8月

19. 下列各项中，不属于爱岗敬业基本要求的是( )。
    A. 热爱会计工作，敬重会计职业 B. 忠于职守，尽职尽责
    C. 执业谨慎，信誉至上 D. 严肃认真，一丝不苟

20. 下列各项中，不属于结算方式的是( )。
    A. 托收承付 B. 支票 C. 委托收款 D. 汇兑

二、多项选择题(本类题共20小题，每小题2分，共40分。每小题备选答案中，有两个或两个以上符合题意的正确答案。多选、少选、错选、不选均不得分。)

1. 下列各项中属于会计违法行为涉及的法律责任有(　　)。
   A. 责令限期改正　　B. 罚款　　C. 警告　　D. 降职

2. 下列关于5 340.13的中文大写的写法中，不正确的有(　　)。
   A. 人民币伍仟叁佰肆拾元零壹角叁分
   B. 人民币伍仟叁佰肆拾元壹角叁分
   C. 伍仟叁佰肆拾元壹角叁分
   D. 人民币伍仟叁佰肆拾元零壹角叁分整

3. 下列表述中，正确的有(　　)。
   A. 出纳人员不得兼任对外会计报表编制工作
   B. 单位不得由一个人办理货币资金业务的全过程
   C. 出纳人员不得兼管债权、债务、收入、支出核算工作
   D. 出纳与稽核属于不相容的岗位

4. 根据《会计法》的规定，下列各项中，属于会计违法行为的有(　　)。
   A. 任用不具备会计工作能力的人员从事会计工作
   B. 不依法设置会计账簿
   C. 以未经审核的会计凭证登记账簿
   D. 向不同的会计资料使用者提供的财务会计报告编制依据不一致

5. 出纳人员不得同时兼任的工作有(　　)。
   A. 稽核　　　　　　　　　　　　B. 会计档案保管
   C. 收入、支出、费用、债权债务的核算　　D. 固定资产明细账的核算

6. 下列各项中，属于违反《会计法》行为的有(　　)。
   A. 私设会计账簿
   B. 未单独设置会计机构
   C. 单位负责人对依法履行职责抵制违反《会计法》规定行为的会计人员实行打击报复
   D. 授意会计人员伪造会计凭证

7. 根据《支付结算办法》的规定，下列各项中，可以作为支付结算主体的有(　　)。
   A. 个人　　　　　　　　　　B. 农村信用合作社
   C. 银行　　　　　　　　　　D. 个体工商户

8. 下列各项中，属于会计法律的有(　　)。
   A.《会计法》　　　　　　　　B.《企业财务会计报告条例》
   C.《预算法》　　　　　　　　D.《注册会计师法》

9. 填写票据和结算凭证时，中文大写金额数字可以使用的中文字体包括(　　)。
   A. 草书　　B. 正楷　　C. 行书　　D. 自造简化字

10. 在办理货币资金支付业务过程中，支付复核的内容包括(　　)。
    A. 货币资金支付申请的批准范围、权限、程序是否正确

B. 货币资金支付的手续及相关单证是否齐备
C. 支付金额的计算是否准确
D. 支付方式、支付单位是否妥当

11. 依据支付结算办法的规定，下列属于结算方式的有( )。
    A. 托收承付   B. 使用信用卡结算   C. 汇兑   D. 委托收款
12. 下列关于《会计法》的表述中，正确的有( )。
    A. 《会计法》是由全国人民代表大会及其常务委员会制定的
    B. 《会计法》是制定其他会计法规的依据
    C. 《会计法》是我国会计工作的根本性法律
    D. 《会计法》是调整经济活动中各种关系的法律
13. 授意、指使、强令会计机构、会计人员及其他人员伪造、变造会计资料，编制虚假会计报告的，属于国家工作人员的，还应由其所在单位负责人或有关单位依法给予( )的行政处分。
    A. 降职   B. 降级   C. 撤职   D. 开除
14. 下列各项中，属于客观公正基本要求的有( )。
    A. 忠于职守   B. 依法办事
    C. 如实反映   D. 保守秘密
15. 根据《会计法》的规定，授意、指使、强令会计机构、会计人员及其他人员伪造、变造会计资料，编制虚假会计报告的，应承担的法律责任有( )。
    A. 构成犯罪的，依法追究刑事责任
    B. 尚不构成犯罪的，处以5 000元以上5万元以下罚款
    C. 属于国家工作人员的，还应给予行政处分
    D. 县级以上人民政府财政部门责令限期改正
16. 下列各项中，属于支票签发时必须记载事项的有( )。
    A. 付款人名称   B. 确定的金额   C. 付款日期   D. 出票人签章
17. 下列各项中，属于支付结算法律依据的有( )。
    A. 与支付结算有关的法律
    B. 与支付结算有关的行政法规和部门规章
    C. 与支付结算有关的地方性法规
    D. 中国人民银行颁布的与支付结算有关的政策性文件
18. 下列各项中，属于开户单位现金收支基本要求的有( )。
    A. 开户单位不准用不符合国家统一的会计制度的凭证顶替库存现金
    B. 不准利用账户替其他单位和个人套取现金
    C. 不准编造用途套取现金
    D. 不准用单位收入的现金以个人储蓄方式存入银行
19. 国家统一的会计制度是指由国务院财政部门制定的会计部门规章和会计规范性文件，包括( )。
    A. 会计核算   B. 会计监督
    C. 会计机构设置和会计人员管理   D. 会计工作管理

20. 下列各项变动中，属于银行账户变更事项的有(　　)。
   A. 财务总监变动　　　　　　　　B. 法定代表人的变动
   C. 存款人更改名称，涉及改变开户银行　　D. 住址改变

三、判断题(本类题共 20 小题，每小题 1 分，共 20 分。每小题答题正确的得 1 分，
   答题错误或者不答题的不得分。)

1. 累进税率分为全额累进、超额累进、超率累进三种。　　　　　　　　　(　　)
2. 从量税是指以征税对象的实物量作为计税依据征收的一种税，一般采用定额税率。我国的耕地占用税、城镇土地使用税等均实行从量计征形式。　　　　　　(　　)
3. 个人所得税的征税对象不仅包括个人，还包括具有自然人性质的企业，如个人独资企业和合作企业。　　　　　　　　　　　　　　　　　　　　　　　　　　(　　)
4. 会计机构负责人对单位内部会计监督制度的建立和有效实施承担最终责任。(　　)
5. 所得税类税收的征收对象是一般收入，征税数额不受成本、费用、利润高低的影响。
   　　　　　　　　　　　　　　　　　　　　　　　　　　　　　　　　　(　　)
6. 《增值税专用发票使用规定》属于税收规范性文件。　　　　　　　　　(　　)
7. 行政性收费是国家组织财政收入的主要形式。　　　　　　　　　　　　(　　)
8. 按征收权限和收入支配权限，税收分为从价税、从量税和复合税。　　　(　　)
9. 纳税人自产自用的应税消费品，无须申报纳税。　　　　　　　　　　　(　　)
10. 在个人所得税征收管理中，对财产租赁所得一次收入畸高的，可以实行加成征收。
    　　　　　　　　　　　　　　　　　　　　　　　　　　　　　　　　(　　)
11. 根据《个人所得税法》的规定，财产租赁所得不属于个人所得税的代扣代缴范围。
    　　　　　　　　　　　　　　　　　　　　　　　　　　　　　　　　(　　)
12. 个人取得应纳税所得，没有扣缴义务人的或者扣缴义务人未按规定扣缴税款的，均应自行申报个人所得税。　　　　　　　　　　　　　　　　　　　　　　(　　)
13. 根据《个人所得税法》的规定，居民纳税人应就来源于中国境内和境外的全部所得征税。　　　　　　　　　　　　　　　　　　　　　　　　　　　　　　(　　)
14. 根据《企业所得税法》的规定，依照外国法律成立的企业，无论其实际管理机构是否在境内，均不属于居民企业。　　　　　　　　　　　　　　　　　　　(　　)
15. 凡被依法追究刑事责任的会计人员，不得从事会计工作。　　　　　　(　　)
16. 计税依据可以分为从价计征、从量计征、复合计征三种类型。　　　　(　　)
17. 进口货物，自海关填发《海关进口增值税专用缴款书》之日起 30 日内交税。(　　)
18. 流转税是在生产和流通环节纳税，所得税是在分配环节纳税。　　　　(　　)
19. 增值税专用发票，仅限增值税一般纳税人领购。　　　　　　　　　　(　　)
20. 张某购买福利彩票，支出 5 000 元，中奖 3 万元，张某应缴纳个人所得税 6 000 元。
    　　　　　　　　　　　　　　　　　　　　　　　　　　　　　　　(　　)

四、不定项选择题(本类题共 2 个案例分析，每个案例分析包括 5 个小题，共计 10 个
   小题，每小题 2 分，共计 20 分。每小题备选答案中，有一个或者一个以上符合
   题意的正确答案。多选、少选、错选、不选均不得分。)

1. 某棉纺企业为增值税一般纳税人，1 月份发生下列经济业务：①购进纺织设备一台，价款 10 万元(不含税)，取得了增值税专用发票，另支付运费 5 000 元，取得承运部门开具的

运输业增值税专用发票(税率为9%)。②从当地农民生产者手中购进免税棉花 10 吨,每吨 2 万元,取得收购凭证上注明价款 20 万元。③从当地某农工商供销公司(增值税一般纳税人)购进棉纱一批,取得增值税专用发票上注明货款 50 万元、税款 8 万元。④本月向一般纳税人销售甲型号棉布 2 万米,每米售价 40 元(不含税);本月向个体工商户销售乙型号棉布 0.226 万米,每米售价 50 元(含税)。(说明:有关票据在本月均通过主管税务机关认证并申报抵扣;1 月初增值税留抵税额为 0。)

要求:根据上述材料,回答下列问题。

(1) 该企业购进纺织设备及支付运费可抵扣的进项税额为( )万元。
　　A. 0　　　　　B. 1.6　　　　　C. 1.452　　　　　D. 1.345

(2) 下列关于该企业向农民生产者购进棉花和向供销公司购进棉花计算的可抵扣进项税额的说法中,正确的有( )。
　　A. 向农民生产者购进棉花可抵扣的进项税额为 0
　　B. 向农民生产者购进棉花可抵扣的进项税额为 1.8 万元
　　C. 向供销公司购进棉纱可抵扣的进项税额为 8 万元
　　D. 向供销公司购进棉纱可抵扣的进项税额为 0

(3) 该企业本月销售货物应确认的销项税额为( )万元。
　　A. 15.589　　　B. 10.149　　　C. 11.874　　　D. 10.426

(4) 该企业本月应缴纳的增值税税额为( )万元。
　　A. 0　　　　　B. 0.475　　　　C. 4.489　　　　D. 0.719

(5) 该企业缴纳增值税的纳税期限可以是( )日。
　　A. 3　　　　　B. 5　　　　　C. 10　　　　　D. 20

2. 甲公司为增值税一般纳税人,主要从事汽车销售和维修业务,1 月份有关经济业务如下:①进口小汽车一批,取得海关进口增值税专用缴款书注明增值税税额 187 万元。②购进维修用原材料及零配件,取得增值税专用发票注明税额 100.3 万元。③支付运输费,取得增值税专用发票注明税额 1.1 万元。④销售进口小汽车,取得含税销售额 8 700 万元。⑤销售小汽车内部装饰品,取得含税销售额 185.6 万元。⑥销售小汽车零配件取得含税销售额 17.4 万元。⑦对外提供汽车清洗服务,取得含税销售额 190.8 万元。已知,销售货物增值税税率为 13%,提供洗车劳务增值税税率为 6%;取得的增值税专用发票和专用缴款书均通过证。要求:不考虑其他因素,回答以下问题。

(1) 甲公司当月准予抵扣进项税额的下列计算中,正确的是( )。
　　A. 187+1.1=188.1(元)　　　　　B. 187+100.3=287.3(元)
　　C. 187+100.3+1.1=288.4(元)　　D. 100.3+1.1=101.4(元)

(2) 甲公司当月发生的下列业务中,应按销售货物申报缴纳增值税的是( )。
　　A. 销售小汽车内部装饰品　　　B. 销售小汽车零配件
　　C. 提供汽车洗车劳务　　　　　D. 销售进口小汽车

(3) 甲公司当月增值税销项税额的下列计算列式中,正确的是( )。
　　A. 提供汽车洗车劳务的销项税额=190.8÷(1+6%)×6%
　　B. 销售小汽车内部装饰品的销项税额=185.6÷(1+13%)×13%
　　C. 销售小汽车零配件的销项税额=17.4÷(1+13%)×13%

D. 销售进口小汽车的销项税额=8 700÷(1+13%)×13%
(4) 甲公司发生的下列业务中,应缴纳消费税的有(　　)。
　　A. 销售汽车内部装饰品　　　　　B. 提供汽车洗车劳务
　　C. 进口汽车　　　　　　　　　　D. 销售进口小汽车
(5) 下列关于消费税计税销售额的说法中,不正确的有(　　)。
　　A. 含消费税且含增值税的销售额　B. 含消费税而不含增值税的销售额
　　C. 不含消费税而含增值税的销售额 D. 不含消费税不含增值税的销售额

附录二 综合测试题(二)

一、单项选择题(本类题共20小题,每小题1分,共20分。每小题备选答案中,只有一个符合题意的正确答案。多选、错选、不选均不得分。)

1. 负责管理本行政区域内会计工作的国家行政机关是( )。
   A. 县级以上人民政府税务部门
   B. 县级以上人民政府人事部门
   C. 县级以上人民政府财政部门
   D. 县级以上人民政府工商行政管理部门

2. 根据《中华人民共和国总会计师条例》的规定,总会计师是( )。
   A. 单位行政领导成员
   B. 会计机构负责人
   C. 会计主管人员
   D. 拥有会计专业技术资格的人

3. ABC公司出纳员在审核该公司办公室主任王某购买办公用品的发票时,发现出具发票的商场误将"ABC公司"写成"AB公司",该出纳员正确的处理方法是( )。
   A. 因金额正确,不影响记账,可不必理会
   B. 不予受理,并向单位负责人报告
   C. 因错误仅一字之差,可自行更正并加盖出纳印章后入账
   D. 将该原始凭证退给王某,并要求其按照《会计法》的规定更正

4. 企业向税务机关报送年度企业所得税纳税申报表的期限为( )。
   A. 自年度终了之日起3个月内
   B. 自年度终了之日起4个月内
   C. 自年度终了之日起5个月内
   D. 自年度终了之日起6个月内

5. 下列各项中,不属于会计资料的是( )。
   A. 会计凭证   B. 会计账簿   C. 财务会计报告   D. 公司章程

6. 《注册会计师法》的颁布时间是( )。
   A. 1988年   B. 1991年   C. 1993年   D. 2000年

7. 根据增值税法律制度的规定,下列各项中,不属于视同销售货物行为的是( )。
   A. 将外购的货物分配给股东
   B. 将外购的货物用于投资
   C. 将外购的货物用于集体福利
   D. 将外购的货物无偿赠送他人

8. 下列各项中,不属于财政部门会计人员管理工作职责的是( )。
   A. 会计人员监督管理
   B. 会计专业技术职务资格管理
   C. 追究违法会计人员的刑事责任
   D. 会计人员继续教育管理

9. 对记载不准确、不完整的原始凭证,会计人员正确的处理方法是( )。
   A. 拒绝接受,并报告领导,要求查明原因
   B. 予以退回,并要求经办人员按规定进行更正补充
   C. 应予销毁,并报告领导,要求查明原因
   D. 拒绝接受,并不能让经办人员进行更正、补充

10. 下列各项中,不属于不相容职务的是( )。
    A. 出纳与记账
    B. 出纳与现金保管

C. 财物保管与记账 　　　　　　　　D. 业务经办与记账
11. 下列属于应当缴纳消费税的是(　　)。
    A. 商场销售白酒 　　　　　　　　B. 外贸公司进口金银首饰
    C. 化妆品公司将生产的化妆品发放给职工　　D. 工厂生产销售高档服装
12. 财政部门实施会计监督办法属于会计法律制度中的(　　)。
    A. 会计法律 　　　　　　　　　　B. 会计行政法规
    C. 会计部门规章 　　　　　　　　D. 地方性会计法规
13. 根据《会计法》的规定，担任会计机构负责人应当具备的条件是(　　)。
    A. 具有注册会计师资格证书
    B. 具有会计师以上专业技术资格或3年会计工作经历
    C. 具有本科以上学历或3年会计工作经历
    D. 具有助理会计师以上专业技术资格或会计工作3年经历
14. 下列各项中，属于会计工作社会监督主体的是(　　)。
    A. 法院 　　　　　　　　　　　　B. 财政部门
    C. 税务部门 　　　　　　　　　　D. 注册会计师及其所在的会计师事务所
15. 在企业中，负责内部控制的建立健全和有效实施的责任人是(　　)。
    A. 总经理 　　　　　　　　　　　B. 会计机构负责人
    C. 董事长 　　　　　　　　　　　D. 董事会
16. 下列各项中，不是《会计法》所指的单位负责人的是(　　)。
    A. 独资企业的投资人 　　　　　　B. 公司制企业的董事长
    C. 法定代表人 　　　　　　　　　D. 公司制企业的副总经理
17. 全国会计工作的主管单位是(　　)。
    A. 财政部　　B. 国家税务总局　　C. 审计署　　D. 商务部
18. 政府有关部门依据法律、行政法规的规定和部门的职责权限，对有关单位的会计行为、会计资料所进行的监督检查是(　　)。
    A. 社会监督 　　　　　　　　　　B. 内部监督
    C. 公众监督 　　　　　　　　　　D. 政府监督
19. 《会计法》自颁布以来，共经历了(　　)。
    A. 1次修订 　　　　　　　　　　 B. 2次修订
    C. 3次修订 　　　　　　　　　　 D. 4次修订
20. 由国务院发布的会计法律制度属于(　　)。
    A. 会计法律 　　　　　　　　　　B. 会计行政法规
    C. 会计部门规章 　　　　　　　　D. 会计规范性文件

二、多项选择题(本类题共20小题，每小题2分，共40分。每小题备选答案中，有两个或两个以上符合题意的正确答案。多选、少选、错选、不选均不得分。)

1. 下列各项中，属于企业可以经开户银行批准支付现金的情形有(　　)。
    A. 因采购地点不确定而需要支付现金　　B. 因交通不便而需要支付现金
    C. 因生产或市场急需而需要支付现金　　D. 因抢险救灾而需要支付现金

2. 下列各项中，属于商业汇票签发时必须记载的事项有( )。
   A. 无条件支付的委托   B. 收款人名称
   C. 确定的金额   D. 付款日期
3. 下列各项中，符合支付结算办法规定的有( )。
   A. 用繁体字书写中文大写金额
   B. 中文大写金额数字的"角"之后不写"整"字(或"正"字)
   C. 阿拉伯小写金额前面应当填写人民币符号
   D. 用阿拉伯数字填写票据出票日期
4. 下列表述中，正确的有( )。
   A. 出纳人员不得兼任对外财务报表编制工作
   B. 单位不得由一人办理货币资金业务的全过程
   C. 出纳人员应当具备会计工作能力
   D. 出纳与稽核属于不相容岗位
5. 下列各项中，属于财产税类的有( )。
   A. 车辆购置税   B. 印花税   C. 房产税   D. 车船税
6. 下列属于政府采购方式的有( )。
   A. 公开招标   B. 邀请招标
   C. 竞争性谈判   D. 单一来源采购
7. 会计职业道德规范的主要内容包括( )。
   A. 爱岗敬业   B. 诚实守信   C. 尊老爱幼   D. 服务社会
8. 我国的会计法律制度主要包括( )。
   A. 会计法律   B. 会计行政法规
   C. 会计部门规章   D. 单位内部制定的会计制度
9. 下列关于企业使用现金进行结算的行为中，正确的有( )。
   A. 用现金向农户支付收购种子款 5 000 元
   B. 用现金支付给出差人员差旅费 6 000 元
   C. 用现金支付职工工资 2 350 元
   D. 用现金支付购买办公用品价款 820 元
10. 下列各项中，属于票据基本当事人的有( )。
    A. 收款人   B. 付款人   C. 承兑人   D. 出票人
11. 下列各项中，可以申请开立基本存款账户的有( )。
    A. 单位的非独立核算的职工食堂   B. 异地临时机构
    C. 企业   D. 个体工商户
12. 根据《会计法》的规定，下列各项中，属于会计违法行为的有( )。
    A. 未按规定填制、取得原始凭证
    B. 填制、取得的原始凭证不符合规定
    C. 以未经审核的会计凭证为依据登记会计账簿
    D. 会计资料保管不当致使会计资料毁损、灭失
13. 下列各项中，属于支付结算特征的有( )。

A. 支付结算必须通过中国人民银行批准的金融机构依法进行
B. 支付结算是一种要式行为
C. 支付结算的发生取决于委托人的意志
D. 支付结算实行统一管理和分级管理相结合的管理体制

14. 下列各项中，属于会计行政法规的有(   )。
   A. 《会计法》   B. 《总会计师条例》
   C. 《企业会计准则——基本准则》 D. 《企业财务会计报告条例》

15. 下列各项中，应当缴纳增值税的有(   )。
   A. 房地产公司   B. 五星级酒店
   C. 小汽车生产厂   D. 有形动产租赁

16. 根据《中华人民共和国刑法》的规定，犯打击报复会计人员罪的人员应承担的法律责任包括(   )。
   A. 处三年以上有期徒刑   B. 处五年以上有期徒刑
   C. 处三年以下有期徒刑   D. 拘役

17. 办理支付结算时，必须符合的基本要求有(   )。
   A. 单位、个人和银行应当按照《人民币银行结算账户管理办法》的规定开立、使用账户
   B. 办理支付结算必须使用按中国人民银行规定印制的票据和结算凭证
   C. 票据和结算凭证的填写应当规范、清晰，并防止涂改
   D. 票据和结算凭证上的签章和其他记载事项应当真实

18. 下列属于纳税申报方式的有(   )。
   A. 直接申报   B. 邮寄申报
   C. 数据电文申报   D. 口头申报

19. 根据《会计法》的规定，下列说法正确的有(   )。
   A. 对受打击报复的会计人员，应当恢复其名誉
   B. 对受打击报复的会计人员，应当恢复其原有职务
   C. 对受打击报复的会计人员，应当恢复其职称
   D. 对受打击报复的会计人员，应当恢复其级别

20. 下列属于会计职业道德自我修养途径的有(   )。
   A. 慎独慎欲   B. 批评监督   C. 慎省慎微   D. 自警自励

三、判断题(本类题共20小题，每小题1分，共20分。每小题答题正确的得1分，答题错误或者不答题的不得分。)

1. 诚实守信是会计职业道德规范的基础。(   )
2. 按照税法的功能作用不同，税法分为税收实体法和税收程序法。(   )
3. 增值税的计税依据是不含税销售额。销售额是指纳税人向对方收取的全部价款和价外费用。(   )
4. 征税人是指代表国家行使税收征收管理权的各级税务机关和其他征收机关，如增值税的征税机关是税务机关，关税的征税人是海关。(   )

5. 由于税收具有固定性,所以税收一旦确定,就不会发生变动。（ ）
6. 根据《个人所得税法》的规定,偶然所得、经营所得、财产租赁所得均适用20%的税率计算缴纳个人所得税。（ ）
7. 张某5月份取得转让财产所得10万元,对于该所得张某应缴纳的个人所得税为2万元。（ ）
8. 我国的增值税、房产税、企业所得税采用的是比例税率。（ ）
9. 消费税是价内税,增值税是价外税。（ ）
10. 个体经营者、非企业性单位、不经常发生增值税应税行为的企业不属于增值税一般纳税人。（ ）
11. 消费型增值税允许纳税人将购置物资资料的价值和用于生产经营固定资产已提折旧的价值中所含的税款在当期予以扣除。（ ）
12. 自2017年5月起,纳税人销售活动板房、机器设备、钢结构件等自产货物的同时提供建筑、安装服务,不属于混合销售,应分别核算货物和建筑服务的销售额,分别适用不同的税率或者征收率,分别缴纳增值税。（ ）
13. 根据《企业所得税法》的规定,居民企业应就来源于中国境内、境外的所得作为征税对象。（ ）
14. 免征额是指对征税对象总额中免予征税的数额,如《个人所得税法》规定,工资、薪金所得,以每月收入额减除费用3 500元后的余额为应纳税所得额。（ ）
15. 按照税收的计税标准不同,税收分为中央税、地方税和中央地方共享税。（ ）
16. 进口环节的增值税、消费税和船舶吨税由海关负责征收管理。（ ）
17. 税法是税收的法律依据和法律保障,税法又必须以保障税收活动的有序进行为其存在的理由和依据。（ ）
18. 开具发票的当天可以作为增值税纳税义务发生时间。（ ）
19. 一般纳税人提供交通运输、邮政、基础电信、建筑、不动产租赁服务,销售不动产,转让土地使用权,税率为9%。（ ）
20. 按征收权限和收入分配权限,税收分为从价税、从量税和复合税。（ ）

四、不定项选择题(本类题共2个案例分析,每个案例分析包括5个小题,共计10个小题,每小题2分,共计20分。每小题备选答案中,有一个或者一个以上符合题意的正确答案。多选、少选、错选、不选均不得分。)

1. ABC单位是实行国库集中支付的事业单位,经财政部门批准,该单位的工资支出和设备购买实行财政直接支付,日常办公零星支付实行财政授权支付。2018年3月,审计机构对ABC单位2017年度财政收支情况进行检查,发现以下情况:①2017年4月,该单位通过零余额账户向上级单位基本户划转资金50万元,用于为上级单位员工发放福利;②2017年5月,通过零余额账户向下级单位基本户划拨资金20万元,用于解决下级单位的资金周转问题;③2017年10月,该单位为购买办公用品,通过零余额账户向本单位在商业银行开设的基本户转账50万元,再通过基本户支付办公用品费;④2017年12月,该单位使用财政性资金购买了一批办公设备,通过零余额账户向单位基本户转账80万元,再通过单位基本户向供应商支付设备款。

要求：根据以上情况，回答以下问题。

(1) 下列各项属于国库集中支付方式的有(　　)。
   A. 财政直接支付　　　　　　B. 财政授权支付
   C. 财政直接缴库　　　　　　D. 财政集中汇缴

(2) 本例中，ABC单位下列各项情形中，不正确的有(　　)。
   A. 通过零余额账户向上级单位基本户划转资金50万元，用于发放福利
   B. 通过零余额账户向下级单位基本户划拨资金20万元，用于资金周转
   C. 通过零余额账户向本单位在商业银行开设的基本户转账50万元，再通过基本户支付办公用品
   D. 通过零余额账户向单位基本户转账80万元，再通过单位基本户向供应商支付设备款

(3) 下列各项关于预算单位使用零余额账户的表述中，正确的有(　　)。
   A. 通过零余额账户提取现金，用于支付本单位的日常办公零星支出
   B. 通过零余额账户转账支付按规定应采用财政直接支付方式发放的职工工资
   C. 通过零余额账户转账支付本单位的日常办公零星支出
   D. 通过零余额账户向本单位按账户规定保留的相应账户划拨工会经费

(4) 下列银行账户体系中，不属于财政授权支付的账户有(　　)。
   A. 该单位在商业银行开设的基本户
   B. 财政部门在商业银行为该单位开设的零余额账户
   C. 财政部门在商业银行开设的预算外资金财政专户
   D. 财政部门按资金使用性质在商业银行开设的零余额账户

(5) 下列各项关于该单位实行财政直接支付方式的表述中，正确的有(　　)。
   A. 该单位进行财政直接支付时，应先按批复的部门预算和资金使用计划向财政国库支付机构执行机构提出支付申请
   B. 财政直接支付中，代理银行应根据财政部门支付指令通过国库单一账户体系将资金直接支付到该单位账户
   C. 财政直接支付应由财政部门向中国人民银行和代理银行签发支付指令
   D. 财政直接支付中，财政部门应根据支付指令通过国库单一账户体系将资金直接支付到该单位账户

2. 某汽车轮胎生产企业，2012年实现净利润-500万元，2013年实现净利润100万元，2014年实现净利润280万元，2015年实现净利润-50万元，2016年实现净利润100万元。2017年度该企业有关经营情况如下：全年实现产品销售收入5 000万元，固定资产盘盈收入20万元，其他业务收入30万元，国债利息收入20万元；应结转产品销售成本3 000万元；应缴纳增值税90万元，消费税110万元，城市维护建设税14万元，教育费附加6万元；发生产品销售费用250万元；发生财务费用12万元(其中因逾期归还银行贷款，支付银行罚息2万元)；发生管理费用802万元。

要求：根据以上材料，回答下列问题。
(1) 该企业2017年取得的各项收入在计算企业所得税时，属于免税收入的有(　　)。
   A. 固定资产盘盈收入　　　　B. 产品销售收入

C. 其他业务收入 D. 国债利息收入

(2) 该企业 2013 年发生的各项支出准予在计算应纳税所得额时扣除的有( )。
A. 增值税 90 万元 B. 消费税 110 万元
C. 销售费用 250 万元 D. 环保部门罚款 15 万元

(3) 根据《企业所得税法》的规定，该企业 2012 年发生的亏损可以用下一年度的所得弥补，下一年度的所得不足以弥补的，可以逐年延续弥补，但最长不得超过( )年。
A. 3 B. 5 C. 6 D. 10

(4) 下列属于不征税收入的有( )。
A. 财政拨款 B. 政府基金
C. 国债利息 D. 符合条件的居民企业之间投资分红

(5) 该企业 2017 年准予在计算应纳税所得额时扣除的项目金额合计为( )万元。
A. 4 194 B. 4 284
C. 4 354 D. 4 192

附录三 综合测试题(三)

一、单项选择题(本类题共20小题,每小题1分,共20分。每小题备选答案中,只有一个符合题意的正确答案。多选、错选、不选均不得分。)

1. 下列观点中,符合会计职业道德要求的是( )。
   A. 既然《会计法》已明确规定单位负责人应当保证财务会计报告真实、完整,那么会计人员就应该听领导的,在自己不贪不占的前提下,领导让做什么就做什么
   B. 公司的生产经营决策是领导的事情,会计人员没有必要参与,也没有必要过问
   C. 会计人员应保守单位的商业秘密,在任何情况下,都不能向外提供或者泄露单位的会计信息
   D. 会计人员应该按照国家统一的会计制度的规定记账、算账、报账,如实反映单位的经济活动情况

2. 客观公正的基本要求是( )。
   A. 依法办事、实事求是、如实反映
   B. 坚持准则、实事求是、如实反映
   C. 公私分明、依法办事、实事求是
   D. 端正态度、忠于职守、实事求是

3. 停业、复业登记适用于( )。
   A. 查验征收
   B. 实行定期定额征收方式的纳税人
   C. 扣缴义务人
   D. 小规模企业

4. 王某于2017年2月份,取得财产租赁所得2万元,偶然所得4 000元。王某应缴纳个人所得税税额为( )元。
   A. 2 688
   B. 4 000
   C. 3 840
   D. 4 800

5. 下列各项中,不征收增值税的是( )。
   A. 销售不动产
   B. 转让商标权
   C. 存款利息
   D. 出租一栋房产

6. 商业汇票的持票人向承兑人提示付款的期限为( )。
   A. 出票日起10日内
   B. 出票日起1个月内
   C. 到期日起10日内
   D. 到期日起1个月内

7. 由出票人签发、委托办理票据存款业务的银行在见票时无条件支付确定的金额给收款人或持票人的结算方式是( )。
   A. 银行汇票
   B. 支票
   C. 银行本票
   D. 商业汇票

8. 下列选项中,适用《政府采购法》的是( )。
   A. 某中外合资经营企业采购生产所需要的原材料
   B. 某国有企业采购生产设备

C. 某中学用教育经费拨款购买教学用的电教设施
D. 某股份有限公司承揽了国有的某项重点建设项目而采购原材料

9. 关于现金管理的基本要求，下列说法中，不正确的是( )。
   A. 开户单位应当建立健全现金账目，逐笔记载现金支付
   B. 出纳人员不得兼管稽核、会计档案保管和收入、支出、费用、债权债务账目登记工作
   C. 单位可以由一人办理货币资金业务的全过程
   D. 不准将单位收入的现金以个人名义存入储蓄账户

10. 甲公司将出售废料的收入不纳入企业统一的会计核算，而是另设账簿进行核算，以解决行政管理部门的福利下发问题。关于甲公司出售废料收入的财务处理方法，下列说法错误的是( )。
    A. 甲公司的做法违反了会计法律制度的规定
    B. 甲公司的行为属于私设账簿的行为
    C. 对该行为，应由省级以上财政部门责令其限期改正
    D. 对该单位的行为处以罚款，则应处3 000元以上5万元以下的罚款

11. 财政部门实施会计监督检查的对象是( )。
    A. 会计资料   B. 会计行为   C. 经济活动   D. 会计报表

12. 记账人员与经济业务事项和会计事项的审批人员、经办人员、财物保管人的职责权限应当明确，并( )、相互制约。
    A. 相互监督   B. 职责分明   C. 职务分离   D. 相互分离

13. 下列项目中，不属于会计资料的是( )。
    A. 财务计划   B. 会计凭证   C. 财务会计报告   D. 会计账簿

14. 下列关于《会计法》的表述中，不正确的是( )。
    A. 《会计法》是会计工作的最高准则
    B. 《会计法》是会计法律制度中层次最高的法律规范
    C. 《会计法》是制定其他会计法规的依据
    D. 《会计法》是国家宪法

15. 我国预算收入的主要来源是( )。
    A. 税收收入   B. 国有资产收益   C. 专项收入   D. 罚没收入

16. 共同负责会计档案工作的指导、监督和检查的部门是( )。
    A. 各级人民政府财政部门和工商行政管理部门
    B. 各级人民政府和金融管理部门
    C. 各级人民政府财政部门和档案行政管理部门
    D. 各级税务机关和档案管理部门

17. 会计人员对于工作中知悉的商业秘密应依法保守，不得泄露，这是( )的会计职业道德原则的具体体现。
    A. 诚实守信   B. 廉洁自律   C. 客观公正   D. 坚持准则

18. 下列关于会计职业道德与会计法律制度关系的论述中，错误的是( )。
    A. 两者在实施过程中相互作用、相互补充

B. 违反会计法律制度，一定违反会计职业道德
C. 会计法律制度是会计职业道德的最低要求
D. 违反会计职业道德，一定违反会计法律制度

19. 下列不属于政府采购原则的是( )。
    A. 公开透明原则   B. 公开竞争原则
    C. 诚实信用原则   D. 单一性原则
20. 扣缴义务人应当自扣缴义务发生之日起( )日内，向所在地的主管税务机关申报办理扣缴税款登记，领取扣缴税款登记证件。
    A. 7   B. 10   C. 15   D. 30

二、多项选择题(本类题共 20 小题，每小题 2 分，共 40 分。每小题备选答案中，有两个或两个以上符合题意的正确答案。多选、少选、错选、不选均不得分。)

1. 我国财政部门履行的会计行政管理主要有( )。
    A. 会计监督检查
    B. 会计市场管理
    C. 会计准则制度及相关标准规范的制定和组织实施
    D. 会计专业人才评价
2. 会计职业道德建设的组织与实施应依靠( )。
    A. 财政部门的组织与推动   B. 会计职业组织的行业自律
    C. 单位的会计职业道德建设   D. 社会舆论监督形成良好的社会氛围
3. 下列属于参与管理的基本要求的有( )。
    A. 努力钻研相关业务   B. 树立服务意识
    C. 全面熟悉本单位经营活动和业务流程   D. 提高服务质量
4. 下列政府采购行为中，适用我国《政府采购法》规定的有( )。
    A. 我国境内国家机关使用财政资金采购法定的服务项目
    B. 国有企业采购货物
    C. 我国境内事业单位使用财政资金采购法定的货物
    D. 因严重自然灾害，国家实施的紧急采购行为
5. 决算是对年度预算收支执行结果的会计报告，它包括( )。
    A. 决算报表   B. 执行计划   C. 文字说明   D. 图表说明
6. 甲公司外购一批货物 5 000 元，取得增值税专用发票，委托乙公司加工，支付加工费 1 000 元，并取得乙公司开具的增值税专用发票。货物加工好收回后，甲公司将这批货物直接对外销售，开出的增值税专用发票上注明的价款为 8 000 元。根据以上所述，下列说法中正确的有( )。
    A. 甲应当缴纳增值税 260 元   B. 乙应当缴纳增值税 130 元
    C. 甲应当缴纳增值税 480 元   D. 乙不需要缴纳增值税
7. 下列银行结算账户的开立，银行应在开户之日起 5 个工作日向中国人民银行当地分支行备案的有( )。
    A. 基本存款账户   B. 一般存款账户

C. 预算单位专用存款账户 D. 个人银行结算账户

8. 会计职业道德教育的途径有（　　）。
   A. 岗前职业道德教育 B. 慎省慎微
   C. 慎独慎欲 D. 岗位职业道德教育

9. 支票的记载事项可以授权补记的有（　　）。
   A. 付款人名称 B. 收款人名称
   C. 出票日期 D. 金额

10. 下列各项中，属于会计职业道德中提高技能的基本要求的有（　　）。
    A. 勤学苦练，刻苦钻研 B. 强化服务意识
    C. 增强提高专业技能的自觉性和紧迫感 D. 尽心尽力，尽职尽责

11. 下列应当在对外提供的财务报告上签名并盖章的有（　　）。
    A. 单位负责人 B. 总会计师
    C. 会计机构负责人 D. 报表编制人员

12. 政府采购的功能是（　　）。
    A. 节约财政支出、提高采购资金的使用效益
    B. 强化宏观调控
    C. 活跃市场经济
    D. 推进反腐倡廉，保护民族产业

13. 政府采购的执行模式应当包括（　　）。
    A. 自行采购 B. 集中采购 C. 供应商采购 D. 分散采购

14. 政府采购资金为财政性资金，包括（　　）。
    A. 预算资金 B. 预算外资金
    C. 预算执行中财政追加的资金 D. 单位向银行的贷款资金

15. 下列不得在企业所得税前扣除的有（　　）。
    A. 向投资者支付的股息、红利等权益性投资收益款项
    B. 税收滞纳金
    C. 企业所得税税款
    D. 消费税税金

16. 下列关于预算审批的说法中正确的有（　　）。
    A. 中央预算由全国人民代表大会审查和批准
    B. 地方各级政府预算由本级人民代表大会审查和批准
    C. 中央预算和地方各级政府预算均由全国人民代表大会审查和批准
    D. 各级政府预算批准后，必须依法向相应的国家机关备案

17. 下列表述符合《预算法》规定的是（　　）。
    A. 国家实行一级政府一级预算
    B. 国家预算共分为四级
    C. 预算年度自公历1月1日起，至12月31日止
    D. 县级以上地方政府的派出机关的预算不作为一级预算

18. 存款人可以开立异地银行结算账户的情形有（　　）。

A. 营业执照注册地与经营地不在同一行政区域需要开立基本存款账户的
B. 营业执照注册地与经营地不在同一行政区域需要开立一般存款账户的
C. 办理异地借款需要开立一般存款账户的
D. 办理异地借款需要开立基本存款账户的

19. 注册会计师及其所在的会计师事务所的业务范围包括(　　)。
    A. 审查企业会计报表，出具审计报告
    B. 验证企业资本，出具验资报告
    C. 办理企业合并、分立、清算事宜中的审计业务，出具有关的报告
    D. 法律、行政法规规定的其他审计业务

20. 下列符合会计职业道德提高技能要求的有(　　)。
    A. 出纳人员向银行工作人员请教辨别假钞的技术
    B. 会计主管与其他单位财务人员交流隐瞒收入的做法
    C. 会计人员向计算机专家请教会计电算化操作方法
    D. 会计机构负责自学提高会计专业水平

三、判断题(本类题共 20 小题，每小题 1 分，共 20 分。每小题答题正确的得 1 分，答题错误或者不答题的不得分。)

1. 单位、个人和银行办理支付结算必须使用按中国人民银行统一规定印制的票据和结算凭证。(　　)
2. 实行回避制度的单位，单位领导人的直系亲属不得担任本单位的会计机构负责人或会计主管人员。(　　)
3. 凡是会计法律制度不允许的行为都是会计职业道德要谴责的行为。(　　)
4. 全国人民代表大会常务委员会无权撤销省、自治区、直辖市人民代表大会及其常务委员会制定的同宪法、法律和行政法规相抵触的关于预算、决算的地方性法规和决议。(　　)
5. 起征点是指征税对象达到一定数额才开始征税的界限，征税对象的数额达到规定数额的，只对其超过起征点部分的数额征税。(　　)
6. 银行不得为任何单位或者个人查询账户情况，不得为任何单位或者个人冻结、扣划款项。(　　)
7. 在会计工作中一定要提供上乘的服务质量，不管服务主体提出什么样的要求，会计人员都要尽量满足服务主体的需要。(　　)
8. 会计机构负责人应当具备助理会计师以上专业技术职务资格或者从事会计工作满 3 年以上的经历。(　　)
9. 会计行政法规是调整经济生活中各种会计关系的法律。(　　)
10. 会计人员违反职业道德规范，情节严重的，可以追究刑事责任。(　　)
11. 对于个人所得税的非居民纳税人，只就其来源于中国境内所得部分征税，境外所得部分不属于我国《个人所得税法》规定的征税范围。(　　)
12. 财产税类是以纳税人拥有的财产数量或者财产价值为征税对象的一类税收，我国现行的车船税就属于财产税类。(　　)

13. 票据出票日期大写未按要求规范填写的,银行一定不予受理。（   ）
14. 县级以上人民政府财政部门根据违反《会计法》行为的性质、情节及危害程序,在责令限期改正的同时,可以对直接责任人并处3 000元以上5万元以下的罚款。（   ）
15. 根据现行法律规定,企业所得税的基本税率为25%。（   ）
16. A公司为进行经营行为而伪造相关证明文件欺骗银行,开立银行基本存款账户。对A公司的行为除给予警告外,并处以5 000元以上1万元以下的罚款。（   ）
17. 个人银行结算账户仅限于办理现金存取业务,不得办理转账结算。（   ）
18. 开户银行对已开户一年但未发生任何业务的账户,应通知存款人自发出通知之日起30日内到开户银行办理销户手续。（   ）
19. 会计机构、会计人员发现会计账簿记录与实物、款项及有关资料不相符的,按照规定有权自行处理的应当及时处理,无权处理的应当立即向单位负责人报告,请求查明原因,作出处理。（   ）
20. 单位内部的会计工作管理由会计机构负责人负责。（   ）

四、不定项选择题(本类题共2个案例分析,每个案例分析包括5个小题,共计10个小题,每小题2分,共计20分。每小题备选答案中,有一个或者一个以上符合题意的正确答案。多选、少选、错选、不选均不得分。)

1. 甲商场与乙空调公司签订一份买卖合同,合同规定该生产公司向商场供应空调5 000台,价款1 500万元。商场为此开具了一张1 500万元的商业承兑汇票给空调生产公司(承兑人甲商场),并由A公司做保证。空调生产公司随后将该汇票转让给丙原料供应商。原料供应商于汇票到期日后第15天向某商场兑现时,遭商场拒付。

要求:试分析回答以下问题。
(1) 下列各项中,属于汇票绝对记载事项的是(   )。
   A. 确定的金额   B. 付款日期
   C. 出票日期   D. 收款人名称
(2) 商业汇票的提示付款期限是(   )。
   A. 自汇票到期日起3日   B. 自汇票到期日起5日
   C. 自汇票到期日起1日   D. 自汇票到期日起10日
(3) 该商业汇票的出票人和收款人分别是(   )。
   A. 甲商场,乙空调公司   B. 甲商场,丙原料供应商
   C. 乙空调公司,丙原料供应商   D. A公司,甲商场
(4) 付款人应当自收到提示承兑的汇票之日起(   )日内承兑或拒绝承兑。
   A. 1   B. 3   C. 7   D. 30
(5) 该商业汇票不获付款,丙原料供应商可以依法向(   )追索。
   A. 甲商场   B. 乙空调公司
   C. 保证人A公司   D. 不能向任何人追索

2. 2017年5月,财政部门在对某事业单位的检查中发现下列情况:①部分会计凭证与后附发票上的金额不一致且发票上未填写单位名称,涉及金额重大。②由于人手紧张,会计王某同时兼任单位出纳。③该会计机构负责人张某是该单位负责人李某的妻子。④该单

位设有两套账簿，一套账簿用于向外报送财务数据，另一套账簿用于内部核算。

要求：根据以上情况，回答下列问题。

(1) 上述各项中，违反《会计法》规定的有(　　)。
    A. 事项①　　　B. 事项②　　　C. 事项③　　　D. 事项④

(2) 针对事项①，下列说法中正确的有(　　)。
    A. 由于情节严重，其中的会计人员，五年内不得从事会计工作
    B. 对该单位处 3 000 元以上 5 万元以下的罚款
    C. 对直接负责人的主管人员处 2 000 元以上 2 万元以下的罚款
    D. 根据《会计法》的规定，责令限期改正

(3) 针对事项②，下列说法中正确的有(　　)。
    A. 王某同时兼任会计和出纳，不符合设置会计工作岗位的基本原则
    B. 王某可以同时兼任会计和出纳
    C. 违反了设置会计工作岗位基本原则中的内部牵制制度的要求
    D. 王某不可以同时兼任会计和出纳

(4) 针对事项③，下列说法中正确的有(　　)。
    A. 张某不得担任该单位的会计机构负责人
    B. 张某不得在该单位担任任何职务
    C. 不符合《会计基础工作规范》中回避制度的相关规定
    D. 张某可以担任该单位的会计机构负责人

(5) 针对事项④，下列说法中正确的有(　　)。
    A. 可对该单位处 3 000 元以上 5 万元以下的罚款
    B. 属于私设账簿的行为，违反了《会计法》的规定
    C. 符合《会计法》的规定
    D. 可对该单位处 5 000 元以上 5 万元以下的罚款

参 考 文 献

[1] 财政部会计资格评价中心. 初级经济法[M]. 北京：中国财政经济出版社，2018.
[2] 全国会计从业资格考试研究中心. 财经法规与会计职业道德[M]. 上海：立信会计出版社，2017.
[3] 赵金英，魏亚丽. 财经法规与会计职业道德[M]. 大连：东北财经大学出版社，2015.
[4] 吉文丽. 税法[M]. 北京：清华大学出版社，2016
[5] 吉文丽. 经济法[M]. 北京：清华大学出版社，2014
[6] 黄洵洁. 经济法基础应试指导[M]. 北京：北京大学出版社，2018
[7] 国务院财政部，国家税务总局. 关于全面推开营业税改征增值税试点的通知. 财税〔2016〕36号.
[8] 国务院财政部，国家税务总局. 关于调整化妆品消费税政策的通知. 财税〔2016〕103号.
[9] 国务院财政部，国家税务总局. 关于进一步明确营改增有关征管问题的公告. 财税〔2017〕11号.
[10] 国务院财政部，国家税务总局. 关于简并增值税税率有关政策的通知. 财税〔2017〕37号.
[11] 国务院办公厅关于加快推进"多证合一"改革的指导意见. 国办发〔2017〕41号.